KB114112

길을 뚫고 높이를 간다
한국등산학교 50년

등산의 참된 가치를 나누기 위해

1974년 6월
한국등산학교 개교

우리는 대한민국 등산교육의
좌표를 설정했습니다.

1974년 8월
제1회 암벽반 개강

1974년 6월
제1회 초급반 개강

1975년 1월
제1회 동계반 개강

산을 오르는데 필요한
기술과 지식을 정리하고

1995년
119구조대 교육

1993년
국립공원공단 직원교육

1990년 4월
암벽등산 안내집 〈바윗길〉
출간

1983년
경찰산악구조대 교육

1974년 8월
〈일간스포츠〉 '등산교실' 연재

산에서 마주할 수 있는
위험에 대처하며
극복하는 방법을 알게 했습니다.

1996년
삼성 3119구조단 교육

1997년
산림청 임업연수원의
산불방지 전문진화대 교육 중
공중진화대반 산악구조훈련

산의 고도뿐만 아니라
산을 대하는 태도를 공유했습니다.

2003년
러시아 코뮤니즘(7,495m) 원정
(한국등산학교 설립 30주년 기념)

2002년
12월 5~24일, 네팔 임자체
(아일랜드 피크 6,189m) 원정

2000년
인도 히말라야 아비가민(7,355m) &
무크트파르밧 동봉(7,130m) 원정
(강사 참가)

산은 누구나 오를 수 있지만
아무나 도전할 수 없음을 깨닫게 했습니다.

2005년
제30회 동계반 교육(58명 수료)
분단 이후 최초로 금강산에서 실시

2005년
남북 산악구급봉사대
공동연수

등산교육 50년,
우리의 나침반은 여전히 산을 향해 있습니다.

2024년
제100회 정규반 개강

산이 가진 가치를 넘어
산을 오르는 기쁨을 나누기 위해
우리는 계속 나아갈 겁니다.

韓國堂

山學校

한국등산학교 50년

한국등산학교 사람들

함께 걸어왔고,
같이 가야 할 길입니다

한국등산학교는 1974년 6월 15일 도봉산 기슭 도봉산장에서 개교식과 함께 첫 입교식을 가졌습니다. 산악에 대한 개념이 뚜렷하지 않던 시절, 한국등산학교는 산악인이라면 당연히 갖춰야 할 알피니즘 정신의 추구와 체계적인 등산 교육을 통한 산악인들의 안전산행 그리고 당시 대한민국 국민이라면 누구나 갖춰야 할 국토애 및 애국심 앙양을 설립 목표로 삼고 문을 열었습니다.

대한민국 첫 상설 등산 교육기관이었습니다. 때문에 기대가 컸지만 당시 사회 여건상 과연 얼마나 갈까 의구심을 가진 분들이 많았고, 그들이 우려했듯이 경제적인 면, 수강생 모집 등 어려움이 많았습니다. 그렇지만 온갖 난관을 극복해내며 이렇게 50년을 이어왔습니다. 그 사이 정규반 100회가 탄생하고, 암벽반 52회, 동계반 48회 그리고 경찰구조대, 국립공원공단, 119구조대, 특전사 대상 특별반에 이르기까지 1만2천 명에 이르는 동문을 배출하였습니다.

이 많은 동문이 방방곡곡 각자 분야에서 전문가로 활동하고 있다고 생각하면 한국등산학교에 대해 뿌듯한 자부심을 느낄 수밖에 없습니다. 더욱이 설립 목표 중 첫 번째로 삼은 '알피니즘'은 2019년 유네스코 인류무형문화유산 대표목록으로 등재됐습니다. 그만큼 한국등산학교는 앞서나갔습니다.

민간단체로서 남북교류에도 힘썼습니다. 2005년 1월 동계반 30회를 금강산에서 열고 그해 9월 북한구급봉사대 산악교육, 그리고 2007년 동계반 32회도 금강산에서 열었습니다. 세 차례 행사로 끝나긴 했지만 설립 목표대로 한국등산학교는 나라의 앞날을 위해서도 할일을 했다고 자부합니다.

동문 활동도 앞서나갔습니다. 한국등산학교 총동창회가 등산의 학술화를 목표로 1986년부터 발간한 〈山學〉은 산악정보에 목말라하는 등산인들에게 단비와 같은 역할을 해냈고, 5차례의 조사를 거쳐 연재한 '전국 암벽 그레이드 조사'는 우리나라 암벽에 맞는 등반난이도 정립에 결정적인 역할을 했습니다. 당시 정립한 난이도 체계는 지금도 그대로 적용되고 있고, 연재의 부산물인 〈바윗길〉은 한국 산악계를 대표하는 '암벽 그레이드 북'으로 지금도 산악인들에게 가치를 인정받고 있습니다.

50년 세월 동안 사람이 바뀌었듯이 옷차림과 장비도 많이 변했습니다. 학교 뒤 '타이어바위'에서 확보교육을 할 때 처음엔 몸으로 받아냈습니다. 충격이 어마어마했고, 그 악몽 같은 기억을 추억삼아 가지고 있는 동문도 꽤 됩니다. 복장도 많이 바뀌었습니다. 면과 울로 만든 니커보커에 울스웨터나 모남방 차림에서 이제는 기능성 소재에 제법 맵시 나는 멋쟁이 복장입니다. 암벽화는 클레터슈즈에서 빤빤이 암벽화를 거쳐 이제는 암벽화만으로도 등반력이 한 단계 올라간다고 하는 최신병기를 신습니다. 〈한국등산학교 50년〉에는 이렇게 학교의 50년 세월뿐만 아니라 한국 등산 50년을 담았습니다.

동문들의 활동과 함께 쓰디쓴 얘기를 듣는 자성의 시간도 가졌습니다. 지난 50년 세월을 책에 담는 것으로 끝내지 말고 50년 앞날을 위한 마음가짐과 자세를 바로잡자는 뜻에서입니다. 이를 계기로 앞으로 더욱 치열하게 토론하고, 탐구하고 연구하는 학교로 거듭나겠습니다.

이렇게 50년사를 만드는 사이 한국등산학교는 몇몇 산악인이 아닌 우리 모든 산악인이 함께 힘을 모아 만들어졌고 유지되어왔다는 생각이 들었습니다. 그래서 우리 한국등산학교는 50주년을 계기로 산악인들의 지혜와 역량을 합해 '대한민국 등산교육 100년 역사'를 향해 더욱 힘차게 정진할 것을 다짐합니다.

마지막으로 50년 세월 동안 학교가 꾸준히 나아갈 수 있도록 도움을 주신 모든 분께 그리고 50년사를 기획하고 집필하고 가다듬기를 마다하지 않은 편찬위원들께도 진심으로 감사드립니다.

한필석 한국등산학교 교장

산악인의 자존심, 무궁한 발전 기원

한국등산교육의 모태이며 뿌리인 한국등산학교의 영광된 개교 50주년을 진심으로 축하드립니다.

1974년 산악인들의 부응에 따라 설립되어 시대의 격동과 혼란 속에서 오롯이 한 길만을 걸어온 한국등산학교는 한국 산악운동의 중심에서 주체성을 지켜왔으며, 그 흐름은 한국등산의 역사이기도 합니다.

현재의 변해가는 등산 사조(思潮)와 앞으로 시대의 변천에 따라 또 변화되더라도 한국등산학교의 교육 이념과 과정은 변치 않는 산악인 정신을 지켜 나아갈 것입니다. 한국등산학교 설립의 교육이념을 바탕으로 훌륭한 전통을 지키면서 산과 같은 호연지기를 지닌 올곧은 산악인으로 성장시키기 위해 끝없는 정진과 교정의 과정이 한국의 산악계를 이끌어가는 원동력이 될 것입니다. 우리 모두의 영광이며 자존심인 한국등산학교의 무궁한 발전을 위한 산악인들의 성원은 오랫동안 이어지리라 믿습니다.

서울특별시산악연맹은 한국등산학교의 든든한 동반자로서 50주년 축하와 격려의 말씀을 드립니다. 앞으로도 한 걸음 나아가며 이어갈 100주년에 대해 마음을 다하여 기원드립니다.

석채언 서울특별시산악연맹 회장

한국등산학교 50주년을 기념하며

50년간 산악문화 발전을 위한 길에 흔들리지 않고 꿋꿋이 함께해 오신 한국등산학교 관계자와 졸업생 여러분께 축하와 감사의 인사를 전합니다.

우리나라 최초의 등산학교로 1974년 문을 연 한국등산학교는 당시 산악 운동의 새로운 좌표를 설정한다는 취지처럼 성실, 인내, 안전이라는 교훈을 바탕으로 안전한 등산 기술을 교육하고, 산과 자연을 사랑하며 존중하는 가치를 전파하면서 많은 산악인들을 배출했습니다.

한국등산학교는 산악문화의 요람으로서 산과 자연을 사랑하고 존중하는 가치를 전파해온 곳으로 지난 50년간 한국등산학교를 거쳐간 모든 분들이 한국 등산 역사의 산증인입니다. 반세기 동안 이곳에서 펼쳐진 여정은 한국의 산악 문화와 함께한 보람찬 시간으로 기억될 것입니다. 특히 이번 정규반 100기수는 50여 년 여정의 결실이며, 노고의 산물입니다. '한등 100기'라는 이름은 새로운 도전과 성취를 향한 시작일 뿐만아니라, 한국등산학교의 역사와 전통을 이어가는 소중한 추억이 될 것입니다. 지금까지 한등의 졸업생들이 그랬듯 등산학교에서 시작하는 산악의 길을 걸어가며 얻는 지식과 경험으로 우리의 등산 문화는 물론 여러분의 삶을 더욱 풍요롭게 만들 것입니다.

한국등산학교가 이룬 성취와 노고에 깊은 감사를 표하며, 앞으로도 산악문화의 발전과 산악인의 행복에 기여할 수 있기를 기대합니다.

한국등산학교의 빛나는 미래와 번창을 응원합니다. 감사합니다.

강태선 서울특별시체육회 회장

진취적인 자세로
등산문화 만드는 데 앞장서야

'산악인은 무궁한 세계를 탐색한다. 목적지에 이르기까지 정열과 협동으로 온갖 고난을 극복할 뿐, 언제나 절망도 포기도 없다. 산악인은 대자연에 동화되어야 한다. 아무런 속임도 꾸밈도 없이 다만 자유 평화 사랑의 참 세계를 향한 행진이 있을 따름이다.' 지난 50년 동안 대한민국의 산악 사관학교로 성장해 온 우리 학교는 노산 이은상 선생이 산악인의 기본적인 마음가짐을 설파하신 이래 지금까지 순수한 알피니즘 정신을 지켜오고 있습니다.

우리의 지난 50년 역사는 위대하고 특별한 경험으로 점철되었습니다. 우리는 아무도 가지 않았던 길을 스스로 만들어 왔고, 과감히 도전하여 성공시켜 왔습니다. 위기가 오면 한 뜻으로 뭉쳐 극복했습니다. 그 과정에 동문 여러분의 꿈과 열정이 진하게 스며들어 있습니다. 이런 자랑스러운 역사를 만들어 오신 동문 여러분들의 노고에 깊이 감사드립니다.

변화하는 시대에 적응하며 끊임없는 도약과 발전을 하려면 새로운 방식의 개척정신과 유연한 태도가 필요하다고 생각합니다. '도전하지 않는 자에게는 기회가 없다'는 경구를 가슴에 새기고 진취적인 자세로 새로운 등산문화를 만드는 일에 한국등산학교가 앞장서야 하겠습니다. 정복보다는 자연과 생명의 공존을 귀하게 여기고, 배척보다는 포용을, 분열보다는 단합을, 획일과 권위보다는 자유롭고 다양한 등산문화를 확산시키는 능동적인 산악인의 새로운 상을 정립하는데 힘을 모으고자 합니다.

이에 저는 우리 한국등산학교가 오래도록 새겨왔던 '성실, 인내, 안전'이라는 교훈을 미래를 향한 새로운 세대의 비전으로서 재천명하고자 하며 이러한 도전 정신으로 자랑스러운 한등의 역사가 백년 오백년을 넘어 오래오래 이어질 것으로 확신합니다.

사랑하는 동문 여러분, 뜻깊은 50주년을 벅찬 마음으로 함께 축하하며 언제나 안전하고 행복한 등산길 기원합니다. 감사합니다.

류건영 한국등산학교총동문회 회장

개교 50주년과
50년사 발간을 축하합니다

1974년 국내 최초의 상설 등산교육기관으로 '성실, 인내, 안전'을 교훈 삼아 정통 알피니즘 추구와 체계적이고 전문적인 등산교육을 목적으로 설립한 한국등산학교가 개교 50주년을 맞이하신 것을 축하드립니다.

1960년대 후반에서 1970년 초반에 등반사고 및 조난사고로 인해 등산이 단순히 올라만 가는 것이 아니고, 산의 다양한 환경에 적응하고 대처할 수 있는 지식과 기술 및 등산 활동에 필요한 바람직한 태도와 체력을 갖도록 가르치는 교육기관의 설립이 절실한 상황이었음을 기억하고 있습니다.

한국등산학교 교사(校舍)인 도봉산장은 당시 민주공화당산악회의 김영도 선생님께서 박정희 대통령의 재가를 받아 대한산악연맹과 함께 1970년에 건립하였고, 이곳 도봉산장에 한국등산학교를 개교하여 국내 등산교육기관의 기준이 되었으며, 50년의 역사와 전통을 간직하고 있습니다.

개교 이후 올바른 등산문화와 전인적인 산악인 양성을 위해 헌신적 노력으로 1만 2천여 명의 등산학교 수료생을 배출하였습니다. 또한 설립을 주도하신 권효섭 초대 교장님을 비롯하여 교육에 참여하신 강사님들의 한결같은 열정과 후진 양성에 대한 굳은 의지는 등산교육 진흥과 한국등산학교의 무궁한 발전을 가져올 것으로 기대하고 있습니다.

이러한 50년의 기억들을 기록으로 편찬에 애써주신 한국등산학교 한필석 교장님을 비롯한 강사 그리고 동문 여러분의 노고에 감사드리며, 한국등산학교 개교 50주년 및 50년사 발간을 다시 한번 축하드립니다.

손중호 대한산악연맹 회장

수고하셨습니다, 힘내세요

1974년 봄. 등산학교가 생긴다더군. 등산가는데 무슨 학교가 필요해! 50년 전 나의 선배들이 한 이야기입니다. 그럼에도 불구하고 국회의원 권효섭과 한국산악회 이사 안광옥이 등산학교설립위원회를 만들었습니다. 그리고 당시 공무원들로서는 듣도 보도 못한 등산학교 인가신청을 했고, 예비인가까지 받았습니다. 등산을 단순 운동으로 인식한 공무원이 사설강습소에 관한 법률 시행령 4조2항(체육도장 시설기준)을 적용하면서 탈의실과 샤워실 등의 시설과 과목별 수강료를 받아야한다는 실현 불가능한 요건을 달아, 당시 정식인가 신청을 포기했다고 합니다.

2024년 봄. 전국에 수십 개의 등산학교가 있고, 등산학교 운영으로 생활이 될 만큼 여건이 만들어져 이젠 개인 이름을 붙인 등산학교도 여럿 있습니다. 급기야는 2018년 속초에 국립등산학교가 설립되었는데 수년 내 국립밀양등산학교까지 새로 생긴다고 합니다. 이러한 등산학교 증가 추이는 지난 50년 간 산악계의 변화를 읽어볼 수 있는 하나의 지표가 되었습니다. 이러한 가운데 불타는 애국심, 진취적 기상, 건전한 기품을 함양한다는 개교 구상과 '성실, 인내, 안전'이라는 교훈 아래 수많은 곡절을 겪으면서 한국등산학교는 50년 역사를 만들어 냈습니다.

현재 한국등산학교를 이끌고 있는 지도자들은 앞으로의 50년을 담보하는 그 무엇을 찾아내야하겠습니다. 50년 전에 우리 선배들이 그랬듯이 한국등산학교의 미래 50년은 우리 산악계 전부의 책임이자 의무입니다. 영국의 등산가 조지 핀치가 "등산은 스포츠가 아니라 삶의 방법이다"라고 했듯이 한국등산학교의 미래는 등산학교 구성원만의 책임이 아니라 한국산악계 모두의 책임입니다. 우리들의 삶의 방법이기 때문입니다. 최근 어느 정치인이 자주 언급하듯이 우리 모두 함께 가면 길이 생길 것입니다.

끝으로 쉽지 않은 이 길을 지켜온 한국등산학교 선후배님들에게 수고하셨습니다, 힘내세요, 라는 말을 전하고 싶습니다.

변기태 한국산악회 회장

우리나라 등산교육의 선봉,
전통 이어가기 기원

도봉산장에 자리 잡은 한국등산학교는 내게 알피니즘을 처음으로 가르쳐준 내 등산 인생의 마음의 고향입니다.

역사적으로 보면 모험성이 강한 민족들이 바다와 극지와 산에서 도전적 탐험 활동을 추구하였으며 오늘날 그런 나라들이 대부분 선진국 대열에 올라 있습니다. 우리나라도 국력이 커지면서 우리 산악인들이 히말라야를 비롯한 세계의 고산 거벽에 도전하여 큰 업적을 이룬 것도 어려운 시절을 넘겨온 한국등산학교의 굳센 도전정신 교육이 큰 도움이 되었을 것이며, 또한 오늘날 젊은이들이 국제 클라이밍 대회에서 수많은 우승을 거머쥐는 것도 따지고 보면 끊임없이 올바른 등산기술과 산악문화 보급에 힘써온 한국등산학교의 역할이 국민들의 여가생활 속에 녹아들어 밑거름이 되었을 것이라 생각합니다.

등산학교의 교육은 단지 암벽이나 빙벽 설벽을 오르는 기술만을 가르치는 수준을 넘어 급격히 파괴되어가는 환경문제에 대한 의식개선과 또한 도시 문명 속에서 잃어버린 대자연의 시민권 즉, 강인함 인간성 정신건강 등을 되살리는 건전한 사회교육의 역할에 있으며 우리나라 등산교육의 명문이요 최고의 전통을 자랑하는 한국등산학교가 그 역할을 다할 수 있을 것이라 믿습니다.

내 몸은 비록 코오롱등산학교에 있지만 산을 향한 내 어린 싹의 꿈을 가꿔준 마음의 고향 한국등산학교를 어찌 한시라도 잊을 수 있겠습니까? 앞으로도 100년 200년을 넘어 언제까지나 한국등산학교가 우리나라 등산교육의 선봉에 서서 전통을 이어가기를 간절히 기원합니다.

한국등산학교 강사님과 동문 여러분을 사랑합니다. 한국등산학교를 사랑합니다.

윤재학 정규반 18회, 암벽반 12회, 동계반 9회
현 코오롱등산학교 교장

자연 애호가들과 함께
여정 나누기를 기대

존경하는 한국등산학교 관계자 여러분, 한국등산학교를 사랑하는 모든 분들과 함께 창립 50주년을 진심으로 축하드립니다. 지난 50년 동안 한국등산학교의 헌신과 열정으로 자연을 사랑하며 즐기는 국민들에게 과학적이고 체계적인 등산교육을 전수해 왔음에 큰 존경과 감사의 마음을 전합니다.

1970년대, 우리나라는 경제 발전과 함께 산악인구의 증가로 인해 등산 인구가 늘어났지만, 동시에 안전 문제가 제기되었습니다. 그런 상황에서 1974년 최초 한국등산학교를 설립하여 등산문화를 즐기고자 하는 국민들에게 산악활동의 즐거움과 책임을 함께 심어주었습니다.

한국등산학교는 성실, 인내, 안전을 바탕으로 우리나라 등산교육의 역사를 지난 50년간 이어오면서, 국가기관의 전문 인명구조와 산악교육을 담당해 국민의 생명과 안전을 지키는데 커다란 역할을 해왔음은 누구도 부인할 수 없는 성과일 것입니다.

현재 등산은 웰빙과 힐링을 추구하는 남녀노소 누구나가 즐기는 취미생활이 되고 있으며, 이것은 앞으로도 건전한 등산문화 보급과 저변확대를 위한 한국등산학교의 역할이 더욱 중요해지고 있음을 의미합니다. 우리 공단도 정상부 음주산행 금지, 입산시간 지정제, 암벽장 안전관리, 국립공원 내 흡연금지 등 국민의 안전과 자연보호를 위한 다양한 정책들을 도입해 왔습니다. 앞으로 더 넓은 지역과 다양한 계층의 사람들에게 자연과의 소통과 모험을 제공하기 위해 함께 노력해 나갈 것을 정중히 제안 드립니다.

50주년을 맞은 한국등산학교의 성공과 성취를 진심으로 축하드리며, 앞으로도 한국등산학교의 발전과 더 많은 자연 애호가들과 함께 여정을 나누어가기를 기대합니다. 한국등산학교의 번창과 행운을 기원합니다. 감사합니다.

송형근 국립공원공단 이사장

미래의 대한민국 등산 교육도
이끌어주세요!

우리나라는 산악국가이며, 우리 국민은 산을 사랑합니다. 약 3229만 명. 최근에 조사한 등산이나 숲길을 즐기는 인구입니다. 우리나라 전체 성인의 무려 78%는 산의 혜택을 적극적으로 누리고 있습니다.

돌이켜보면 우리나라는 1960년대 말 산업화사회로 진입하면서 등산 인구가 기하급수적으로 늘어났습니다. 필연적으로 산악 사고가 자주 발생했으며 사고의 대형화 등으로 희생자가 증가했습니다. 전문 산악인뿐만 아니라 일반 등산인들도 빈번하게 사고를 당했습니다.

1974년. 등산 사고로 인한 사망자와 부상자 수를 줄이려는 시대적인 소명을 안고, 국내 최초의 상설 등산학교인 한국등산학교가 탄생한 해입니다.

이후 한국등산학교는 우리 국민의 산악 안전과 산악 정신 함양을 위해 대한민국의 등산 교육을 선도해왔습니다.

2024년. 그렇게 50년이란 세월을 앞에서 이끌어왔습니다. 그렇습니다. 우리 국민의 도전 정신과 호연지기, 그리고 한국 등산 교육의 체계화는 한국등산학교에서 비롯되었다고 해도 과언이 아닙니다.

한등이여! 앞으로 반백 년 뒤인 2074년, 아니 우리 국토에 산이 존재하는 그날까지 우리 대한민국의 등산 교육을 계속 이끌어주세요.

민병준 국립등산학교 교장

등산교육 백년대계의 리더 되리라 확신

존경하는 한국등산학교 교장선생님, 강사선생님, 그리고 졸업생 여러분, 대한민국 등산교육의 일번지라 해도 과언이 아닌 역사와 전통의 대명사, 한국등산학교의 50주년을 진심으로 축하드립니다.

9년간 학교 운영을 맡았던 전임교장으로서 반세기의 등산학교를 되돌아보니 감회가 새롭습니다. 그리고 이 축복의 날을 여러분들과 함께 나누게 되어 영광입니다.

50년 동안 한국등산학교는 산악안전을 비롯, 이론과 실기를 겸비한 다양한 과목의 지속적 교육을 통해, 우리나라 등산 문화의 발전과 보존에 큰 기여를 하였습니다. 교장선생님과 강사님들의 열정과 헌신을 바탕으로 보이지 않는 손길과 후원사들의 협조 덕분에 다양한 산악 활동을 즐기며 자연을 사랑하는 수많은 사람들의 공동체로 성장할 수 있었고, 1만2천여 명에 달하는 졸업생들이 산악계 곳곳에서 기둥으로 활동하고 있는 점도 큰 보람이라고 생각합니다.

교육은 백년대계입니다. 한국등산학교는 안전하고 지속가능한 등산 문화를 이끌어 나가며, 새로운 도전과 발전을 위해 정진하는 등산교육 백년대계의 리더가 되리라 확신합니다.

한국등산학교의 50주년을 다시 한번 축하드리며 앞으로의 50년 도전에도 좋은 결실이 함께 하기를 기원합니다.

이인정 한국등산학교 제2대 교장, 아시아산악연맹 회장

한국등산학교,
그 반세기를 돌아보며

1970년대 무질서한 산행과 잦은 조난사고를 예방하고 산행질서 계도 차원에서 한국등산학교가 출범하여 오늘에 이르렀습니다. 오늘이 있기까지 설립자 권효섭 교장선생님과 설립위원 및 그동안의 수많은 강사진들의 헌신과 노고에 머리 숙여 깊은 감사를 드립니다.

한국등산학교는 우리나라 최초로 체계적인 전문등산교육을 실시하여 등산인구의 저변확대와 전문등반기술의 발전을 이루어왔으며 이를 통해 유능한 산악지도자를 배출하고 산악문화의 정립에 크게 공헌해 왔습니다. 또한, 젊은이들에게 나라 사랑하는 마음, 진취적인 기상과 건전한 기품을 진작시키기 위해 큰 역할을 해 왔다고 자평하는 바입니다.

한국등산학교는 교훈인 '성실, 인내, 안전'을 실천하는 전인교육의 도장으로서, 단지 등반기술의 전수에 머물지 않고 우리나라 등산문화의 정통성을 유지하고 산악인에게 요구되는 인성함양을 이루기 위해 차별화된 교육을 실시해 왔습니다. 그 가운데 수많은 젊은이들은 서로서로 땀과 눈물을 나누었고 '산악인으로서의 긍지와 명예'를 배웠으며 '산악인으로서 기쁨과 낭만'도 함께 나누었습니다. 훗날 누군가가 우리 졸업생들에게 "당신의 젊음은 어디에 있었냐"고 묻는다면 "나의 젊음, 그 시절 나의 꿈과 낭만은 '한국등산학교'에 있었다"고 자랑스럽게 말할 수 있으리라 생각합니다.

돌이켜보면 지난 50년의 세월에는, 수많은 졸업생들의 열정과 선배강사들의 희생이 서려 있습니다. 그 세월의 궤적을 소중히 되새기며 개교 50주년의 한 획을 긋는 시점에서 새롭게 다가올 한국등산학교의 미래를 가슴 벅차게 기대해 봅니다.

한국등산학교를 거쳐간 선배, 동료, 후배 모두는 이 땅의 등산문화의 주역으로서 손잡고 하나 되어 자랑스럽게 나아갈 것을 깊은 애정을 담아 당부드립니다.

이종범 한국등산학교 제3대 교장

우리 산악 문화의 토대

한국등산학교 개교 50주년을 진심으로 축하합니다.

더불어 그동안 쌓아온 등산 교육을 더욱 다듬고 체계화시켜 명실공히 한국 산악문화를 선도하는 학교로 거듭나길 기원합니다.

돌이켜보면, 열악한 등산 장비와 체계화하지 못한 교육으로 출발했지만 산에 대한 무한한 열정 하나로 이를 극복했습니다. 우리나라가 세계적인 등산 강국이 된 그 중심축에는 한국등산학교가 우뚝 서 있음을 저 또한 자랑스럽게 여기고 있습니다.

강사들은 스스로 등산 역량을 키우기 위해 세미나와 치열한 토론, 나아가 실전에 따른 등반 체계를 구축하려 끊임없이 탐구했습니다. 많은 졸업생들 또한 끊임없이 산 세계를 탐구하는 동시에 실전을 통해 몸집을 키우면서 휜산의 꿈을 이어갔습니다. 이는 걸출한 산악인들을 배출한 배경이 되었음은 물론입니다.

오늘날 우리 산악 문화가 이만큼이나 오른 그 이면에는 한국등산학교 강사와 학생의 부단한 노력의 결과였음을 부인할 수 없다고 생각합니다.

한국등산학교는 앞으로도 산악기술자가 아닌, 지성과 감정, 의지를 균형있게 갖춘 바람직한 산악인상을 정립하려는 일관된 노력을 계속하리라 믿습니다.

다시 한 번 한국등산학교 개교 50주년을 축하하며 앞으로도 100년, 아니 200년으로 이어가기를 진심으로 바랍니다. 고맙습니다.

장봉완 한국등산학교 제4대 교장

또 다른 50년의
나침반이 되어주리라 기대

라인홀트 메스너는 그의 책 〈죽음의 지대〉에서 등산을 '차안(此岸)과 피안 (彼岸)을 잇는 다리'로 비유한 바 있습니다. 번뇌에 속박된 문명 세계에서 자신의 정체성을 확인하고, 성취의 기쁨을 누릴 수 있는 세계로 이끌어주는 것이 등산이라는 것입니다. 육체적인 건강뿐만 아니라 정신적 건강을 안겨주는 등산은 그래서 일반 스포츠와는 다른 규범을 갖고 있습니다. 산의 '고도'뿐만이 아니라 산을 대하는 '태도'를 중시하는 것이 그것입니다.

자기발견의 성취를 위해서는 산의 다양한 위험과 맞서야 합니다. 한국등산학교는 50년 전 이 땅에 근대등산이 확대되는 시기에 그런 위험에 대처하고 극복하는 방법과 자세를 가르치기 시작했습니다. 50년간 줄기차게 외쳐온 '성실, 인내, 안전'의 구호가 그것을 웅변하고 있습니다.

동계반 1기를 수료한 동문으로서 한국등산학교 제5대 교장을 맡은 4년은 저에겐 소중한 시간이었습니다. 등산학교를 신앙처럼 믿고 찾아와 강의를 듣던 교육생들의 그 눈빛들이 선합니다. 그들이 5주차 인수봉에 올라 흘린 기쁨의 눈물을 지금도 잊지 못합니다.

누구나 한국등산학교에 들어올 수는 없습니다. 아무나 한국등산학교의 수료증을 받을 수도 없습니다. 일상에서 탈출할 수 있는 용기, 기존의 길을 벗어나 새 길로 들어설 수 있는 용기가 있는 사람만이 입교원서를 내었고, 비좁은 산장에서 고된 교육을 이겨낸 사람만이 진정한 산악인으로 태어났습니다.

산은 불확실한 곳입니다. 우리는 그런 산에서 무엇을 극복하고, 무엇에 순응하며, 무엇을 포기할 것인가를 배웠습니다. 그리하여 불확실한 인생을 헤쳐나갈 참다운 도전정신을 배웠습니다. 한국등산학교가 지난 50년간 그래왔듯이, 등산을 통해 피안에 이르고자 하는 이들을 위해 또 다른 50년의 나침반이 되어주리라 믿습니다.

남선우 한국등산학교 제5대 교장

정통등산교육기관으로
거듭나길 기원

1974년 이 땅에 올바른 등산교육을 위해 설립한 한국등산학교가 벌써 50년이 되었습니다. 그동안 학교 발전을 위해 수고해주신 모든 분께 감사 말씀드립니다.

기실 주먹구구식으로 시작된 한국 등산의 역사였습니다. 한국등산학교가 등장하여 정통 등산 이론 및 기술과 수준 높은 실전 교육을 보급하여 우수 산악인을 양성하였습니다. 외적으로는 대한민국을 세계 등산 강국으로 발전시키고, 내적으로는 교육받고 준비된 산악인을 양성하여 한국등산문화를 선도해왔습니다.

수많은 난관과 위기가 있었으나, 강사와 동문 모두의 힘으로 똘똘 뭉쳐 극복해냈습니다. 또한, 늘 뒤에서 묵묵히 지켜봐주시고 지원을 아끼지 않은 산악계의 모든 선후배님의 응원과 지원이 함께 했습니다. 그동안 학교가 지내온 50년의 영광은 학교 동문, 운영진, 연맹 등 모두의 열정과 헌신에서 이루어낸 결과라 생각하며 모두에게 감사의 마음을 드립니다.

끝으로 당부의 말씀을 드리고 싶습니다. 오늘날 우리나라 등산문화가 다변화하는 시대의 흐름에 발맞춰 한국등산학교 또한 이에 부응하는 의지와 노력이 필요하다고 봅니다. 이를 위한 강사진 구축과 이론 체계 정립 등 수반되는 요소들을 두루 연구 검토하시길 바랍니다.

앞으로도 건전한 산악문화를 보급하는 정통 등산교육기관으로 거듭나길 기원합니다. 감사합니다.

송정두 한국등산학교 제6대 교장

안녕하십니까. 먼저 한국등산학교 창립 50주년을 축하드립니다.

저는 정규반, 암벽반, 동계반을 1회로 수료하고 총동문회를 만들어 초대 회장을 했습니다. 오늘까지도 후배들이 잘 이끌어와 현재 총동문회 22대 류건영 회장이 학교와 산학동우회(총동문회 전임원들의 모임) 모든 일에 참여하여 의논하고 있어 고맙게 생각하고 있습니다.

또한 산학동우회 박만선 회장과 권종렬 총무도 학교와 동문회와도 원만한 교류도 갖고 있어 감사합니다.

무엇보다도 학교를 수료한 동문회에서 교장선생님을 4명이나 배출하여 (이종범, 남선우, 송정두, 한필석 교장) 후배들 양성에 수고하셨고 현 한필석 교장선생님이 학교 창립 50주년 행사준비에 애쓰시는 모습을 볼 때 미안할 뿐입니다.

한국등산학교를 창립하신 초대 고 권효섭 교장선생님과 전현직 교직원 및 강사님들의 노고에 50년이 지난 지금도 감사드립니다. 한국등산학교와 관계가 있으신 분은 물론 학교 발전에 관심을 갖고 학교 일에 참여하시길 부탁드리며 한국등산학교의 무궁한 발전을 기원합니다. 감사합니다.

존경하는 동문 여러분, 학교 강사 및 관계자 여러분, 산악인 여러분 안녕하십니까? 한국등산학교 50주년 축제 행사의 성공을 기원합니다.

설립자, 초대 교장 고 권효섭 선생님을 비롯하여 한필석 교장선생님까지 동문과 함께 지대한 희생과 봉사정신에 대하여 아주 깊은 감사를 드리며 치하드립니다.

그동안 한국등산학교는 많은 동문 양성으로 우리 산악계의 발전과 산악지향의 지표가 되는 데 많은 공헌을 하였음을 자평해 봅니다. 또한 앞으로도 지속적인 노력으로 더욱 발전해 나가길 소망합니다.

매화는 북풍한설 매서운 추위를 견디어 내고 아름다운 꽃을 피우지만, 그 아름다운 자태를 함부로 뽐내지 아니하고 향기를 쉽게 팔지 아니한다고 합니다. 산악인 모두 산을 통해서 풍요로운 삶을 영위해 나가시기를 기원합니다.

끝으로 50주년 행사에 수고하여 주신 류건영 총동문회장, 임원 여러분, 행사 관계자 여러분의 노고에 깊이 감사드립니다.

박세웅 1~4대 총동문회장
　　　　정규반 1회, 암벽반 1회,
　　　　동계반 1회

박만선 7~8대 총동문회장
　　　　정규반 13회

개교 50주년을 진심으로 축하드립니다. 그동안 훌륭한 산악인을 양성하기 위하여 애써주신 역대 교장선생님과 강사님, 그리고 동문님들의 노고에 깊은 감사의 말씀을 드립니다.

정통 산악인을 육성하기 위한 한국등산학교는 1974년 개교 이래 수많은 산악인을 배출한 대한민국 최초의 등산학교입니다. 어려운 운영 여건에도 50년 동안 학교를 이끌어오신 많은 분들의 열정과 노고 덕분에 한국등산학교는 전국의 많은 등산학교 중 명실상부 대한민국 최고의 등산학교로 우뚝 섰습니다.

자랑스러운 동문 여러분! 한국등산학교 50년의 자랑스러운 전통과 역사는 여러분 한 분 한 분이 함께 쓰신 기록이며 노력의 결실입니다. 그런 취지에서 한국등산학교 50년사의 발간은 그동안의 본교가 걸어온 발자취를 돌아볼 수 있는 계기가 될 것이며 또 다른 한 세기를 향하여 힘차게 도약하기 위한 발판으로 삼을 수 있을 것으로 생각합니다.

그동안 쌓고 다져온 한국등산학교의 역사와 전통을 이제 후배들이 계속 이어나가 자랑스런 한국등산학교로 거듭나기를 기원합니다. 한국등산학교와 동문들의 무궁한 발전을 기원하고 50년사 발간을 위해 수고해 주신 분들의 노고에 격려와 위로의 말씀을 드립니다. 감사합니다.

성실. 인내. 안전을 교훈으로 1974년 6월 개교해 대한민국 등산계의 기라성 같은 인재를 육성하고 등산문화를 선도해 왔습니다. 지난 50년간 각 단위 산악회의 리더들을 배출했고 소방청과 경찰 등 공무원을 교육하는 실질적인 국립등산학교의 역할을 담당해 왔습니다. 1만2천여 졸업생들은 지금 등산계에서 주도적인 활동을 하고 있습니다.

열악한 대한민국의 여건 속에서도 이러한 위대한 결과를 갖게 된 것은 훌륭한 교장선생님과 강사님들의 희생정신이 있어 가능했습니다. 또한 남다른 열정과 애교심을 가진 동문들의 지원도 50년이라는 긴 시간을 등산교육에 전력을 다할 수 있도록 하는 원천이 되었다고 할 수 있습니다.

한국등산학교는 앞으로도 대한민국과 세계의 등산문화를 이끌어갈 인재들을 많이 배출해내는 독보적인 등산학교가 되리라고 확신합니다. 지난 반세기 헌신적인 희생정신을 보여주신 교장선생님들과 강사님들께 감사드립니다. 졸업 후에도 동문들을 규합해 모교를 위해 애쓰고 있는 총동문회에도 고맙다는 인사를 드리고 물심양면으로 모교와 총동문회의 발전을 위해 도움을 주신 선배님들께도 감사의 인사를 드립니다.

한국등산학교의 무궁한 발전을 기원합니다.

김경수 11대 총동문회장
　　　　정규반 30회,
　　　　동계반 15회

홍주화 13대 총동문회장
　　　　정규반 35회, 암벽반 31회,
　　　　동계반 19회

대한민국 등산교육의 요람인 한국등산학교 창립 50주년을 기념한 〈한국등산학교 50년〉 발간을 진심으로 축하드립니다.

'성실, 인내, 안전' 세 가지 교훈을 바탕으로 지난 반백 년 동안 산악인의 역량을 함양시키고, 산악 운동의 새로운 좌표를 설정하고 정신력과 체력을 단련하여 정통적인 알피니즘을 추구하고, 이를 통하여 우리 국가와 민족에 기여하고자 했던 우리 한국등산학교 설립 목적 달성을 위하여 애쓰신 전현직 교장선생님, 교감선생님 그리고 여러 강사님들께 선후배 동문들과 함께 그간의 헌신적인 노고에 깊은 감사를 드립니다.

한국등산학교 교육 기간 중 머리에 새기며 외쳐온 '성실, 인내, 안전' 세 가지 교훈은 산악 활동과 사회생활 속에서 크게 자리매김되었습니다.

지난 50년의 성과를 발전의 계기로 삼아 앞으로 새로운 백 년을 준비하는 출발점이 될 것임을 확신하며 교장선생님과 여러 강사님들의 각별한 수고를 간절하게 부탁드리고 싶습니다.

〈한국등산학교 50년〉 발간을 다시 한번 축하드리며 한필석 교장선생님과 여러 강사님 그리고 고생하신 모든 분께 감사드리며, 한국등산학교의 무궁한 발전을 기원합니다.

근심엽무(根深葉茂). 기초가 잘 다져져야만 합니다. 얼마만큼 기초가 단단하냐에 따라 앞으로의 생활이 성공하고 윤택해질 수 있습니다. 한국등산학교는 등산의 기초와 근본을 가르치고 배우는 요람이라 생각합니다. 根深葉茂(뿌리가 깊은 나무는 잎사귀도 무성하다)가 그렇습니다. 산행을 하기 위해서는 꼭 필요한 과정입니다. 그래야만 안전하게 더 높이, 더 멀리 나아갈 수 있습니다. 한국등산학교에서 열심히 기초교육을 받아서 훌륭한 산악인이 될 수 있기를 바랍니다.

답설야중거(踏雪野中去) 불수호란행(不須胡亂行) 금일아행적(今日我行跡) 수작후인정(遂作後人程). "눈 덮인 들판을 걸어갈 때는 발걸음을 함부로 어지러이 걷지 마라. 오늘 내가 걸어간 발자국은 반드시 뒷사람의 이정표가 되리니."

오늘 내가 정직하게 걸어간 곳은 반드시 훗날에 누군가의 길이 됩니다. 우리는 산에 대한 올바른 길을 배웠고 참된 행동을 배웠습니다. 학교에서 배운 모든 것을 활용하여 한국등산학교 출신으로서 긍지와 자부심을 갖고 올바른 등산인으로 활동하였으면 합니다.

손 선 19~20대 총동문회장
정규반 58회

김승태 21대 총동문회장
정규반 74회

가장 영양가 높은 등산학교

사진. 강레아

교훈

한국등산학교의 교훈은 '성실, 인내, 안전'이다. 故 권효섭 초대 교장선생님께서 직접 지으셨다. 산악인으로서 마땅히 갖추어야 할 핵심가치를 담고 있어 이 세 가지 교훈을 마음에 새겨 산에 오른다면 아무리 어렵고 힘든 과정도 극복할 수 있으리라.

성실: 성실한 자세로 등산에 임한다면 어떤 어려움도 극복할 수 있다는 근본정신을 담았다.
인내: 등산의 힘든 과정을 인내하는 자만이 정상에 오를 수 있다는 뜻이다.
안전: 등산 자체가 지니고 있는 위험성 때문에 늘 안전에 유의해야 한다는 점을 강조했다.

정규반   암벽반   동계반

휘장

한국등산학교 휘장은 타원형으로 영원한 단합을 상징하는 황금색 줄이 둘러져 있다. 황금색은 과거 마닐라삼으로 만든 등산용 줄의 색이자 나일론 줄이 등산용으로 처음 사용됐을 때의 색이다. 가운데에는 안정을 뜻하는 하늘색 바탕에 세 봉우리가 새겨져 있다. 각각 주봉, 선인봉, 우이암을 나타내며 한국등산학교가 자리한 도봉산을 상징한다. 더불어 산과 학생, 강사로 이루어진 등산학교라는 의미도 담고 있다. 하얀 리본 형태의 띠 모양은 우리나라를 영원히 떠받들겠다는 의지를 보여준다. 띠 위에는 개교연도인 1974와 한국등산학교의 영문명이 표기되어 있다. 띠 내부에는 번영을 상징하는 노란색의 빗살무늬 바탕에 대한민국을 상징하는 태극문양이 위치해 있다. 본 휘장은 당시 강사로 참여했던 홍익대학교 미술대학 도안과의 문우식 교수가 디자인했다. 현재는 수료 배지로 제작해 활용하고 있으며, 각 반마다 색깔을 달리해 수여하고 있다.

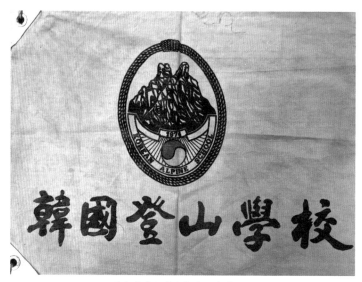

해정 박태준 선생이 써 주신 첫 로고

韓國豈山學校同窓會

1984년 2월 서예가 일중 김중현 선생의 필체

韓國豈山學校

현재의 로고

로고   한국등산학교의 첫 로고는 예서체라고 하는 독특한 필체의 한자로 되어 있었다. 개교
당시엔 국회사무처에 근무하던 해정 박태준 선생이 故 권효섭 초대 교장선생님의 의뢰
로 써 주셨다. 이후 1984년 2월 서예가 일중 김중현 선생으로부터 새 휘호를 받아 현재
의 로고로 만들었다.

교가　　한국등산학교의 교가는 동국대학교 국문학과 교수였던 김장호 시인의 글에 서문여고 양영아 음악 교사가 곡을 붙였다. 한국등산학교 개교식에 참석했던 김장호 시인이 즉석에서 작사했다고 하며, 곡은 1985년 교가 공모전 응모작으로서 양영아 선생이 4분의 4박자의 행진곡풍으로 작곡했다. 1987년 정규반 제27회 학생들이 처음으로 부르기 시작했다.

1974

1

1974년 6월
한국등산학교 개교식장.
아랫줄 맨 오른쪽이
권효섭 초대 교장.

1

2

한국등산학교 설립 목적.
'국방에 기여'라는 문구가 낯설게 느껴진다.
1. 정통적인 알피니즘 추구
1. 등산기술의 단일체계화
1. 정신력 체력의 단련으로 국방에
   기여함과 국토애 애국심 앙양

3

1974년 7월 31일 〈일간스포츠〉.
제1회 암벽반 수강료는 교통비,
숙식 포함 5,000원이었다.
2024년 제53회 암벽반 수강료는
교통비, 숙식 제외 70만 원이다.

설 립 目 的

1.   正統的인   알피니즘   追求

1.   登山技術의   單一體係化

1.   精神力   體力의   鍛鍊으로   國防에   寄與함과

     國土愛와   愛國心   昂揚

이번엔 學術班도
周王山등서 動植物 研究

1
80년대 초
설악산 권금성 암벽반.

2
개교 당시 정규반
졸업등반(만장봉).

1

2

(왼쪽 위부터 시계방향으로)

1975년 제1회 동계반 자기제동 교육.
1970년대 동계반 빙벽등반 기술 교육.
1970년대 중반 동계반 단체사진.
1970년대 동계반 교육(양폭산장 앞).

3

"솥단지 들고 가서 밥 지어 먹고 오는 등산에도 학교가 필요합니까?"
  당시 등산에 대한 사회의 통념은 그와 같았다.

1
제42회 정규반
'알피니즘의 역사'
천막 강의실에서의 강의.

2
제100회 정규반
알피니즘 강의.

3
'독도법' 강의.
현재 부엌으로 사용하고 있는
곳이 강의실이었다.

4
독도법 실습.
고 이우형 강사가 막대기로
먼산을 가리키고 있다.

현재 사용하는 '등산' 교재가 나오기 전에는
직접 교재를 만들어서 사용했다.

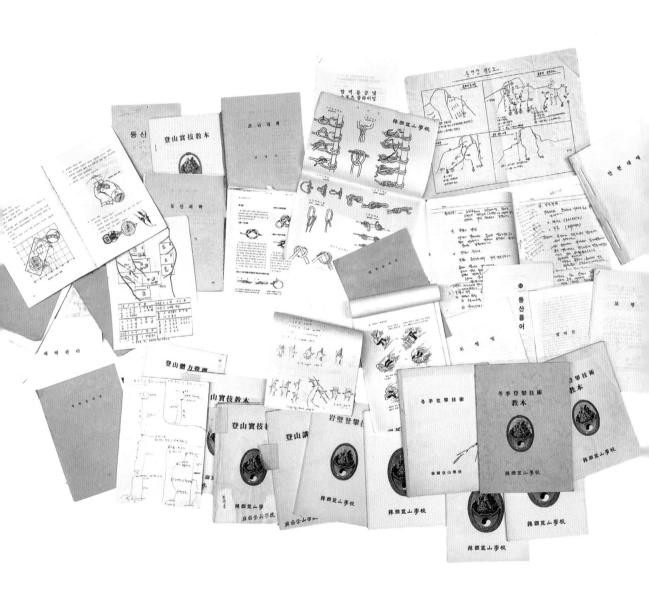

> "등산기술을 체계화하고 산악인들의 역량을 함양하여
> 산악운동의 새로운 좌표를 설정하겠다."
> ― 한국등산학교 설립 취지 중에서

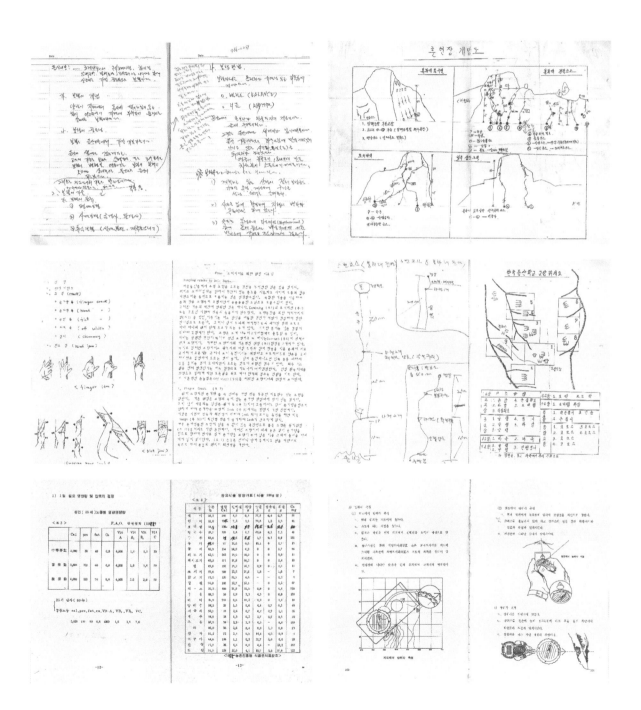

1
식사하는 강사들.
고봉밥이 인상적이다.
서 있는 젊은 강사가
제4대 장봉완 교장이다.

2
식사하는 학생들.
휘발유 황동버너와
자연스럽게 흡연을 하는
모습이 생소하다.

등산은 의식주의 이동이다.

1

1
개교기념 식수로 심은 오동나무.
한참 커진 오동나무 안에 말벌이
집을 만들어 놓는 바람에 안전상의
이유로 베어냈다고 한다.

2
초기의 도봉산장.
난간과 계단이 없고, 3층이 없다.
낮은 돌담에 앉은 학생이
위태로워 보인다.

1

2

1970년대 중반
도봉산장 내부 풍경.

서울시 도봉구 도봉동 산 31번지, 정식 명칭은
도봉산 대피소지만 한국등산학교 사람들은
그저 '산장', '학교'라고 부른다.

3

70년대에는 등산복과
일상복의 경계가 모호했다.
청바지, 골덴바지를
입고 아침체조를 하면서
스트레칭을 격하게 하고
있다. 조회를 하는 강사도
젊고 학생도 젊었던
시절이다. 도봉서원터
위부터 지금의 '김경문 바위'
(일명 색소폰바위)까지는
구멍가게들이 줄지어
있었고, 술도 판매했다.
심지어 쌍줄기 약수터 윗쪽에
카바레도 있었다.

1

도봉산장 옆 '타이어바위' 확보 훈련.
추락자를 가정한 타이어 2개를
던지고 확보자가 몸에 로프를 감아
직접확보하여 추락의 충격을 온전히
몸으로 받아냈다고 한다. 확보자의
눈에서 두려움이 보인다.

도봉산장 현재 강의실
자리인 옥상에 천막을
조립식 앵글로 설치하여
교육을 했다.

남녀차별이 일상이던
시절 한국등산학교는
여성들을 대상으로
등산교육을 했다.

"한국등산학교는… 여성을 위한
　등산강좌를 무료로 실시하였다…
　접수순으로 120명에 한해 실시하기로
　하였으나 의외의 상황에서
　150여 명이 연일 수강하였다."
　　　—〈월간 산〉 1974년 8월호 중에서

"새벽 5시에 기상해서 4km에 걸친 산악 구보로
　하루 일과가 시작되는 산악훈련은 고된 과정의 연속이었다.
　그러나 수강자들의 열의는 날이 갈수록 높아가…"
　　—〈주간 한국〉1974년 10월 6일 '산악안전교육' 기사 중

1

1
제38회 암벽반 교육중
봉화대 식은골.
암벽반 교육을 하는 여름
설악산에는 비도 많이 온다.

2
북한산 경찰구조대 특수교육.
산악안전에 중심 역할을 한
경찰구조대의 창설과 교육에
한국등산학교에서 지대한
기여를 했다.

3
공군 특수 구조대 동계반 교육.
구조요청한 조종사를 구조대가 빙벽을
등반하여 구조하는 상황을 연습하고 있다.
특수부대 군인들이 직무 능력 강화를 위해
한국등산학교 교육에 참가하기도 한다.

2

3

국토의 70% 이상이 산악지형인 대한민국에서
산악환경에 대한 대응은 필수적이다.
경찰구조대, 군 특수부대, 소방구조대,
국립공원공단 등 한국등산학교에서 다양한
산악 교육을 받았다.

1
제100회 정규반
천축사 암장 등반교육.

2
도봉산 천축사 암장은 제1회
정규반부터 지금까지 페이스,
크랙 등반, 하강 교육을 배우는 교장이다.
1기 때는 바위에 이끼와 흙을
걷어내면서 교육을 받았다고 한다.

천축사 암장의
4개 코스에서
본격적인 암벽등반
교육이 이뤄진다.
강사의 지도와
동료들의 응원에
힘을 얻어 기필코
해내고 만다.

3
(왼쪽 위부터 시계방향으로)
천축사 암장 하강 실습.
천축사 암장 후등자 확보.
천축사 암장 직상 페이스.
짧지만 강렬한 기억을 선사해준다.
천축사 암장 사선 크랙.

1
크랙 재밍.
힘들고 아프고 숨차지만
막상 시원시원하게
올라가지지 않는다.

2
8자 하강기를 이용한
오버행 하강.

3
선인봉 측면길.

4
만장봉 하강.

1
정규반 71회 선착순 달리기.

2
(왼쪽) 정규반 100회 스트레칭.
(오른쪽) 정규반 100회 달리기.

1

2

한국등산학교는 아침을 달린다!

3
정규반 71회 산노래 교육
알펜트리오.

4
정규반 98회 산노래 교육
알펜트리오.

3

4

떠들썩한 음악소리가 저녁 어스름과 어우러져 묘한 감흥이 인다.
산노래를 부르면 산중 잔치가 열린 것 같다.

1

1994년 개교 20주년.

2

1999년 개교 25주년을 맞이하여,
3층 강의실을 리모델링하였고,
도봉산장 1층 전면에 25주년 기념동판을
부착했다.

3
20년사 책자
〈스무돌〉을 발행했다.

4
25년사 책자
〈사반세기〉를 발행했다.

3

스무돌

韓國登山學校

4

四半世紀

한국등산학교 25주년

1999

韓國登山學校

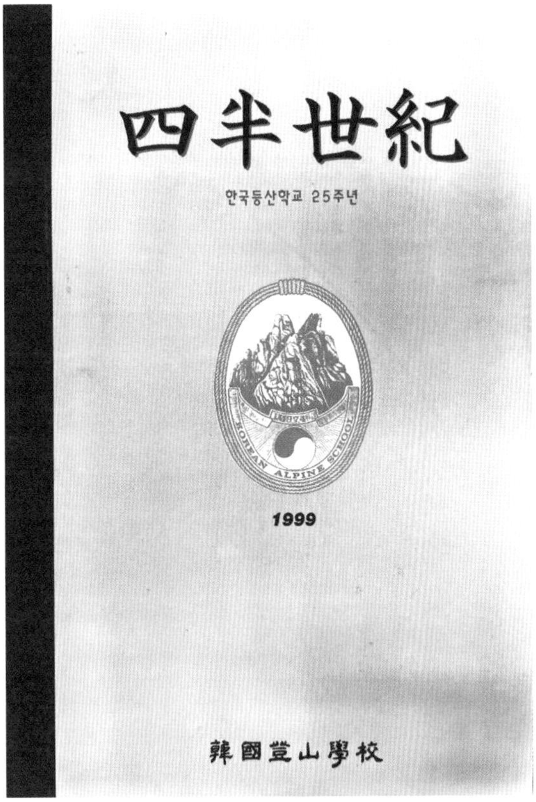

한 해 한 해가 위태로웠지만,
20주년을 맞이했고, 25주년을 훌쩍 넘어 오늘에 이르렀다.
위기와 난관을 극복하며 한국등산학교를 유지하는 데에는
산악인들과 동문들의 도움과 응원이 큰 힘이 되었다.

진정한 등산은 길이 끝나는 곳에서 시작된다.

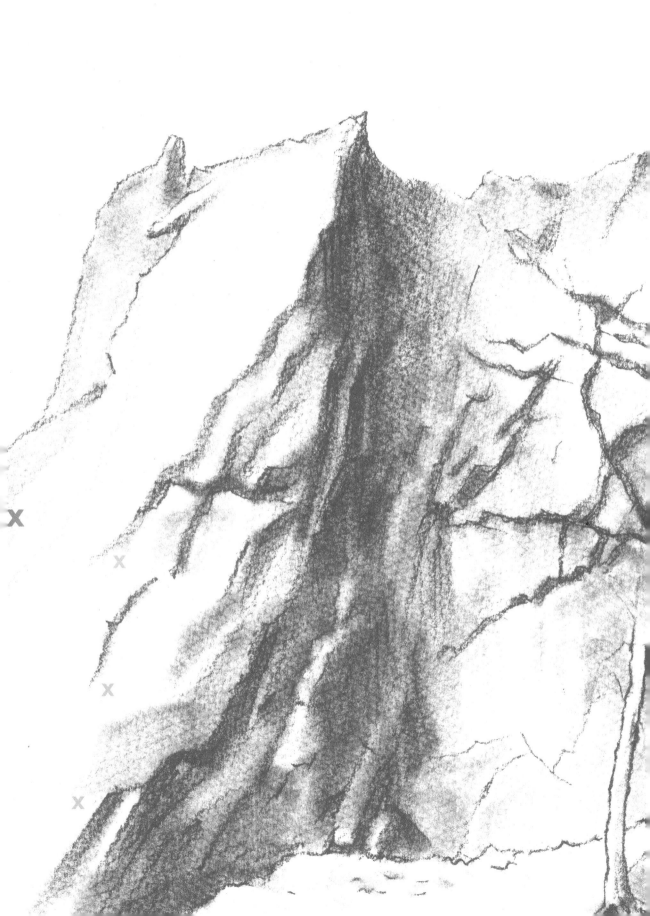

교육과정

알피니즘 교육 3개 과정 —
정규반·암벽반·동계반

1974년 제1회 초급반 개설 이후 50년 동안 꾸준하게 정규반, 암벽반, 동계반
3개 교육과정을 개설·유지하고 있다. '등산기술을 체계화하고 산악인들의
역량을 함양하여 산악운동의 새로운 좌표를 설정하겠다'는 목표로 설립한
한국등산학교는 시대의 변화에 따라 이론 교과목을 변화시켜왔으며,
실기교육 역시 등반 기술의 발전에 따라 그 내용을 최신의 등반 실기
교육으로 변화시켰다. 교육의 방향은 우리가 누리는 산악환경을 후대에도
남겨주어야 한다는 LNT(Leave No Trace) 운동으로 재설정하였으며,
2019년 유네스코(UNESCO)에서 인류무형문화유산으로 지정한
알피니즘(Alpinism)을 추구하는 방향으로 강화, 개편하였다.
정규반에서는 초기부터 시작된 산악 활동과 관련된, 등산 역사, 철학, 문학
등의 인문학적 이론 과목과 최신의 확보 및 하강 기술, 아울러 꾸준하게
발전한 최신 등산 기술과 산악활동에 필수적인 야영, 취사 기술을 보다
체계화하여 교육하고 있다.
암벽반, 동계반에서는 정규반에서 배우고 닦은 기량을 실전에서 실습하고
발전시키는 중급반으로서의 교육으로 연장시키고 있다. 암벽반은 설악산
일원 암벽에서 실전 위주의 교육을 하며, 동계반은 빙벽등반에만 초점을
맞춰 교육하는 여느 등산학교와 달리 적설기 등반과 비박 교육까지 더해
만년설산을 목표로 하는 산악인들에게 귀한 기술과 경험 습득의 기회를
주고 있다. 2024년 현재 실시하고 있는 정규반, 암벽반, 동계반 교육과정을
소개하고자 한다.

스케치. 고경환(천 대표강사)

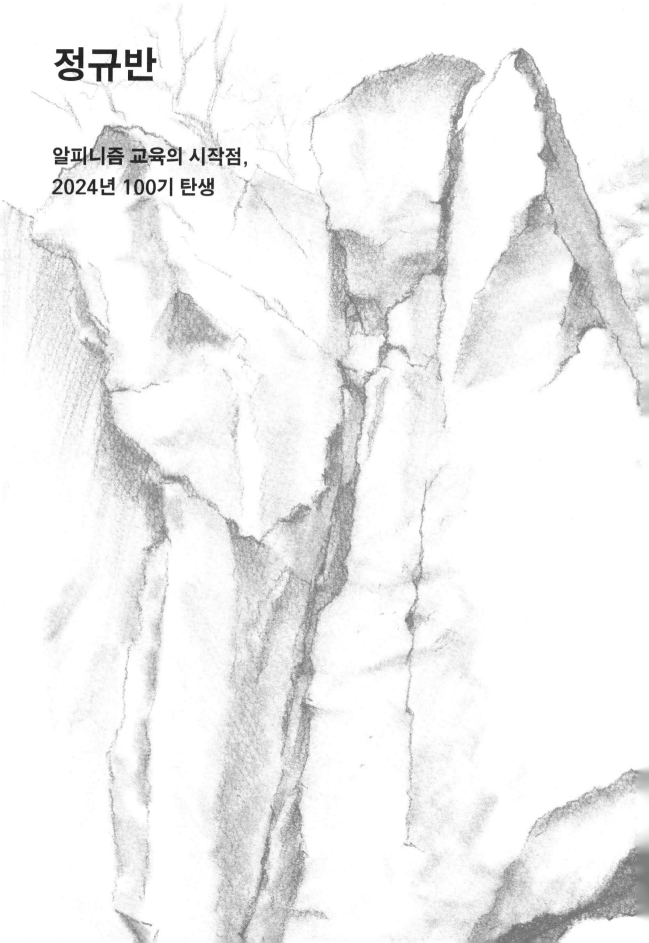

정규반

알피니즘 교육의 시작점,
2024년 100기 탄생

등반에 입문하고자 하는 사람, 등반에 대해서 제대로 배우고자 하는 사람 등을 대상으로 봄과 가을 연 2회 실시하는 한국등산학교의 대표적인 교육 과정이 정규반이다.

1974년 제1회 기초반으로 시작하여 현재의 제100회 정규반에 이르고 있다. 대한민국 알피니즘 교육을 대표하는 한국등산학교의 정규반에서는 산을 대하는 올바른 태도와 자세, 등산을 하는 데 필요한 지식, 일반 워킹 산행과 암벽 등반을 하는 데 필요한 기술 등의 이론과 실기 교육을 5주간(총 10일) 실시한다.

정규반-암벽반-동계반으로 이어지는 알피니즘 교육의 시작점이자 가장 기본적이고 필수적인 과정이다.

도봉산장 교육장 이론 교육.
정규반 99회 암벽등반입문 '매듭법' 박민구 강사.

교육 내용(이론)

일반등산 I(장비, 의류, 보행법, 스틱사용법)
등산을 할 때 필요한 장비의 종류와 선택방법, 사용방법을 교육한다. 에너지와 체온을 유지하기 위해 옷을 입는 레이어링(Layering) 시스템, 에너지를 효율적으로 사용하여 안전하게 산을 오르는 방법을 배운다.

일반등산 II(식량, 취사, 야영, 배낭 꾸리기, LNT)
일상과 다른 환경인 산에 오를 때 필요한 에너지를 생산하기 위한 과학적인 지식과 원리를 교육한다. 식량을 준비할 때 필요한 지식, 취사 장비 사용방법, 체온을 유지하고 보존하기 위한 야영 장비의 종류와 특성 및 사용방법을 다루며, 효율적으로 배낭을 꾸리는 방법 또한 교육한다. 자연을 보호하기 위한 LNT(Leave No Trace) 원칙과 그 원칙을 준수하기 위한 방법을 다룬다.

암벽등반입문: 장비
생소한 암벽등반에 필요한 여러 장비의 종류와 변천사, 사용방법을 배운다.

암벽등반입문: 매듭
등반자의 안전을 확보하기 위해 로프를 올바르게 묶는 매듭법을 교육한다. 사용 용도에 맞는 매듭법과 매듭의 종류에 따른 강도와 유의사항 등을 다룬다.

암벽등반입문: 확보, 하강
로프·확보기(혹은 하강기)·카라비너(Carabiner)를 사용하여 선등자의 안전을 확보하는 확보법, 후등자의 안전을 확보하는 확보법, 등반 후 안전하게 하강하는 하강법을 배운다.

암벽등반론: 개론, 기술

슬랩(Slab), 크랙(Crack), 침니(Chimney), 오버행(Over Hang) 등 다양한 바위의 형태와 그에 따른 등반 기술을 배운다.

확보물 설치

등반 과정 중에 등반자의 안전을 지키기 위한 확보물을 설치하는 방법과 피치(Pitch) 종료 후 확보점을 설치하는 방법을 배운다.

알피니즘

2019년 유네스코(UNESCO)에서 인류무형문화유산으로 지정한 알피니즘(Alpinism)[1]을 교육한다. 산을 대하는 태도, 가치관, 윤리, 철학 등의 인문학적인 과정이다.

스포츠클라이밍

올림픽 종목으로도 선정되었으며, 일반인들에게도 널리 보급된 스포츠클라이밍에 대해 배운다.

산악응급처치

거친 산악환경에서 나의 생명과 동료의 생명을 지킬 수 있도록, 산악 환경에 특화된 응급처치 기술과 지식을 다룬다.

산악문학

글로 저술된 인문학으로서의 산악문학을 교육한다. 등산과 관련된 가벼운 에세이, 콩트에서부터 진중한 등반기까지 다양한 산악문학을 소개하는 시간이다.

한국등반사

19세기부터 해외로부터 들어온, 행위 자체가 목적인 '등산'의 도입 및 발전사를 배운다.

독도법

지도를 읽는 방법인 독도법을 배우는 시간이다. 지도에 나타난 다양한 형태의 지형을 인식하고, 지도의 방향과 현재 나의 방향을 일치시키는 '지도정치', 나의 현재 위치를 지도에서 찾아내는 방법, 기술의 발전으로 현재 널리 사용되는 GPS 프로그램 사용 방법을 배우고 실습한다.

산악안전

안전 산행을 위한 지식을 전달하는 강의이다. 우리나라 산악지형의 특징, 산의 기상, 산악환경에서의 조난 등 개론적인 내용에서부터 동창과 동상, 기상변화에 따른 위험, 동식물에 따른 위험, 지형 변화에 따른 위험, 낙뢰 대처요령, 캠핑 중 사고 등 누구나 당할 수 있는 사고에 대해 사례를 들며 교육한다. 이어 암릉사고, 전문등반사고, 하강사고, 로프 절단과 같은 전문등반 시 일어날 수 있는 사고에 대해 교육하며, 마지막으로 응급처지나 응급상황 시 대처요령을 가르친다.

암벽등반기술 실습 천축사 암장.

1

'눈과 얼음에 덮인 알프스와 같은 고산에서 행하는 등반.'

– 〈영국 등산백과사전(Encyclopedia of Mountaineering)〉

교육 내용(실기)

배낭 꾸리기 실습

배낭에 야영장비, 취사장비, 의류, 등반장비를 효율적으로 꾸리는 실습이다. 각자의 배낭에 준비한 장비들을 넣어 보고, 배낭을 올바르게 착용하는 방법을 배우고 실습한다.

암벽등반 기초:

장비착용, 매듭, 확보, 하강, 슬랩 등반

헬멧(Helmet), 안전벨트(Harness) 등 등반 장비의 착용 순서와 방법을 교육하고 실습을 한다. 실제 로프를 사용하여 등반에 필요한 필수 매듭을 실습한다. 기초슬랩, 소슬랩 등 암벽 교육장의 슬랩(Slab) 바위를 등반하며, 바위는 딛고 일어서는 방법, 무게중심을 이용하여 중심을 잡는 방법, 등반하는 방법을 교육하며, 등반 후 안전하게 자신의 몸을 확보점에 고정하는 자기확보법, 다음 등반자의 안전을 확보하는 후등자 확보법을 교육한다. 등반 종료 후 로프와 하강장비를 사용하여 안전하게 지면으로 하강하는 방법을 실습한다.

암벽등반기술: 페이스, 크랙, 침니 등반

급경사의 암벽인 페이스(Face) 등반하는 방법, 바위의 갈라진 틈인 크랙(Crack)에 자신의 신체를 끼워넣어 고정시키거나 몸의 균형을 이용하여 등반을 하는 방법, 굴뚝 형태인 침니(Chimney)에 신체를 이용해 등반하는 방법을 실습한다.

암벽등반기술: 멀티피치 등반

도봉산장에서 오봉까지 어프로치(Approach)하면서 보행법, 스틱사용법 등을 배우고 실습한다. 오봉암장에서는 각 조별로 2피치 또는 3피치의 멀티피치 등반을 실습한다. 루트별로 슬랩, 페이스, 크랙 등반 기술을 사용하여 등반하며, 등반 시에 꼭 필요한 로프를 다루는 방법을 실습한다. 마지막 피치까지 등반한 후에는 안전하게 하강하고, 로프를 회수하고 정리하는 방법까지 배운다.

멀티피치등반 실습(오봉암장).　　　　　인수야영장 비박교육.

암벽등반 종합실기

한국 알피니즘의 요람(搖籃)인 인수봉(북한산 소재)을 조별로 멀티피치 방식으로 등반한다. 등로주의[머메리즘(Mummerism)]를 추구하는 한국등산학교지만, 이 날만은 정상 등정의 뿌듯함과 후련함을 맛본다. 4주간 학습하고 체득한 지식과 기술을 총망라해서 다양한 루트를 조별로 등반하고, 안전하게 하강하는 실전을 익힌다.

졸업등반

한국등산학교의 모암(母巖)이라고 할 수 있는 선인봉(도봉산 소재)을 조별로 멀티피치 방식으로 등반한다. 5주 교육의 마무리 실기 시간으로 그간 배운 등산 이론과 등반, 하강 실기 기술을 총동원하여 각 조별로 선인봉의 여러 암벽등반 루트를 등반한다.

인수봉 등반(인수B).

(옆 페이지) 선인봉 졸업등반(알피니즘 1피치).

특강

오랜 시간 동안 산악활동을 성공적으로 해낸 선배 산악인들로부터 그들의 경험, 지식, 철학 등을 배우는 시간이다. 각자의 등산과 선배들의 등산을 비교하며 영감을 얻을 수 있는 시간이다.

산노래

산악인이라면 누구나 몇 곡 정도는 부를 수 있는 산노래를 배우고 부르는 시간이다. 다소 딱딱하고 진지한 이론교육과 생소하고 어려운 실습시간 동안 쌓인 피로를 해소할 수 있는 즐거운 레크리에이션 시간이다.

총동문회 간담회 / 서울특별시 산악연맹 소개

50년 동안 지속되고 발전한 한국등산학교 동문들의 모임인 총동문회를 소개하며, 서울특별시 산악연맹을 소개하는 시간이다. 한국등산학교의 정규반, 암벽반, 동계반 중 하나 혹은 그 이상을 수료하면 가입자격이 주어진다.

강사들과의 대화

교육을 진행한 한국등산학교의 강사들과 학생들의 친교의 시간이며, 학생들이 평소에 궁금했던 산악 활동에 대한 의문을 강사들의 설명으로 해소해주는 시간이다.

지금은 모습이 많이 달라진 백운산장에서 산노래를 배우고 있다.

2024년 제100회 정규반 교육 일정표는 다음과 같다. 주로 토요일에는 이론교육을 진행하며, 부족한 실습을 보충한다. 저녁 식사 시간에는 각 조별로 준비한 재료를 취사하여 식사한다. 취침은 도봉산장에서 한다. 일요일 아침에는 기상 후 바로 스트레칭 등 아침 체조와 구보를 한다. 일요일 교육일정은 도봉산, 북한산에 위치한 암장에서 등반 교육과 실습을 한다.

3주차 오봉 멀티피치 등반 후에는, 첫 멀티피치 등반을 축하하는 선배들이 지원조로 방문해서 점심식사를 제공하는 전통이 있다.

5주간 교육을 마치는 졸업등반을 하고 내려오면 선배 기수가 정성껏 준비한 수료국수를 다함께 맛있게 먹고 수료식을 진행한다. 5주 교육을 끝내고, 수료식 후 하산하면 도봉산 생태탐방원 앞에 한국등산학교의 선배 졸업생들이 도열하여 박수를 쳐주는 전통이 있다. 이는 정규반 5주간의 교육 과정 동안 수고했다는 의미이기도 하지만, 정규반을 마쳐 이제야 '산악인'으로 태어났음을 축하하는 박수이며, 한국등산학교의 단단한 '동문'의 일원이 되었음을 환영하는 박수이다.

입학식을 하러 올라가는 입교생들이 배낭을 메고 있는 모습은 어설펐지만, 5주간의 교육을 마치고 내려가는 졸업생에게선 산악인의 태(態)가 드러나고, 산을 마주하는 겸허하고 겸손한 자세가 엿보인다.

100회 정규반 교육일정(4.13~5.19)

일자	1주 4.13~14	2주 4.20~21	3주 4.27~28	4주 5.11~12	5주 5.18~19
토요일					
13:00	등록 & OT (60)	장비 매듭 (60)	스틱사용법 등 (60)	스포츠클라이밍 (90)	
14:00	입학식 (60)				설문 (30)
15:00	특강 (60)	암벽등반 입문 확보,하강,확보물 설치 (110)	응급처치 (110)	독도법 (110)	필기시험 (60)
					문제해설 (30)
16:00	교육 과정 소개 (30)				총동문간담회 / 산악회소개 (60)
	자기소개 / 학생장선출 (60)				
17:00		일반등산 I (110)	알피니즘 / 한국등반사 (110)	산악문학 (110)	기수 자치회 (60)
18:00	석식 (90)	석식 (60)	석식 (60)	석식 (60)	석식 (60)
19:00	일반등산 II (110)				강사와의 대화 / 조별미팅 (150)
20:00		암벽등반 개론 자세,기술 (110)	산노래 (110)	산악안전 (110)	
21:00	배낭꾸리기 (30)				
	종례 / 취침	종례 / 취침	종례 / 취침	인수야영장 이동	종례 / 취침
일요일					
05:30	기상 및 체조 (90)	기상 및 체조 (90)	기상 및 체조 (90)	기상 및 체조 (90)	기상 및 체조 (90)
07:00	조식 (60)	조식 (60)			
08:00	등반시스템 시청각교육 (60)				
09:00 ~	09:00 등반실기 교육 16:00 교육종료	08:00 등반실기 교육 16:00 교육종료	07:00 오봉 이동 14:00 교육종료, 학교복귀	07:00 인수봉 등반 13:00 정상	07:00 선인봉 등반 15:30 하강완료, 학교복귀
16:00	종례	종례	종례	종례	수료식

암벽등반기술 실습 폭포바위.

암벽반

중급 수준의
실전 암벽등반 과정

한국등산학교의 암벽반은 교육에 중점을 두고 있는 정규반과는 다르게 대부분의 과정이 실습인 실전 암벽등반 과정이다. 산악인 모두가 사랑하는 한국의 대표 국립공원인 설악산에서 열리며, 5박 6일 동안 연이어 교육이 이루어진다. 1일차 레벨테스트부터 6일차 수료등반까지 온전히 설악의 품에서 등반을 이어나간다.

긴 어프로치 과정과 하루 온종일 이어지는 멀티 피치 등반 과정에서 강사와 학생들 간 대화할 기회가 많으며, 강사들이 실전에서 체득한 노하우들을 학생들에게 자연스럽게 전수하는 과정이다. 등반을 처음 시작하는 수강생부터 선등을 막 시작한 중급자 수준의 수강생까지 다양한 레벨별로 교육을 한다.

교육 내용

레벨 테스트

암벽반의 교육은 조별 멀티 피치 등반으로 이루어지기 때문에 학생들의 빌레이 기술, 등반 기술, 능력을 개개인별로 평가하는 것으로 시작한다. 선등자 빌레이, 후등자 빌레이, 자기확보, 로프 사리기, 톱 로프 등반 및 빌레이 평가를 한다. 레벨 테스트 평가지를 취합하여 강사 회의를 하고 그에 맞게 조편성을 한다.

아침 체조

등산, 특히 등반을 하는 데에 체력은 매우 중요하다. 단지 성공적인 등반을 위해서 뿐만 아니라 동료의 안전을 도모하는 데 필수적이다. 불확실성이 높은 산악 환경에서는 기상악화, 낙석 등 환경적인 위험, 등반 중 추락이나 실족으로 인한 부상 등의 위험이 항상 존재하기 때문에, 나와 나의 동료의 안전을 확보하기 위해서 평소에 체력 훈련을 하는 것은 중요하다. 가벼운 스트레칭으로 시작해, 등반에 도움이 되는 몇 가지 운동을 하고, 마지막으로 설악동 일원을 가볍게 구보한다.

1일차 레벨테스트는 아갈바위 암장, 소토왕골 암장, 국립등산학교 외벽 등에서 실시한다.

장군봉 기존길.
설악산의 아이콘과도 같은 거대한 암벽이다.

적벽 자유 2836.
한국등산학교 전용학 강사가 젊은 시절 개척한 '자유2836'을
등반하는 암벽반 학생들. 적벽은 붉은 바위로 눈의 띄기도 하고
비선대 등산로 바로 옆에 위치해 등산객들이 눈여겨보게 되는
설악산의 대표적인 암벽이다.

조별 멀티 피치 등반

2일차부터 6일차까지는 각 조별로 미륵장군봉, 적벽, 장군봉, 울산바위, 노적봉, 솜다리봉, 유선대 등 설악의 대표적인 암벽에서 멀티 피치 등반을 한다. 암벽반 교육 기간인 8월에는 덥기도 하지만 비가 내리는 날도 많다. 항상 기상상황을 예의주시하면서 비를 피해서 내설악과 외설악의 암장을 찾아다닌다. 상황에 따라 춘천 지역까지 이동하여 춘클릿지, 전망대릿지, 인어바위 암장 등지로 이동하여 등반하기도 한다. 전국적으로 비가 오는 경우에는 속초에 소재한 국립등산학교의 교육장에서 실내교육을 하기도 하며, 속초 지역의 실내 암장에서 스포츠클라이밍을 즐기기도 한다.

등반 숙련도에 따른 조별 편성이기 때문에, 강사진의 판단에 따라 조별로 기초 교육 또는 중급자 교육을 실시하기도 한다. 초보자들이 많이 있는 조의 경우 부족한 선등자·후등자 확보법, 등반 기술 교육 등을 실내에서 또는 소토왕골 암장, 델피노 암장, 화암사 수바위 암장 등에서 실시한다.

이론 교육

조별 멀티 피치 교육을 마치고 숙소로 복귀를 하면, 저녁식사 이후에 이론 교육을 한다. 주로 캠(SLCD: Spring Loaded Camming Device) 설치 등 확보물 설치 이론 교육, 균등 확보법(Equalizing) 이론 교육 및 실습 등을 숙소에 있는 강당에서 실시한다.

미륵장군봉.
일반 등산객들은 잘 모르는 내설악의 아름다운 바위다.
등반을 하면서 배경으로 보이는 신선대 암벽은 등반가들이
가장 사랑하는 풍경이기도 하다.

암벽반 52회 미륵장군봉 등반 후.

유선대 '그리움 둘'.
슬랩, 크랙, 오버행 등 다양한 형태의 바위가 있어
학교에서 배운 다양한 등반 기술을 모두 사용할 수 있는
암장이며, 등반 중 바라보이는 천불동 계곡은 길고 험한
어프로치의 피로를 씻어낼 만큼 아름답다.

1974년 제1회 암벽반에서부터 최근의 2023년 52회 암벽반까지 암벽반 교육은 우리나라의 대표적인 등반 대상지인 설악산에서 실시하고 있다. 최근의 제52회 암벽반의 1~6일차 교육 일정표는 아래와 같다.

등산학교 교육의 중요한 교육 목표 중의 하나는 변화무쌍한 자연환경의 위험성에 대한 대비를 하고 강인한 체력과 정신력으로 난관을 극복하는 것이다. 설악산의 대자연보다 더 적합한 교육장은 없을 것이다. 폭염과 태풍이 오는 험악한 환경을 극복하며, 환경에 적응하여 때로는 등반 도중 탈출을 하는 경우도 있으며, 불어난 계곡물을 건너기 위해 다른 조원들의 지원과 도움을 받는 경우도 있다.

이러한 예상치 못한 어려움을 극복을 하면서 팀원들간의 동료애가 자연스럽게 생기며, 나의 등반만 중요한 것이 아니라 자일(Seil)로 묶여 같이 등반을 하는 자일 파트너의 등반도 중요하다는 '자일의 정(精)'을 배우게 된다.

한국등산학교의 암벽반은 암벽등반 기술을 업그레이드하는 교육의 장이며, 여름 설악산을 6일 동안 흠뻑 즐기게 되는 여름휴가가 되고, 같이 등반을 하는 동기들과의 우정을 쌓아나가는 동료애의 장이다. 5박 6일 동안의 설악 등반을 마치고 일상으로 돌아가면 일상의 환경이 낯설게 느껴질 정도로 설악산과 등반에 푹 빠지게 되는 강렬한 경험을 할 수 있다.

제52회 암벽반 교육일정(8/12~8/17)

일정		진행내용	장소	기타
공통	05:00	기상 및 체조		등반장비 챙기기
	06:00	아침식사	설악산파크리조트	매식
	07:00	교육장(등반지) 이동		
	18:00	저녁식사	설악산파크리조트	매식
	22:00	취침		
8.12 (1일차)	10:00	집결 및 오리엔테이션	설악산파크리조트	개별 조식 완료 후 집결
	11:00	입학식		
	11:30~12:00	점심식사		
	13:30~17:00	등반기초(매듭, 빌레이, 하강) 및 레벨 체크	아갈바위	
	19:00~22:00	자기소개 및 학생장 선출, 이론교육, 조별미팅	설악산파크리조트	
8.13 (2일차)	07:00~17:00	실전등반	장수대/외설악	장수대쪽 외설악쪽 두 파트로 나눠 등반
	19:00~	이론교육(확보물 설치)	설악산파크리조트	
8.14 (3일차)	07:00~17:00	실전등반	장수대/외설악	전날 장수대쪽 → 외설악 등반
	19:00	조별미팅	설악산파크리조트	전날 외설악쪽 → 장수대 등반
8.15 (4일차)	07:00~17:00	실전등반	외설악	설악산 일원(장군봉, 유선대, 적벽, 울산바위 등)
	19:00	조별미팅	설악산파크리조트	점심은 행동식
8.16 (5일차)	07:00~17:00	실전등반	외설악	설악산 일원(장군봉, 유선대, 적벽, 울산바위 등)
	19:00~21:00	친교의 시간	설악산파크리조트	점심은 행동식
8.17 (6일차)	07:00~16:00	실전등반	외설악	수료등반
	16:30	졸업식	설악산파크리조트	점심은 행동식

동계반

만년설산과 자연빙벽 등반에
대비한 교육

알피니즘을 추구하는 한국등산학교의 마지막 과정인 동계반은 만년설과 빙벽이 있는 고산의 산악과 기상 환경으로 인한 고난을 극복하는 기술을 배우고 정신력을 함양하는 교육과정이다. 만년빙설의 환경인 알프스나 히말라야로의 원정등반을 꿈꾸거나 동계의 설악산의 자연빙폭 등반을 꿈꾸는 산악인들에게는 필수로 받아야 하는 교육 코스다.

동계반은 그 내용상 10발 크램폰과 피켈을 사용하는 프렌치 테크닉, 12발 크램폰과 아이스바일을 사용하는 수직빙벽 등반, 그리고 만년설산을 등반하고 하산하는 데에 필요한 설상등반과 영하의 혹독한 겨울산에서 생존하는 데 필수적인 동계비박 교육으로 나누어진다. 현재 한국등산학교는 동계반에서 빙벽등반 교육과 설상등반 교육을 포괄하여 한 과정으로 실시하고 있다.

프렌치 테크닉
(French Technique, French Method)

1908년 오스카 에켄슈타인(Oscar Eckenstein)은 10발 크램폰을 개발하며, 10개의 포인트를 모두 이용하는 등반 기술을 개발했는데, 이를 '프렌치 테크닉' 혹은 '프렌치 메소드'라고 한다. 완경사의 빙벽을 오르는 '피에 마르쉐(Pied Marche), 피올레 칸느(Piolet Canne)', 중경사의 빙벽을 오르는 '피에 당 카나르(Pied en Canard)', 급경사의 빙벽을 오르는 '피에 다 플라(Pied à Plat), 피올레 라마스(Piolet Ramasse), 피올레 앙크르(Piolet Ancre)' 등의 기술과 빙벽 하산에 필수적인 '피에 다 플라(Pied à Plat), 피올레 람프(Piolet Rampe), 피올레 아퓨(Piolet Appui)' 그리고 체력을 회복하기 위해 휴식을 취하는 자세인 '피에 다시(Pied Assis)' 등의 교육을 배우고 실습한다.

프렌치 테크닉 실습.

수직빙벽 등반 실습.

설상 등반 실습.

설상교육 '자기제동' 실습.

수직빙벽 등반

1932년 로랑 그리벨(Laurent Grivel)이 프런트 포인트(Front Point)가 달린 12발 크램폰을 개발하면서 빙벽 등반 기술은 획기적으로 발전한다. 그 이후 현재까지 활발하게 사용하는 수직 빙벽 등반 교육을 실시한다. 기초적인 아이스바일 타격(Swing), 크램폰의 프런트 포인트를 빙벽에 발로 차서 박는 '프런트 포인트 키킹(Front Point Kicking)'부터 수직 빙벽에서 균형을 유지하며 효과적으로 등반을 하기 위한 'X-바디', '지그재그 바디', 우리나라에서 개발한 'N-바디' 자세를 교육하고 실습한다.

동계 이론 교육

동계 장비 소개, 다양한 확보물 설치 방법, 빙벽 등반 자세 및 방법을 사진자료와 함께 교육한다.

설상 등반

설사면을 오르고 내려가기 위한 설상보행법인 '킥 스텝(Kick Step)', '레스트 스텝(Rest Step)', '지팡이식 자세(Cane Position/Piolet Canne)', '말뚝 자세(Stake Position/Piolet Manche)', '가로 자세(Horizontal Position)', '대각선 자세(Cross Body Position/Piolet Ramasse)', '플런지 스텝(Plunge Step)', 팀 단위로 등반을 안전하게 하기 위한 '안자일렌(Running Belay/Anseilen)', '팀 제동법(Team Arrest)', 팀 동료를 안전하게 확보하기 위한 '카라비너-피켈 확보법(Carabiner-Axe Belay)', '등산화-피켈 확보법Boot-Axe Belay)', 하강을 위한 확보물 '스노 볼라드(Snow Bollard) 만들기' 및 하강, 피켈을 사용한 '자기확보법(Self-Belay)', '자기제동법(Self-Arrest)', 설사면 하산을 빠르게 하는 '글리세이딩(Glissading)' 방법을 배우고 실습한다.

동계 비박 교육

혹독한 겨울산 또는 알프스나 히말라야의 고산 환경에서 생존하고 다음 등반을 위해 에너지를 생산하고 체력을 회복하기 위한 비박 교육을 실시한다. 비박(Biwak/Bivouac)이란 텐트를 사용하지 않고 최소한의 장비를 사용하는 야영 기술이다. 비박 교육 시 배낭 꾸리기, 취사 및 식사법, 체온을 유지하기 위한 레이어링 시스템(Layering System), 단열 매트와 침낭을 사용한 취침 시스템, 바람을 막기 위한 설벽 및 설동 만들기 등을 배우고 실습한다.

동계비박 실습.

프렌치 테크닉, 수직 빙벽 교육 (1-2주차)

수락산 은류폭포, 설악산 소토왕골에서 프렌치 테크닉 교육을 실시하며, 감악산 무지치폭포, 인제 매바위, 양구 광치령 용소인공빙벽 등에서 수직 빙벽 교육을 실시한다. 최근의 제48회 동계반의 1~2주차 교육 일정표는 오른쪽 표와 같다.

설상 등반, 동계 비박 교육 (3주차)

알프스, 히말라야와 같은 만년설산과 최대한 유사한 지형과 환경인 설악산의 건폭골(죽음의 계곡)에서 교육을 실시하며, 희운각대피소 또는 양폭대피소를 이용하기도 한다. 정규반 교육의 '일반등산 I'과 '일반등산 II' 과목에서 배운 레이어링 시스템, 취사, 에너지의 생산과 보존, 동계 비박을 실제 상황에서 실습한다. 최근의 제48회 동계반의 3주차 교육 일정표는 다음과 같다.

3주간의 짧은 동계반 교육으로 완벽한 알피니스트로 거듭날 수는 없을 것이다. 다만, 미지의 고산, 겨울산의 위험하고 거친 환경에 적응하고 극복할 수 있다는 불굴의 산악인으로서의 자세와 태도, 그리고 필수 기술을 배울 수 있을 것이다. 팀으로 각자 역할을 나누어 얼어서, 잘 켜지지 않는 가스 스토브와 사용법이 어려운 휘발유 스토브를 다루어 얼음을 녹여 식수를 만든다. 학생들은 낯설고 두렵기만 한 날카로운 피켈, 아이스 바일, 크램폰이 더 이상 불편하지 않고, 자신의 신체의 일부분과도 같이 자연스럽게 사용할 수 있게 되어 혹독한 겨울산과 더 높은 산을 오를 수 있다는 자신감과 기술을 얻어 다음의 더 큰 도전을 꿈꾸고 기대하며 수료식을 나선다.

무거운 배낭을 메고 안자일렌으로 이동.

동계비박 실습.

제48회 동계반 1~2차 교육일정(1.6~7 / 1.13~14)

	1.6(토)	1.7(일)	1.13(토)	1.14(일)
07:00		집합(포천 운악산휴게소)	집합(양구 광치령 용소 인공빙벽장)	기상 및 식사 후 8시 출발 (광치령 빙벽장 이동)
08:00				
09:00	집합(수락산 마당바위 입구) → 인원파악 후 교육장소 이동	교육장소: 포천 무지치(무지개) 폭포 실기교육: 수직 빙벽 등반, 프런트 포인팅, 피올레 트락시옹 (점심: 행동식)	교육장소: 양구 광치령 용소 인공빙벽 실기교육: 수직 빙벽 등반, 프런트 포인팅, 피올레 트락시옹 (점심: 매식)	교육장소: 양구 광치령 용소 인공빙벽 오전 8시 30분 장비착용 집합 실기교육: 수직 빙벽 등반, 기초 빙벽교육 (점심: 매식)
10:00	입학식: 10시 교육장소: 수락산 은류폭포, 금류폭포 실기교육: 프렌치테크닉, 피켈 사용, 빙사면 등반 (점심: 행동식)			
11:00				
12:00				
13:00				
14:00				
15:00	교육종료 장비 정리, 종례 후 하산/ 귀가	주간교육 종료 장비 철수 후 하산		
16:00			교육 종료, 장비 정리 후 숙소(양구세종호텔) 이동	교육 종료, 장비 정리
17:00		운악산휴게소 종례 후 해산		종례 후 해산
			석식: 매식	
18:00			18:30~23:00 동계 이론교육	
23:00			취침	

제48회 동계반 3차 교육일정(2.2~4)

	1.6(토)	1.7(일)	1.13(토)
06:00		기상(아침체조)	기상(아침체조)
		조별 조식	조별 조식
07:00			
08:00	08:30 집합(설악산 입구 매표소 앞) → 인원 파악 후 이동	설상 교육	조별 빙계등반
09:00			
10:00	양폭대피소 도착 (12:30)		
11:00			중식
12:00		중식	조별 건폭 출발 수료식 장소(설악산파크리조트) 도착
13:00	조별 중식		
14:00	조별 건폭골(죽음의 계곡) 이동	설상 교육	
15:00			
16:00			
17:00	비박지 구축(설동) 및 조별 식사와 담임 강사와의 대화	조별 석식 및 담임 강사와의 대화	수료식
			해산
18:00			
19:00	강사 회의		
20:00		강사 회의(교육생은 취침)	
21:00	취침		
22:00		비상 훈련	
23:00		취침	

수직빙벽 등반실습

한국등산학교는 새벽을 달린다
—50년 동안 이어진 아침 구보

글. 박명렬 (한국등산학교 강사)

암벽반 38회 아침 구보.

암벽반 38회 전력질주.

'한국등산학교' 하면 무엇이 생각날까? 1974년에 설립된 대한민국 최초의 등산학교? 아니면 기업체의 금전적 후원 없이 비영리적으로 운영을 하는 등산학교? 아니면 대한민국에서 유일하게 국립공원의 산속에 있는 등산학교?

앞에 나열한 세 가지도 맞는 말일 수 있다. 그러나 이러한 평가와 이미지보다는 단순히 구보(驅步) 즉, '달리기'가 떠오를 수 있다. 이미 졸업하신 선배님들은 이런 말씀을 하시곤 한다. "요즘도 구보하지? 라떼는 말이야 회룡역까지 갔다 왔어! 망월사까지 갔다 와야지, 라떼는…."

물론 이런 얘기가 모든 사람들에게 납득가지는 않을 것이다. 어떤 이는 "한국등산학교는 아침마다 구보를 한다며? 지금이 어느 땐데 아직도 철지난 그런 것들을 한대? 그러다 다치면 어떡하려고!" 그러나 지금까지 달리기를 하다 죽거나 다리가 부러졌다는 소리를 들어본 적은 없다.

그러면 어떤 이유에서 아침에 구보, 즉 달리기를 하는 것일까? 어떤 이는 '체력 향상을 위해서', 또 다른 이는 '아침의 맑은 기운을 받아들이고 몸의 나쁜 기운을 밖으로 내보내기 위해서'라고 한다. 이런 이유가 과연 납득할 만한 것일까? 아침에 달리기를 하는 학생들에게 물으면 과연 수긍을 할까? 전날 낯선 사람들과 익숙하지 않은 잠자리로 몸과 머리는 무겁고, 생각은 없어지는데…. 이런 와중에 새벽에 일어나기도 버거운데, 구보라니!

이 악명 높은 한국등산학교의 아침 구보는 정규반, 암벽반 가리지 않고 진행된다. 정규반이면 일요일 새벽에만 하면 되지만 버거운 듯하다, 시간이 지남에 따라 어느새 아무 생각 없이 달린다. 도봉성당 기점으로 다시 학교로 돌아가야 한다. 이때 학생들은 넌지시 물어본다, "아침준비를 못했는데, 김밥

암벽반 38회 아침 구보.

을 구매해도 될까요?", "아침 먹고 올라가면 안 됩니까?" 단호하게 "안됩니다!"라고 했지만 마음 한구석에는 "그렇게 하세요"를 외치고 있으니. 유혹을 뿌리치고, 달린다. 앞사람이 달리니, 그냥 달릴 수밖에 없다.

학교로 돌아오는 중에 약 100m 전력달리기하는 구간(도봉사 근처)이 있다. 새벽 달리기의 백미라 할 수 있다. 이전까지 적당한 속도로 달리다가 갑자기 전력 질주 신호가 나면, 모두가 개개인의 최고 속도로 달린다. 심장이 터져 죽을 것 같지만, 모두가 정해놓은 장소까지 달린다.

등산학교의 '전통을 이어가다'

설악에서의 구보는 과연 어떤 기분일까? 숙소인 설악동 C지구의 설악산파크리조트에서 소공원 주차장을 향해서 달릴 때 보이는 토왕성은 과연 어떤 모습일까? 아침 토왕폭의 장대한 모습은 아름다고도 멋지지만, 대부분의 학생은 숨쉬기도 바빠 제대로 볼 수도 없을 것이고, 또 힘이 들어 관심이 하나도 없을 수도 있다.

'전통이다'라는 말로는 전기차가 나오고 AI, 비트코인이 난무하는 시대에 사람들을 설득하기란 쉽지 않을 것이다. 과연 어떤 성취를 이루기 위하여 한국등산학교는 구보를 하는 것인가? 정답이 있는 질문은 아닐 수 있다. 아니, 그 정답이 무엇이든 간에 한국등산학교는 새벽에 달린다. 왜? '전통이니깐' 50년 동안 달렸고, 아마 계속 달릴 것이다. 그리고 졸업생들은 물을 것이다.

"요즘도 구보하시죠?"

정규반 71회 선착순.

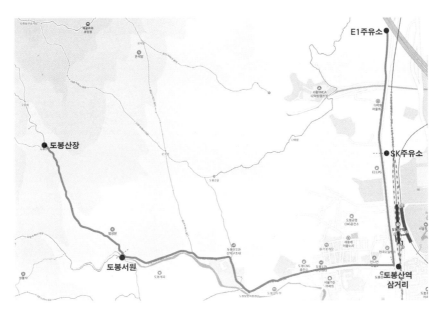

도봉산장에서 도봉서원터까의 등산로 약 900m를 걸어 내려간다. 도봉서원터에서부터
아침구보를 시작한다. 권효섭 교장선생님 재임시기였던 2000년까지는 현재 E1 LPG 주유소가
있는 곳까지 3.2km를 뛰었다. 왕복 6.4km 구보였으니 힘들다는 얘기가 나올 법도 하다.
도봉산역 인근의 도로가 개발되고 도로가 확장됨에 따라 2001년부터 2002년까지는 현재
SK 주유소가 있는 곳까지 2.5km를 뛰었다. 왕복 5km로 거리가 줄어들었다. 도로가 넓어져서
덤프트럭과 같은 대형 차량들이 달리기 시작하면서, 사고 위험이 있어 2003년부터는 도봉산역
삼거리까지 약 2km를 뛰었다. 왕복 4km로 거리는 줄어들었으나, 도봉산장으로 돌아가는 길에
인터벌 전력질주를 시키는 등 고난이 줄어들지는 않았다.

정규반 99회 아침 체조.

정규반 100회 아침 구보.

국민 모두의 국립공원
건강하고 행복한 미래를 열어갑니다

제19회 국립공원 사진공모전 입선작 북한산 (만경대 신록)

국립공원공단
KOREA NATIONAL PARK SERVICE

UAAA / Union of Asian Alpine Association

아시아산악연맹

www.theuaaa.org

한국등산학교 창립 50주년을 축하합니다.

21 Members 13 countries

CMA_CTMA_CTAA_CHKMCU_IMF_IRISCMF_JMA_JWAF_MSCFRK
TAAN_MCMAC_MNCF_NMA_ACP_KAC_KAF_CAC_ACM_MNCF_BNF_EOA
(Korea_Japan_China_Taiwan_Hongkong_Nepal_Pakistan_Iran_India_
Mongolia_Kyrgyzstan_Kazakhstan_Bangladesh)

President Lee,Injeong(KR) **VP** Nima Nuru(NP) / Reza Zarei(IR) / Wang yongfeng(CN)
General Secretary Christaine Pae(KR) **Treasurer** Hank Hwang(TW) / Auditor_Frederick Yu(HK)
Office 8F, 86 Chungdamdong, Gangnam-gu, Seoul, Korea
+82-2-558-3331 www.theuaaa.org

함께 도전하고

함께 응원하며

함께 산악문화를 만들어 왔던

당신들을 기억합니다.

한국등산학교
50주년을 축하합니다

BLACK YAK®

60년간의 혁신

SIX DECADES OF
INNOVATION

블랙다이아몬드의 헤리티지는1957년 요세미티에서
손수 제작한 등반 장비를 판매하면서 시작되었습니다.
오늘 우리는 당신을 정상으로 이끌어줄
가장 혁신적인 장비를 만드는 일에
여전히 몰두하고 있습니다.

BD Athlete Babsi Zangerl | Yosemite
 Christian Adam

◆ **Black Diamond**®

CAPITOL REEF NATIONAL PARK, U.S.A.
38° 17' 29.1" N 111° 14' 3.9" W

INNOVATION
COMFORT
PERFORMANCE

#암벽화

#등산화

#등반장비

#클라이밍용품

#인공홀드

#오토빌레이

(주)부토라   경기도 화성시 향남읍 우등길 24   T.031-378-9438   www.butora.com

★★★ 한국등산학교의 50주년을 진심으로 축하드리며,
성실·인내·안전의 학교로 지속적인 발전을 기원합니다. ★★★

SINCE 1992
세계 문화역사탐방·트레킹 전문

미지로 가고싶은 꿈을 실현하는

혜초여행

혜초여행은 1992년에 설립하여
전 세계의 명산 및 유구한 역사 유산과 문화를 찾아
고객님들께 안내하고 있으며
미지로 가고 싶은 꿈을 실현하는
여행사입니다.

SINCE 1992 세계 문화역사탐방·트레킹 전문

www.hyecho.com / www.trekking.kr

서울특별시 종로구 인사동5길 29 태화빌딩 12층
혜초여행개발(주) Tel 02-6263-2000

韓國登山學校

개교 50주년을
축하합니다
!

익스트림라이더 등산학교
EXTREME RIDER CLIMBING SCHOOL

한국등산학교 50년

등산학교를 만들다

서양에서 태동한 근대등산이 우리나라에 본격적으로 도입된 시기는 일본 강점기 때인 20세기 초반이었다. 초기에 등산 활동은 식민지 지배계층의 전유물이었다. 이는 당시 국내의 사회경제적 여건이 성숙되지 못해 저변 확대가 이루어질 수 없었기 때문이었다. 국내의 산업화가 본격적으로 시작된 1960년대 후반부터 일반 등산 인구도 조금씩 늘어나기 시작했다. 이와 비례해서 도봉산과 북한산에서의 조난사고도 늘어났다. 그러나 당시 국내 산악계에 알려져 있는 기술과 정보로는 이를 대처하는 데 한계가 있었다. 이런 상태의 우리 산악계에 체계적이고 전문적인 등산교육의 필요성이 대두된 계기는 1969년 2월 설악산 죽음의 계곡에서 일어난 조난사고(눈사태로 10명 사망)라는 불행한 사건이었다. 히말라야 원정을 대비한 한국산악회 훈련대의 조난사고를 겪으면서 당시의 적설기 등반기술 수준으로는 히말라야 고산 등반이 불가능하다는 것을 깨닫게 되었다. 곧 등산이 의욕만으로 되는 게 아니고 과학적이고 체계적이면서도 다양한 지식이 필요하다는 것을 절감하게 된 것이다.

이 사고가 있고 이태 뒤인 1971년 봄, 마나슬루 원정대(대장 김호섭) 김기섭 대원의 추락사, 그리고 대한산악연맹에서 파견한 로체샤르 원정대(대장 박철암)의 등반 실패 등으로 자극받은 한국산악회(회장 이민재)는 프랑스국립스키등산학교(ENSA)로 유학생을 파견하기에 이르렀다.

1971년 11월 알프스 훈련대(대장 전담, 대원 이재인 한덕정 조천용 백인섭 이강오 진교춘 구인모)는 프랑스국립스키등산학교에 입교, 3주 동안 몽블랑 산군에서 당시 최신 빙설벽 등반 교육을 받고 귀국해 유럽의 정통 빙설벽 등반기술을 국내에 전수했다. 한국산악회는 1972년 9월 초, 다시 2차 알프스 훈련대(대장 김인섭, 대원 김항원 차양재 유재원)를 파견했고, 이들은 2주 동안의 교육을 받고 돌아와 후에 유럽의 빙설벽 등반기술 보급에 크게 이바지했다. 당시 최신 빙설벽 등반기술의 보급은 서울산악회와 설악산악회가 공동 주최한 '설악산 겨울등산학교'나 한국산악회에서 개설한 '등산아카데미' 등 일부 소수의 산악인을 대상으로 하는 교육을 통해 이뤄졌다.

한편 1971년 11월 인수봉에서 조난사고(7명 사망, 16명 부상)와 1972년 히말라야 마나슬루에서 대형 조난사고(눈사태로 15명 사망)가 발생하자 산악계에 자체적인 전문등반 교육의 필요성도 높아졌다. 또한 늘어나는 등산 인구만큼 국내 산에서 조난사고가 증가 추세였으나 이를 예방할 관계기관의 대책도 전무했다. 따라서 일반인 대상 상설 등산학교의 필요성이 산악계 소장파 인사들을 중심으로 거론되기 시작했으며 이들을 중심으로 당시의 폐쇄적인 산악계의 체제를 혁파하고 나온 것이 바로 '한국등산학교'의 설립이었다.

몇몇 뜻있는 산악인들에
의해 사설 등산학교가
설립되기 이르렀다.

　　본교가 개교할 즈음인 1970년대 해외 산악계는 히말라야에서 8천 미터
봉우리의 벽 등반 시대가 도래하여 안나푸르나 남벽과 에베레스트 남서벽에
서 포위전법의 등반방식이 정점에 다다라 있었으며, 동시에 8천 미터 봉우리
에서 최초의 알파인 스타일 등반을 성취하고 있었다. 알프스에서는 최난 루
트의 동계 단독등반이, 미국의 요세미티에서는 거벽자유등반이 실현되고 있
었다. 세계 최고의 권위를 자랑하는 프랑스국립스키등산학교는 1937년 개교
하였으며 일본의 문부성 산하 등산연수소 또한 제2차 세계대전 중이던 1942
년 개소하였다. 본교 개교 당시인 1970년대 히말라야에 원정대를 파견하는
국가들에는 국립등산학교나 그에 준하는 대표적인 등산학교가 있었다. 국내
에서는 일부 선각자들에 의해 일반인들을 대상으로 한 상설 등산교육의 필요
성을 절감하고 있었다. 당시 사정으로 국립등산학교는 설립하지 못했지만 몇
몇 뜻있는 산악인들에 의해 사설 등산학교가 설립되기에 이르렀다.

한국등산학교의 태동

한국등산학교 설립의 모체는 1971년 1월 초순 설악산에서 처음 개설하여
1974년 1월까지 4회를 개최한 '겨울등산학교'다. 서울산악회와 설악산악회
에서 공동 주최한 '겨울등산학교'는 현재 〈월간 산〉의 전신인 〈등산〉지의 발
행처였던 산악문화사와 조선일보사 그리고 당시 사회지도층 인사들의 산악
회였던 신우회(信友會)가 후원했다. 이 학교에 대해 〈월간 산〉(1971년 3월)
등산계 소식란에 다음과 같은 기사가 실렸다.

1월 7일부터 16일까지(9박 10일) 설악산에서 개강한 제1회 겨울 등산학교 (교장 이기섭)가 18명의 수료자를 내고 무사히 끝마쳤다. 1월 8일 8시 설악 회관에서 속초시장, 경찰서장 등 지방 유지들이 지켜보는 가운데 개교한 동 교는 개교 첫날 오리엔테이션을 비롯한 수료 시까지 로드 윅, 아이젠 윅, 피 켈 윅, 심설기술, 조난과 안전, 일반의료, 빙벽등반, 아이스 커팅, 일반기상 및 천기도 실습 등 다채로운 교과목을 가지고 진지하게 실시했다. 이들 수강 자 중에서 최고령자는 오창환(43세), 최연소자는 김윤기(17세). 설악산악 회와 서울산악회가 주최한 이 겨울등산학교는 앞으로 해마다 갖게 된다.

이렇게 시작된 겨울등산학교는 당시 국내에서 가장 권위 있고 내용이나 체제에 있어 가장 알차다고 높이 평가받았다. 성황리에 개최되던 겨울등산학 교는 동계에만 열린다는 단점이 있었다. 앞서 언급한 것처럼 당시 산악계에서 는 일반인을 대상으로 사계절 열리는 상설 등산학교의 필요성이 심각하게 대 두되고 있었다. 그러나 영속성을 보이던 겨울등산학교가 제4회(1974년 1월 6 일~12일)를 맞이하면서 수강생 감소(20명 수료)와 함께 재정난에 봉착하게 되었다. 결국 제4회 겨울등산학교 개설 중 1973년부터 참여하고 있던 당시 서 울특별시산악연맹(이하 서울시연맹) 회장이었던 권효섭 국회의원과 서울산 악회 부회장이자 한국산악회 이사였던 안광옥, 강사로 출강하던 강호기(서 울시연맹 이사)와 김경배(서울시연맹 사무국장), 김인섭(한국산악회 기술위 원) 등이 더욱 개방적이고 체계적인 교육 내용을 갖춘 상설 등산학교를 설립 하기로 의견을 모았다. 이들 5인은 1974년 1월 중순 서울 종로구 인사동의 모 한정식집에서 만나 가칭 '상설 등산학교 5인 설립위원회'를 발족하기로 했다.

이후 공식명칭을 '한국등산학교 설립위원회'로 하고 현재 광화문 사거리 의 조선일보사 옆에 있었던 서울산악회 사무실(중구 신문로 1가 153-2)과 광 교의 조흥은행 본점 줄기에 있었던 김인섭이 경영하던 등산장비점 '설산장 (雪山莊)'(중구 삼각동 21-1)을 오가며 업무를 보았다. 이때 모든 안건은 위 원 한 사람이 거부해도 부결되는 전원 찬성의 묵계하에 업무가 추진되었다. 추가로 설립위원에 서울대 대학원 원장이었던 이숭녕 박사가 영입되고 강사 로 겨울등산학교에서 이론가로 활약했던 K.C.C.(Korea Climbing Club) 회원 인 백경호(한국산악회 이사)가 합류했다.

이러한 인선 작업과 함께 6월 15일 개교 예정으로 제반 준비를 진행해 나 갔다. 먼저 교육장을 도봉산으로 택하게 된 것은 당시나 지금이나 대중교통 을 이용하기 편리하고 접근 거리가 짧고 도봉산장은 공공법인인 서울시연맹

당시 발표되었던
한국등산학교의
설립 취지문.

趣 旨 文

우리 나라의 名山은 少數山岳人들만의 登攀訓練場이던 것이 大衆리크레이션場化가 되어 많은 問題点을 안고있는 것은 周知의 事實입니다.

이에 登山人口의 量的肥大에서 質的向上으로 方向轉換을 摸索하고 있는 우리 山岳界에 常設 登山學校를 設立한다는 것은 때늦은 感이 없지 않습니다.

室內講義 및 屋外 實技訓練場所로서 最適의 條件을 갖추어 있는 道峰山莊을 擇하여 有能하고 經驗많은 山岳人을 敎授陣으로하여 이제까지 各團體別로 多樣하게 普及되어온 登山技術을 體系化하고 同時에 젊은 山岳人들의 力量을 涵養하여 山岳運動의 새로운 座標를 設定하고저 하는 것입니다.

우리 나라 山岳運動의 胎動과 發展이 逆境속에서 이루어졌듯이 現在 國內外의 어려운 與件에서 出發하는 韓國登山學校도 그 앞날이 發展과 보람이 있을 것을 確信하며 아울러 이를 目標로 우리의 모든 힘을 傾注할 것을 約束합니다.

같은 길을 걷는 모든 山岳同好人의 보다 積極的인 協助와 參與가 있으시길 바랍니다.

1974. 5. .

韓 國 登 山 學 校

設立委員會 代表 權 孝 燮
" " 安 光 玉

이 관리하는 산장이라는 이유 때문이었다. 당시 강사로 참여한 백경호, 이원영, 신동간, 김호진 등이 설립위원들과 함께 실기 교장을 답사하여 적합성을 따져 선택했다.

이러한 준비와 함께 한국등산학교 설립위원회는 5월 하순, 설립위원회 대표 권효섭·안광옥 명의로 전국의 주요 산악단체와 언론기관 앞으로 한국등산학교 설립 취지와 개요를 우편으로 발송하여 한국등산학교의 설립을 발표했다. 당시 발표되었던 취지문, 학교 개요, 설립 목적, 교과목은 다음과 같으며 취지문과 목적은 강호기, 교과목은 김인섭이 초안을 잡아서 위원회에서 최종 마무리했다.

한국등산학교 설립 준비

한국 등산학교의 설립이 일반인들에게 처음 알려진 것은 〈일간스포츠〉(1974년 6월 5일)의 '요산천리(樂山千里)' 난을 통해서였다. 그 내용은 다음과 같다.

한국등산학교가 권효섭 의원과 안광옥 한국산악회 이사를 설립위원회 대표로 하여 설립되었다. 정규 등산학교로서 한국에서는 처음으로 열게 된 이 등산학교는 6월 15일 개교 예정으로 2일 서울 도봉산장에 사무실을 열었다. 이제까지 각 단체에서 각양각색으로 보급되어 온 등산 기술을 체계화하고 "젊은 산악인들의 역량을 함양하여 산악운동의 새로운 좌표를 설정하고 정

한국등산학교의 설립이 일반인들에게 처음 알려진 것은 〈일간스포츠〉 (1974년 6월 5일)의 '요산천리(樂山天里)' 난을 통해서였다.

신력과 체력을 단련하여 정통적인 알피니즘을 추구, 국가 민족에 이바지하자는 것이 목적으로 전국의 산악동지와 단체들의 절대적인 협찬을 얻어 문을 열게 된 것"이라고 권효섭 의원은 말했다.

우선 서울 근교에서 실내 강의와 옥외 등반 실기 훈련장소로 가장 적합한 조건을 갖추고 있는 도봉산장을 본부로 하고 설악산 권금성산장과 한라산 어리목산장을 하절 전진기지로, 진부령 알프스스키장을 스키 전진기지로 정함으로써 지금까지의 후진성을 탈피하는 면목을 갖췄다.

모집 요강에 의하여 초급반, 중급반, 동절반, 지도자반, 스키반으로 정원은 각 30명. 초, 중급반은 주말인 토, 일요일만으로 8박 16일, 스키 동절반, 리더반은 합숙훈련으로 8박 9일, 한국 등산사와 산악운동의 방향을 비롯해서 14개의 등반에 관한 이론과목과 실기를 습득하게 된다. 이번 첫 기에는 산악동호인으로 초급자를 대상으로 초급반만을 모집한다고 한다.

이렇게 해서 한국등산학교 설립은 전국에 알려졌다. 그리고 그 준비과정에서 국가 기관의 공인을 위한 작업도 함께 병행되었다. 그러나 이를 위해 사설강습소 인가 문제를 중구 교육구청에 문의한 결과 처음 들은 대답은 "냄비 가지고 가서 밥 지어 먹고 오는 등산에도 교육이나 학교가 필요합니까?"라는 담당자의 퉁명스러운 답변이었다. 지금 같으면 수준 이하의 대답이라고 하겠으나 당시 등산에 대한 사회의 통념은 그와 같았다.

이러한 사회의 무관심 속에서 권효섭 의원의 노력으로 설립위원회는 개교 이틀 전인 1974년 6월 13일 자로 '사설강습소 설립예정 인가신청서'를 북부교육구청을 거쳐 서울특별시 교육위원회 교육감 앞으로 제출했다. 이와 함께 제출된 당시의 강사 명단을 보면 권효섭, 안광옥, 이숭녕, 문우식, 김현린,

박철암, 강호기, 백경호, 김경배, 김인섭 등 모두 10인으로 작성되었다.

한국등산학교 설립위원회에서 제출한 예비 인가신청서를 접수한 당시 서울시 교육감은 문교부(현 교육부) 장관에게 예비 인허가에 대해 문의를 하였다. 담당 기관인 문교부 체육국장은 이에 대한 관할 단체였던 대한산악연맹에 1974년 8월 22일 자로 '등산학교(사설강습소) 설립에 따른 의견문의' 공문을 발송하였다. 이를 접수한 대한산악연맹은 1974년 9월 11일 자로 등산교육의 필요성에 대한 배경과 교육의 방향, 그리고 외국의 예를 들어 설명하고 교육과정에 대해서는 이미 개교한 한국등산학교 초급과정을 참고한 의견서를 첨부하여 회신하였다. 이런 내용의 회신을 접수한 문교부는 교육감에게 내용을 보완하여 신청을 승낙할 것을 통보하였다. 이 통보는 결국 북부교육구청을 통해 1974년 10월 29일 자로 '한국 등산학원 설립인가 신청에 관한 통보'로 전달되었다. 그 내용은 다음과 같다.

"귀하가 1974년 6월 15일 자로 제출한 한국등산학원 설립인가 신청에 관하여는 다음 요건에 의거 인가토록 시달되었음을 알리오며, 소칙(교칙)을 재작성하여 제출하시기 바라며, 일건 서류를 일단 반려하오니 양지하시기 바랍니다."

【회시내용】
가. 등산학원은 성격상 체육 계열에 속하므로 시설기준은 사설강습소에 관한 법률 시행령 제4조 2항의 체육도장 시설기준을 준용할 것이며
나. 강사의 기준은 동시행령 제7조 2항을 적용하고 또한 초·중고생을 제외한 일반인을 대상으로 할 것.

이에 따라 학교 당국은 학원소칙을 보완하여 1974년 11월 12일 자로 북부교육구청에 '사설강습소 설립인가 신청서'를 제출하였다. 이에 대한 북부교육구청의 1975년 2월 19일 자 통보 내용은 아래와 같다.

1. 귀하가 1974년 11월 12일 자로 제출하신 한국등산학교 설립 예비인가 신청서에 대하여 설립인가를 통보하오니.
2. 1975년 4월 25일까지 서울특별시 사설강습소에 관한 규칙 제2조 3항에 규정한 시설설비를 갖추고 설립인가신청서를 제출하기 바라며,
3. 소정기일 내에 인가신청서를 제출하지 아니하거나, 시설설비를 완비하지 않을 때는 설립 예비인가를 취소하겠으니 양지하시기 바랍니다.

여기서 언급한 당시 사설강습소에 관한 규칙 제2조 3항은 다음과 같다.

제2조: 본 법에서 사설강습소라 함은 사인이 다수인에게 30일 이상 계속 또는 반복하여 지식, 기술, 예능 또는 체육을 교습시키는 사설이나 학습장소로 제공하는 시설로서 다음 각호의 1에 해당하지 아니하는 시설을 말한다.
1. 교육법 기타 법령에 의한 학교
2. 도서관법에 의한 도서관
3. 공장 사업자 등의 시설로서 그 소속직원에 대한 교습을 위한 시설

이 같은 제2조의 '30일 이상 계속'되어야 하는 조항과 사설강습소에 관한 법률시행령 제4조 2항(체육도장시설기준)의 탈의실 및 샤워실 각 6.6평방미터를 갖추어야 한다는 조항 그리고 과목별로 수강료를 받아야 한다는 조항이 등산학교 현실과 동떨어져 정식 인가신청을 불가능하게 했다.

한국등산학교 개교

한국등산학교는 1974년 6월 15일, 각계의 성원과 지대한 관심 속에서 개교식을 갖고 국내 최초의 상설 등산학교로 출발했다. 당시 개교에 대한 동정은 〈한국일보〉(6월 16일), 〈매일경제〉(6월 16일), 〈서울신문〉(6월 17일), 〈일간스포츠〉(6월 19일) 등에서 상세히 보도되었다. 특히, 〈한국일보〉 6월 16일 자 기사에는 다음과 같이 기록되어 있다.

한국등산학교(교장 권효섭 국회의원)가 15일 오후 6시에 서울 도봉산 선인봉 암벽 아래 도봉산장에서 개교식을 갖고 수업을 시작했다. 개교식에는 이숭녕, 이항녕, 김조현 등 원로 산악인들과 박재을, 김영도, 김장호, 박철암 등 100여 명의 산악계 인사들이 모여 축하했다. 초급반 학생으로는 박세웅(36세, 학생장, 서울 에델바이스 소속)을 포함한 30명이 참가했으며, 이 중 20명은 대학 재학생, 10명은 직장인들이었다. 여성 지원자가 많아 따로 모집하여 3주간의 단기 강의를 개설할 예정이다.
초급반 학생들은 앞으로 8주 동안 매 주말에 도봉산 암벽에서 산악 실기 기초를 익히며, 한국등반의 새로운 기점을 마련하게 됐다. 첫날에는 산악윤리(이숭녕 박사), 한국 알피니즘(김영도 국회의원), 알피니즘의 역사(박철암 교수) 등에 대한 강의와 보행법의 이론과 실기(김경배 서울시연맹 사무국장), 짐꾸리기 등의 실습을 진행했다.

招　請　狀

삼가 尊體 淸安하심을 仰祝하나이다.
수般 韓國登山學校의 開設에 즈음하여 山岳界의 여러
同好人을 모시고 아래와 같이 開校式을 擧行하오니 부디
參席하여 주시기 바랍니다.
日時: 1974年 6月15日 (土) 下午6時
場所: 道峰山莊
1974年 6月　日
韓國登山學校
設立委員會 代表 權　孝　燮
〃 安　光　玉

개교 시 학교의 조직은 초대 교장에 권효섭 설립위원 대표가, 초대 부교장은 안광옥 설립위원 대표가 맡았으며 대한산악연맹에서 가맹 단체회원 등산교육을 위해 매년 여름 실시하던 하계산간학교와 앞서 언급한 겨울등산학교에 깊이 관여했던 강호기 설립위원이 초대 학감을, 총무부장에 김경배 설립위원, 교육부장은 김인섭 설립위원이 맡았다.

그리고 개교 당시 참여한 강사는 5인의 설립위원(권효섭, 안광옥, 강호기, 김경배, 김인섭)과 이숭녕 손경석 김원모 이우형 백경호 박봉래 등이 강사로, 김호진 신동간 이원영 홍건식 전재운 등이 실기 강사로 참여했다. 개교 후 최창민 문남길 김도섭 김갑용 김시훈 조용식 최태현 이종수 백동욱 등이 참여했다. 취지문과 함께 발표된 교과목과 개교 후에 발표된 교과목이 다른 이유는 정해진 교육시간에 맞추기 위해 몇몇 과목의 통폐합을 설립위원회에서 결정했기 때문이다.

개교 시의 교육과목은 산악운동의 방향(권효섭), 한국등산사(안광옥), 등산윤리(이숭녕), 보행론(김경배), 짐꾸리기(김인섭), 반공교육(치안본부 대공과), 알피니즘의 역사(손경석), 응급처치(대한적십자사), 독도법(이우형), 산악운동의 진로/초보자의 자세(권효섭), 등산용어(김원모), 자연보호론(산림청), 기초장비론(김인섭), 파트너십(강호기), 암벽등반론/확보론(백경호), 일반등산론(계획)/매듭법(강호기), 식량론(이원영), 기상학(관상대/현 기상청), 사진학(김조현, 이종호) 등 각 분야 전문가들로 이루어져 수준 높은 교육이 실시되었다.

이렇듯 1974년 6월 15일 개교식을 가진 한국등산학교는 참여한 강사들의 사명감과 학생들의 교육열정이 8박 16일간 이어진 끝에 마침내 8월 4일 역사적인 제1기 수료식을 가지게 되었다. 명실공히 한국등산학교가 완전체로 자리 잡게 된 것이다.

1970년대 —
50년 역사의 첫걸음

1974년 6월 15일 역사적인 개교식을 가진 한국등산학교는 8박 16일 간의 교육을 순조롭게 진행했고 8월 4일에 첫 수료식을 가졌다.[1] 이 수료식은 당시 〈일간스포츠〉(8월 7일), 〈주간중앙〉(8월 18일), 그리고 〈월간 산〉(9월호)에 상세히 보도되었다. 수료식은 50여 명의 내빈이 참석한 가운데 8월 4일 오후 4시 40분에 도봉산장에서 열렸다. 입교한 30명은 8박 16일 동안 이론 26시간, 실기 51시간, 기타 12시간을 합쳐 총 89시간의 교육과정을 이수했다. 중도 탈락자 4명을 제외한 26명은 수료증과 수료배지를 받았다. 정규 1회 수료생 대부분은 8월 15일부터 21일까지 6박 7일 동안 설악산에서 개최된 제1회 암벽반에 입교했다. 대한적십자사에서는 안전대책에 대한 강의를 받은 학생 전원에게 별도로 수료증을 수여했으며, 강의를 진행한 김인섭(한국등산학교 설립위원)은 학생들의 열의에 감동하여 기념으로 소형 배낭을 나누어 주었다. 서울을 비롯한 부산, 청주, 전주 등지에서 온 35명의 학생들은 권금성 서남벽 12개 코스에서 암벽의 기초이론과 실기를 학습한 뒤, 20일에는 졸업등반을 무사히 마쳤다.

당시 가장 힘들기로 유명했던 4주차의 백운대 암벽등반 실기교육은 1974년 가을 제2회 초급반부터 선을 보였다. 백운대 교장은 1974년 여름 이곳으로 하산하던 백경호 강사가 발견해, 강사들이 점검한 뒤 사용하였다. 처음에는 5주차 일요일 아침, 도봉동 버스종점에서 19번 시내버스를 대절해 우이동으로 이동해서 교육을 실시했다.

첫 동계반 강습은 1월 5일부터 11일까지 설악산에서 진행했다. 학생들은 동계 훈련을 통해 빙판에서의 기초훈련과 프랑스식 빙폭등반 교육을 받았다. 입학생 56명(남 54, 여 2) 중 3명을 제외한 53명이 수료증을 받았다.

이로써 한국등산학교는 최초의 초급반, 암벽반, 동계반 교육을 성공적으로 마쳤고, 1975년 가을 3기 초급반 과정이 끝나며 개교 1주년을 맞이했다. 그동안 도봉산장에서 3회의 초급반(연 85명), 2회의 암벽반(연 47명), 1회 동계반(56명), 여성을 위한 강좌(약 200명), 수탁교육(47명) 등을 통해 435명에게 체계적인 등산교육을 실시했다.

개교 당시인 1974년 한국의 1인당 국민소득(GNP)은 불과 542달러였으며, 전국의 총인구는 1973년 말 현재 3317만 7천명라고 정부에서 발표했다. 그해 서울특별시산악연맹의 가입단체수는 32개였다.

경제개발로 인해 소득이 차츰 나아진 도시의 시민들은 점차 여가선용에 눈을 돌려 휴일이면 행락인파가 폭발적으로 늘어갔다. 이와 비례해서 등산인구도 늘어 〈등산코스 안내집〉(교진사), 〈설악산〉, 〈지리산 안내집〉(성문각)

과 등산수첩인 〈등산가이드〉(김용성 저) 같은 실용서가 출간되었다. 또한 프랑스의 유명한 등산가이드였던 가스통 레뷰파의 등산기술서인 〈雪과 岩〉(교진사)과 아이거 북벽 초등반기인 〈하얀 거미〉(공동문화사), 〈히말라야 거봉 초등반기〉(성문각)와 같은 등반서적이 꾸준히 번역, 출간되기 시작했다.

국내 산악활동으로는 1974년 1월 어센트산악회가 설악산 천화대 리지를 동계 초등했으며, 5월에는 서울고교 산악부 OB산악회인 마운틴빌라가 국내 기존 암벽루트에서 가장 어렵다고 평가받던 북한산 인수봉 빌라길을 개척하였다. 또한 8월에는 에코클럽의 김종욱 등이 국내 최장의 벽인 설악산 토왕성 폭포 우벽을 초등반했다. 이듬해인 1975년 2월에는 어센트산악회가 일본 히로시마산악회와 합동으로 춘천(강촌)의 구곡빙폭을 초등하여 당시 산악계의 최대과제였던 토왕성 빙폭등반 가능성에 서광을 비추었다.

한편 정기적으로 개설되는 정규반, 암벽반, 동계반 외에 비정기적으로 열리는 강좌도 개교 이래 다양하게 실시하였다. 개교 직후 열린 첫 번째 강좌는 '여성 등산 강좌'였다. 두 번째 강좌는 '단위 산악회를 위한 조난방지 대책에 관한 세미나'로 이듬해인 1975년 본교(도봉산장)에서 실시하였다. 이에 대한 상세한 내용 역시 〈월간 산〉(1975년 8월) 산악계 소식란에 실린 기사로 대신한다.

6월 29일부터 7월 27일까지 한 달 동안 단위 산악회를 위해서 '조난방지 대책에 관한 세미나'를 가졌다. 주제는 조난방지 대책 및 암벽 등반의 이론과 실기였는데 첫날은 성북산악회 회원 41명이 입교하였고 7월 6일에는 민중산악회 회원 36명이, 7월 13일에는 한국일보산악회 회원들이 수료하였으며 20일에는 국회산악회 회원이 이 세미나에 참여하게 된다. 또한 7월 7일 오후 2시에는 한국등산그룹연합회(회장 정경화)의 가입 단체에서 각 4명씩 리더로 차출한 100여 명을 수운회관에 모아 놓고 리더의 자질 향상에 따른 각종 교육을 실시했다.

기사에서 보듯이 두 번째 강좌와 함께 등산안내인을 위한 제1회 전수반 교육에서 7일부터 9일까지 사흘간, 14일부터 16일까지 사흘간 총 6일간 122명에게 조난 예방과 대책, 등산예절, 일반 등산론 등의 교육을 실시하였다. 등산안내인을 위한 두 번째 교육은 1979년 여름에 진행하였다. 이에 관한 상세한 내용은 당시의 〈일간스포츠〉(1979년 6월 6일)에 아래와 같이 실렸다.

전국등산연합회는 산악 단체 리더들의 자질 향상을 위해 5일과 6일 양일간 출판문화회관과 도봉산에 있는 한국등산학교에서 등산이론과 실제 교육을 실시했다. 첫날인 5일에는 등산윤리, 등산기초론, 구급법, 안내 등산의 방향 등 등반이론을 배우고 6일은 도봉산에서 독도법과 암벽 등반 이론 및 실기, 자일 사용법과 실습을 실시했다. 이 모임에는 130여 명의 리더들이 참석했다. 수탁교육은 첫 회가 1974년 8월 11일부터 13일까지 이화여자대학교 체육과 2학년 학생 47명을 대상으로 대성리에서 실시되었다. 두 번째 교육은 이화여자대학교 사범대학 산악부 학생들을 대상으로 1977년 3월 30일부터 5월 1일까지 매주 수요일 오후 6시부터 9시까지 이화여자대학교에서 이론 강의를 하고, 실기는 일요일을 택해 4월 24일과 5월 1일 북한산에서 실제 산행을 통해 했다.

당시 교과목은 한국산악운동의 방향, 등산계획 및 등산형식, 보행론, 한국등산사, 등산용어, 암벽등반이론, 알피니즘의 역사, 등산장비 및 짐꾸리기, 등산식량, 조난사고 및 대책, 독도법, 기상학, 로프다루기, 매듭 및 확보실시, 암벽등반 실기 등이었다. 이러한 실제 강좌 외에도 언론매체를 통한 지상강좌도 함께 진행하였다.

한편 〈일간스포츠〉의 원고청탁을 받아 1974년 8월 21일자에 '등산교실'이란 제호로 연재를 시작했다. 김인섭의 집필로 보행의 개념 및 중요성을 첫 회로 시작해 배낭꾸리기, 등산복장, 배낭, 버너, 동계장비, 암벽장비, 기술과 용어, 매듭법 등을 1975년 11월 18일자까지 1년 넘게 49회를 연재했다. 이 글은 일간신문에 등산이론을 연재한 국내 최초의 기록이다.

공공단체나 기관 대상의 특별교육도 여러 차례 열었다. 1974년 개설된 암벽반 2기는 대한적십자사 전국지사 산악안전지도자 1차 교육이었다. 수상안전 교육만으로는 인명구조 업무상 편향되므로 산악안전교육도 받아야 한다는 차원에서 실시한 교육이었다. 1976년에 한 차례 더 실시된 암벽반 5기 역시 13명의 적십자사 각 시도 안전과장이 10월 11일부터 16일까지 교육을 받았다.

1975년 가을, 김인섭, 이원영 강사가 에베레스트 원정을 위한 정찰대(대장 최수남)에 선발되어 1977년 원정을 대비하는 데 결정적인 역할을 했다. 이듬해 1976년 봄에는 마나슬루(8,163m) 3차 원정대(대장 김정섭)에 김경배 설립위원과 홍건식(장비담당), 김도섭(식량담당) 강사가 대원으로 참가했다. 이 원정은 기상악화와 대원 간의 갈등으로 인해 해발 7,700m까지 진출하고 등반을 포기했다. 공식적인 본교 강사 자격으로 해외원정에 참가한 경우는 1977년 한국 에베레스트 원정대 이원영 대원(식량담당)이 최초였다.

개교 이후 국내 산악계는 1977년 1월 국내 산악계 최대 과제였던 토왕성 빙폭을 초등하고 9월에는 세계 최고봉 에베레스트(8,848m)를 등정했다. 수출 100억 불을 달성, '한강의 기적'이 이루어진 시기이기도 했다.

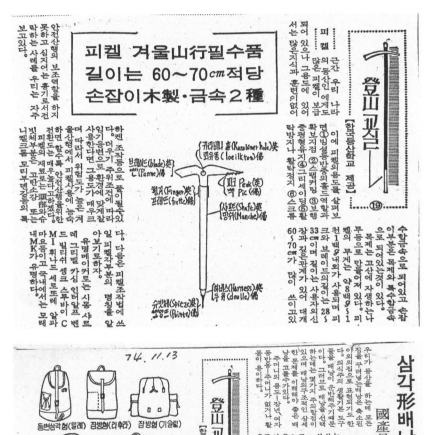

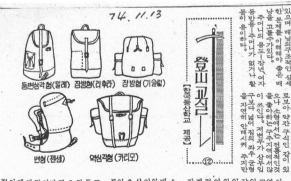

〈일간스포츠〉에 연재된
'등산교실'.
등산이론을 연재한
국내 최초의 기록이다.
김인섭 설립위원이 집필했다.

1980년대 —
재정의 어려움을 넘어서

1983년에는 국내 최초로 산악경찰 창설을 지원하고 교육을 전담하기 시작했다. 이 교육은 1971년 11월 사고에 이어 1983년 4월 두 번째 인수봉 대형 조난 사고(7명 사망, 13명 구조) 때 출동한 서울시경에서 구조에 어려움을 실감한 상황에서 본교 권효섭 교장이 행정부에 경찰구조대 창설을 제안하면서 이루어졌다. 이후 산악경찰 교육은 매년 정례화되었고, 1983년 10월부터 특수임무를 수행하는 경찰특공대의 산악훈련 및 인명구조교육을 시작하였다. 또한 1989년 10월부터 경찰종합학교의 경찰간부후보생에 대한 등산 교육을 매년 진행하였고, 육군 00부대 요원 교육도 정기적으로 실시하였다.

재정난에 서울특별시산악연맹 부설기관으로 편입

1983년에는 국내 최초로 산악경찰 창설을 지원하고 교육을 전담하기 시작했다. 이 교육은 1971년 11월 사고에 이어 1983년 4월 두 번째 인수봉 대형 조난 사고(7명 사망, 13명 구조) 때 출동한 서울시경에서 구조에 어려움을 실감한 상황에서 본교 권효섭 교장이 행정부에 경찰구조대 창설을 제안하면서 이루어졌다. 이후 산악경찰 교육은 매년 정례화되었고, 1983년 10월부터 특수임무를 수행하는 경찰특공대의 산악훈련 및 인명구조교육을 시작하였다. 또한 1989년 10월부터 경찰종합학교의 경찰간부후보생에 대한 등산 교육을 매년 진행하였고, 육군 00부대 요원 교육도 정기적으로 실시하였다.

이러한 노력에도 불구하고 1980년대 들어 본교 운영 상황이 어려워졌다. 수강생은 증가했으나 학교 운영은 재정적으로나 인적으로 어려워져만 갔다. 당시의 상황을 〈일간스포츠〉(1982년 11월10일)에 실린 '등산학교'란 표제의 기사에서도 확인할 수 있다.

> 2,3년 전만 해도 이 등산학교는 통상 30~40명의 입교생으로 조용했다. 그러나 최근에는 많을 경우 200~300명이 입교를 희망해 어리둥절하고 있다. 독도법을 강의하고 있는 이우형(48세. 전 산악구조대장)은 "산악인구의 급증 탓도 있겠으나 마땅한 산간, 수련장이 없다보니 하나뿐인 등산학교에 몰린다"면서 교실조차 변변치 못한 실정에선 안타까움이 많다는 것이다.
> 한국등산학교가 설립된 것은 1974년 6월 15일, 뜻있는 산악인들이 후배 산우들을 위한 지도교실을 세운 이래 1982년까지 1500여 명의 수료자를 냈다. 도봉구 '山 31번지'의 '도봉산장'을 사용하는 지금도 마찬가지지만 산악인들의 순수 열의에 의해 운영되고 있다.

신문기사의 마지막 글에서도 드러나 듯 순수 열의만으로 학교를 지탱하기는 어려웠다. 결국 1983년 강호기 학감의 미국 이주로 이우형 학감이 취임하면서 학교운영을 활성화해 보자는 뜻으로 권효섭 교장, 안광옥 부교장, 이우형 학감, 최창민, 김경배, 문남길, 이종범 위원이 각각 50만 원씩 부담하여 시청 부근 서신빌딩 602호로 학교를 이전하였다.

운영비 충당을 위해 당시 등산화 제조업체인 'R.F'의 장경신(초급반 1회) 사장의 배려로 'R.F' 등산화 판매권을 확보하였다. 그러나 이런 시도도 큰 변화를 가져오지 못해 2년여 만에 실패하고 말았다. 이때 사정에 대해 당시 〈월간 산〉(1985년 4월호)에는 '한국등산학교 10년 다시 문을 열 것인가?'라는 제목으로 다음과 같은 기사가 실렸다.

> 등산교육의 '정통'임을 자랑하던 한국등산학교(교장 권효섭)가 작년 6월 제20회 정규반 교육을 끝으로 문을 닫았다. 1974년 6월 15일 개교한 한국등산학교는 지난 10년 동안 정규반 792명, 암벽반 305명, 동계반 420명, 그리고 수탁반으로 297명 등 모두 1,814명의 졸업생을 배출해 왔다.
>
> 한국등산학교에서 전문등산에 대한 기초를 다진 이들 졸업생들이 각 단위 산악회로 흡수되며 한국 산악계의 저변 확대와 등산운동의 질적 향상에 크게 기여했다는 사실을 다들 인정하고 있었기에 등산학교의 폐교 소식은 산악계에 상당한 충격을 주고 있다. 사실상 한국등산학교는 관계자 몇 사람의 개인적 희생 위에 그 동안 존재해 왔었다. 사단법인 대한산악연맹과 한국산악회 등 관련 부처로부터 행정적으로나 재정적인 지원을 받지 못한 상태에서 몇 개인의 힘으로 10년을 끌어왔던 것이다.

실제로 1984년 여름 제14회 암벽반과, 가을에 실시해야 할 제22회 정규반 교육을 실시하지 못했다. 특히 제22회 정규반은 입학원서까지 받았으나 교육으로 연결짓지 못했다. 그러나 이 기사 내용과는 달리 학교를 폐교하지는 않았다. 실상은 재정 부족과 학교 운영에 따른 문제로 인한 일시적인 휴교 조치였다.

권효섭 교장은 학교를 합법화시키고 전담 직원을 두기 위해서는 본인이 회장을 겸임하고 있는 서울특별시산악연맹 부설 등산학교로 운영함이 바람직하다고 보고 새 출발을 준비하기에 이르렀다.

1985년 4월 3일, 서울특별시산악연맹은 정관 제4조 제6호 및 제47조의 규정에 의거 '한국등산학교 설치규정'을 제정하기에 이르렀다. 그리고 이에

1980년대 도봉산 학교 주변에서 체력 훈련 중인 교육생들.
당시 수강생은 증가했으나 본교 운영은 어려워져만 갔다.

연맹은 1985년 5월 6일자로 조용식 등산학교 교무주임 겸 서울시연맹 사무국장을 임명했다. 그리고 본교의 정규반 개강 소식을 〈월간 산〉 1985년 5월호 마운틴 뉴스란을 통해 공지했다. 또한 한국등산학교 설치규정에 따라 등산학교 후원회와 별도로 자문위원회(이우형, 최창민, 이종범, 문남길)가 구성되었다. 이때 새롭게 출발한 본교의 학과목과 담당강사는 아래와 같다.

산악운동의 방향	권효섭	매듭법	김종욱	등산용어	김원모
한국등산사	안광옥	기초장비론	문남길	독도법	이우형
등산윤리	이숭녕	파트너십	박봉래	사진학	이종호
짐꾸리기	이성환	알피니즘의 역사	손경석	구급법	대한적십자사
보행론	문남길	암벽등반론	김종욱	암벽등반론	김경배
막영법	이종범	확보론	문남길	특강	김영도
조난대책	이우형	등산의학	장경덕	자연보호론	내무부
기상학	이우형	등산식량	신동간		자연보호담당관

이렇게 다시 편성된 학과목 중, 그해 가을 제23회 정규반에서는 자연보호론은 산림청에서 내무부 자연보호 담당관이, 기상학은 현재 기상청인 중앙기상대에 협조를 의뢰해 예보과에서 강의를 맡게 되었으며, 사진학은 언론사 사진기자로 활동 중인 이훈태와 백승기로 강사가 바뀌었다. 치안본부 대공과에서 담당했던 반공강의는 1981년 봄 이숭녕 박사의 등산윤리로 대체되었으며, 등산윤리 과목은 시대 변화에 따라 1985년 가을에 폐강되고, 1986년에 '77 에베레스트 원정대 김영도 대장의 특강이 신설되었다. 1986년 가을(제25회 정규반)에 국가대표 스피드 스케이팅 선수 출신인 우정산악회 정충구 강사의 체력관리 과목이 추가되었다.

1985년 봄 정규반에서는 오전에 배낭 꾸리기와 보행법 이론교육 후 오후에는 배낭을 멘 채 학교를 출발해 관음암과 우이주능선을 거쳐 우이동으로 하산했다. 1986년 여름 제15회 암벽반에서 실시한 야간등반 및 비박 교육 결과에 고무되어, 이듬해 1987년 봄부터 4주차 토요일 이론 강의가 끝난 뒤 밤 10시 학교를 출발, 관음암을 거쳐 우이주능선 아래 계곡에서 비박 후 새벽에 일어나 우이동을 거쳐 북한산 무당골에 진입해 암벽교장에서 등반교육을 실시했다.

이외에도 특수 교육으로는, 1980년 7월 1일부터 7일까지 실시한 설악산 등산안내원 교육에 22명이 수료하였고, 1989년 11월부터 매년 실시했다. 국립공원공단 직원 교육도 있었다. 1989년 가을부터 별도의 교육이 공단 직원에 맞춰 실시했다.

본교 교무주임은 1987년 봄(제26회 정규반)부터 1988년 1월(제13회 동계반)까지 권순호가 맡았고, 1988년 봄(제28회 정규반)부터 1989년 1월(제17회 동계반)까지 이규한이, 1989년 봄(제30회 정규반)부터 1990년 1월(제14회 동계반)까지 김정호가, 1990년 봄(제32회 정규반)부터 1991년 봄(제34회 정규반)까지 전영래가 맡았다.

서울시산악연맹 교육기관 편입 이후 1992년 1월까지 최석모 부회장(전시연맹 고문)이 교육담당 이사를 겸직하였고, 후임으로 이종범 이사가 담당했다.

암벽반은 여름에만 개설되는 강좌로, 주로 지방에 거주하는 이들과 정규반을 수료한 이들을 대상으로 암벽등반 기술 습득 차원에서 실기 위주로 실시하였다. 개교 후 설악산 권금성산장을 본부로 하고, 주변 암벽에서 등반기술을 익혔다. 1983년 제13회 암벽반은 유일하게 북한산 백운대에서 교육을 받았다. 그리고 1986년 여름 제15회 암벽반에서 처음으로 야간등반과 비박을 실시했다. 1995년 여름 제24회 암벽반부터는 교육 닷새째 새벽 권금성산장을 출발하여 울산암까지 다가간 뒤 조별로 암벽등반을 실시하고 다시 권금성산장으로 귀환하는 교육과정을 신설하였다.

동계반은 지방 거주자들과 정규반 및 암벽반 수료자뿐만 아니라, 빙벽등반과 동계등반 기술을 배우고자 하는 산악인을 대상으로 모집했다. 개교 초기에는 프렌치 테크닉(프랑스식 빙설등반기술) 기술 위주의 교육을 했으나, 1980년대 중반 외국 등산장비 수입이 자유화되면서 1986년 겨울 제11회 동계반부터는 프런트 포인팅(오스트리아식) 기술을 정규과목으로 채택하였다. 1988년 제13회 동계반 때는 설악산에 얼음이 얼지 않고 눈도 오지 않아 속초해수욕장 모래장에서 아이젠을 착용하고 교육을 받은 일화는 유명하다. 설악동 부근에 눈이 깨끗할 경우 근처 논바닥에서 교육하는 경우도 가끔 있었다.

본교 개교 후 소수 산악인들만이 점유하고 있던 기술을 일반인들에게 널리 보급하고 또한 각 단위 산악회에도 큰 영향을 끼쳤음은 부인할 수 없는 사실이다. 따라서 시간이 흐르면서 본교를 거쳐간 수료생들이 국내 산에서 발군의 실력을 보이기 시작했다.

대표적인 수료생으로는 1977년 1월, 설악산 토왕성빙폭을 초등한 송병민(정규반 5회), 1978년 8월 국내 최초로 알프스 아이거 북벽과 1980년 그랑드조라스 북벽을 오른 윤대표(초급반 1회, 동계반 1회), 1982년 푸모리(7,145m)에 이어 1983년 히말라야 아마다블람(6,812m)을 동계초등한 남선우(동계반 1회), 1983년 1월 남미 안데스산맥 최고봉 아콩카구아(6,969m)에서 조난당했다가 11일 만에 생환해 해외에서 유명해진 손칠규(동계반 1회), 1988년 10월 로체(8,516m)를 국내 최초로 오른 임형칠(동계반 5회)과 박쾌돈(동계반 8회), 1989년 5월 데날리(매킨리, 6,194m)의 웨스트버트레스를 단독으로 오른 박찬민(정규반 13회) 등을 들 수 있다.

우리나라 대표적인 여성 산악인 중에도 본교 수료생이 많다. 1982년 봄 선경여자산악회 람중히말원정대'(대장 정길순)의 등정자인 기형희(부대장, 정규반 10회)와 윤현옥(대원, 정규반 13회)은 국내 여성 최초의 히말라야 등정자가 되었다. 원정대의 정길순 대장(정규반 12회)과 소유미 대원(정규반 16회) 또한 본교 졸업생이었다.

1984년 12월 안나푸르나(8,091m)를 동계 초등한 김영자(암벽반 7회)도 있었다(훗날 중앙봉 등정으로 확인). 이듬해인 1985년 2월 8일 조희덕(정규반 17회)이 여성 최초로 국내 최대의 빙폭인 설악산 토왕성빙폭을 초등정했다.

남난희(정규반 16회)는 1984년 1월 1일부터 3월 16일까지 76일 동안 부산 금정산에서 출발, 태백산맥을 따라 진부령까지 단독종주를 했다. 또한 그녀는 1986년 봄, 네팔 히말라야의 강가푸르나(7,455m)를 여성 최초로 등정한 기록을 세웠다. 지현옥(동계반 7회)은 1988년 5월 북미 최고봉 데날리를 올랐고, 1991년 7월 중국 신장-위구르 지역의 무즈타그아타(7,546m)를 국내 최초로 등정했다.

지현옥은 1993년 한국 여성 최초로 세계 최고봉 에베레스트(8,848m)를 오른 데 이어, 97년 가셔브롬 1봉(8,068m), 98년 가셔브롬 2봉(8,038m)을 등정하고, 99년 안나푸르나(8,091m) 정상을 밟았으나 하산길에 실종되고 말았다.

외국의 등산교육기관을 공식 방문한 기록으로는 1986년 7월 하순(19~31일) 권효섭 교장과 이재하, 서성식 강사 그리고 본교 수료생 자격으로 박동철(정규반 18회)이 일본 북알프스의 야리가다케(3,180m) 등산과 다니가와다케 암벽등반 그리고 다테야마(立山)에 위치한 일본문부성 등산연수소를 방문, 일본의 등산교육시설과 시스템에 깊은 감명을 받고 귀국했다.

등산학교를 통해 본
장비변천사

1950~60년대까지의 우리나라에서 등산 또는 아웃도어 활동은 극소수만이 즐길 수 있을 정도로 힘든 시기였다. 대부분의 한국인에게 산은 즐기는 대상이 아닌 생계를 위해서 오르는 곳일 뿐이었다. 하지만 이 당시 유럽은 제2차 세계대전이 끝나고 산업이 활기를 띄면서 밀레, 마무트, 하글롭스 같은 브랜드가 성장했다. 2차 대전의 패전국이었던 이웃나라 일본 또한 한국전쟁을 기회로 산업이 부활하기 시작했고, 1956년 마나슬루 세계 초등까지 이루어냈다.

1970년대 '77 에베레스트 원정대의 등정 성공으로 한국에서도 '등산'에 대한 관심이 높아졌고, 1980년대부터 여가활동에 대한 욕구가 높아지며 캠핑문화가 유행하기 시작했다. 이런 시기에 동진레저, 에코로바, K2, 레드페이스, 프로스펙스 등의 업체들이 활동하면서 우리나라 등산용품 시장이 성장하게 되었다. 오래전 등반을 했던 산악인들은 지금의 장비가 낯설 것이고, 요즘 등반을 시작하는 산악인들은 예전의 장비가 신기할 것이다. 50년 동안의 한국등산학교의 사진들로 등산 장비의 흐름을 살펴볼 수 있다.

글. 임갑승 (강사, 대한산악연맹 등산교육위원장)

도봉산장 뒤 '타이어 바위'에서 등강기와 줄사다리를
이용하여 로프 등강 실습을 하고 있다.

니커보커 바지를 입고 클레터슈즈를 신은 채
듈퍼식하강(현수하강)을 하고 있다. KletterSchuhe(독)를
영어로 직역하면 Climbing Shoes, 암벽화를 뜻한다.
현재의 어프로치 슈즈의 기능 정도였다.

등산복

1970년대까지 등산복이라고 할 만한 전문적인 의복은 아주 귀했다. 대부분 일상생활에서 착용하던 의복들을 그대로 입고 산에 갔다. 요즘의 등산복은 기능성 섬유로 만든다. 땀을 신속하게 배출하고 외부 수분이 침투하지 못하게 하는 기능, 시원하게 하거나 따뜻하게 보호하는 기능, 냄새가 나지 않게 하거나 심지어는 모기가 덤비지 못하게 하는 기능에 이르기까지 야외생활이나 등산에 있어서 편리한 기능들을 가지고 있다.

하지만 당시 하절기에는 평상복장으로 등산했고, 험한 산이나 바위가 등산에는 튼튼한 청바지나 두꺼운 면바지, 무릎까지 올라오는 튼튼한 스타킹이나 군화, 피부를 보호하기 위한 얇은 긴팔 남방 정도를 입었다. 기온이 낮은 동절기에는 울(Wool) 소재의 모바지, 모양말, 모셔츠 등을 사용했다. 일부 산악인은 '니커보커'라고 하는 바지를 입었다(Knickerbockers는 '무릎 아래에서 졸라매는 통이 넉넉한 바지'를 의미하고 줄여서 Knickers 또는 Knee pants라고 불리기도 하였다).

일상복 차림이 대부분인 한국등산학교 학생들. 1970년대 등산로프나마 없었다면, '건설현장 근로자들인가?'하는 생각이 들 법도 하다.

1987년 럭비셔츠라고 불리던 두툼한 줄무늬 셔츠도 많이 보였다. 신축성 있는 체육복을 입고 등반하기도 했다.

등산화

옛날에는 '워커'라고 불리던 군용 전투화를 신고 등반을 했다고 한다. 이후 클레터슈즈(KletterSchuhe)라는 등산화를 신고 등반을 했다. 1970년대 후반 초급반 1회 장경신 대표가 운영하던 레드 페이스(Red Face, 'RF')의 암벽화가 등장, 선풍적인 인기를 끌었다. 1980년대 접어들면서 Boreal, La Sportiva 등에서 플랫슈즈를 수입하기 시작했다. 요세미티를 다녀온 클라이머들이 소개한 플랫슈즈는 밑창이 평평해 '빤빤이 슈즈'라고 부르기도 했다. 당시만 하더라도 대부분의 암벽화는 피에르 알랭과 에밀 보데나우가 최초의 암벽화로 만든 발목까지 올라오는 E.B 슈즈를 모양 그대로 가져왔다.

1980년대에는 완벽한 방수 성능과 보온성을 가지고 있던 플라스틱 등산화가 등장해 동계 전문 등반과 고산 등반의 필수 등산화로 애용되었다. 독일의 코플라치(Koflach)와 이탈리아의 아솔로(Asolo)의 빙벽화가 유행했다. 그러나 투습기능이 없었기에 발에서 땀이 나면 오히려 동상의 위험이 높아지는 치명적인 단점이 있었다.

1990년대 이후 방수성능이 좋은 가죽 재질을 사용하고 밑창을 단단하게 잡아주기 위해 플라스틱 재질을 부분 사용한 혼합 재질의 등산화가 출시되었다. 보온성을 높이기 위해 신슐레이션과 같은 충전재를 보강하고, 보온성을 높이기 위해 이너부츠를 이용해 2중화 3중화로 제작되기도 했다. 빙벽 등반을 위해 발가락과 뒤꿈치에 플라스틱으로 보강해 잘 구부러지지 않고 원터치로 클램폰 착용이 용이해 빙벽 등반뿐만 아니라 겨울산 워킹이나 심설 산행까지 전천후로 사용할 수 있었다,

RF 슈즈, '1974 한국등산학교' 마크가
붙어 있다. 요즘 유행하는 암벽화와
비교하면 많이 투박해보인다. 발목까지
올라오고, 뒷굽이 있는 형태이다.

최근에 유행하는 암벽화.

1984년 제10회 동계반.
가죽 중등산화에 스트랩 크램폰을 장착했다.

플라스틱 재질의 코플라치 빙벽화를 신고
자기제동 실습을 하고 있는 한국등산학교 학생.

최근에는 기능이 우수한 2중화 3중화를 주로 신는다.

헬멧

1970년대 프랑스의 갈리비에(Galibier), 이탈리아 AVG, 영국의 조 브라운(Joe Brown) 헬멧이 조금씩 수입되기 시작했지만 수입가격 자체가 워낙 고가였고, 수량도 많지 않았다. 당시의 헬멧은 무겁고 단단한 FRP(Fiber Reinforced Plastic) 재질이었고, 충격을 흡수할 별도의 장치가 없어서 '헬멧은 깨지지 않지만 목뼈가 깨진다'는 얘기가 있을 정도였다.

1980년대 국산 '설악 헬멧'이 등장했지만 수입 헬멧에 비해 성능이 열세였고 우수한 수입 헬멧의 등장으로 인해 단명하게 되었다.

1990년대 동진(현 블랙야크)에서 '프로자이언트' 헬멧을 선보였고, 프랑스의 페츨(Petzl) 헬멧이 유행했다.

조 브라운(Joe Brown) 헬멧을 착용한
김재운 전 강사.

1987년 '프로 자이언트' 헬멧을 착용한 강사와 교육생,
요즘의 헬멧과 형태는 비슷하지만 무게나 성능 면에서
큰 차이가 있었다고 한다.

안전벨트

안전벨트가 등장하기 전에는 몸에 직접 로프를 연결했다. 추락시 로프가 몸을 조여 충격이 컸고 몸에 감는 만큼 로프는 짧아졌다. 그래서 별도의 로프나 슬링으로 몸에 감고 카라비너를 이용하여 등반용 로프에 연결하기도 했다. 초기에는 상단 안전벨트만 착용했으나 추락의 충격이 가슴에만 집중되었기에, 충격을 분산하기 위해 전신 안전벨트가 등장했다. 이후 상하단 일체형의 전신벨트는 상단과 하단으로 분리되기 시작했으며, 1980년대가 되면서 하단 안전벨트만 사용하게 되었다. 포레스트의 스와미 벨트가 대표적이었다. 포레스트의 스와미 벨트의 특징은 좌우 다리가 분리되어 있어 남성들이 착용하기에 용이했고 그 이전은 양쪽 다리가 분리되지 못하고 기저귀처럼 착용하는 다이퍼 벨트가 사용되었다. 이후 하단벨트에 양쪽다리가 분리된 타이인 루프가 만들어지고 빌레이 루프까지 등장하게 되었다.

한국등산학교 초창기에는 국산 '록앤아이스', '설악산장', '프로자이언트', 'K2', '프로스펙스' 같은 제품이 있었으며 간혹 '페츨' 같은 수입제품도 사용했다.

초기 한국등산학교 학생들.
상하단 일체형 벨트를 착용하고 있다.
빌레이 루프, 타이인 루프가 없다.

페츨(Petzl)의 상하단 벨트.

확보물과 카라비너

1970년대 대부분 O형인 US 군용 철제 카라비너를 사용하였다. 1960년대 말 모래내금강에서 제작한 국산 철제 카라비너가 잠시 유통되기도 했지만 재질의 문제로 얼마 가지 못했고, 일본 HOPE에서 만든 철제 변형 D형도 간간이 사용했다. 그 후 1970년대 말부터 프랑스의 피에르 알랭이 만든 알루미늄 합금 카라비너가 보이기 시작했고, 일본 Evernew의 알루미늄 합금 카라비너도 등장하였다. 1980년대 초에 Simond, Kong Bonaiti, Charlet Mose 같은 유럽 브랜드 제품들이 다양하게 출시되었다.

1970년대 초기에 사용했던 카라비너는 대부분 O형으로 간간이 변형 D형의 카라비너가 있었고 1980년대 후반부터 해외에서 많은 등반장비들이 수입되기 시작했다. HMS와, 밴트 게이트, 와이어 게이트, 잠금 카라비너와 자동 잠금 카라비너 등이 선을 보였지만 고가의 장비였고 유통되는 수량도 충분하지 않아 최소한의 카라비너만 사용할 수 있어 불안한 선등을 서야 할 때도 있었다. 하지만 1990년대부터 유통량이 많아지고 또한 등반가들 사이에 안전이 우선시되면서 더 이상 카라비너 부족으로 불안해하면서 등반했던 시대는 막을 내리게 되었다.

1987년 한국등산학교 강사의 등반장비.
캠(SLCD), 너트 등의 확보물이 보인다.

요즘엔 많은 확보물을 사용한다.

피켈

등반을 상징하는 장비이며 히말라야나 알프스 등반이나 겨울 등반을 할 때 필수적인 장비다.

1970년대 초 모래내금강에서 최초로 클램폰과 같이 국산 피켈을 제작하였다. 외국 제품들을 기반으로 하여 수제작된 토왕성 피켈은 토왕성폭포를 초등하는 데 중요한 역할을 하였다. 1980년에 접어들면서 나무로 제작되었던 샤프트는 쇠와 고무로 코팅되었고, 수직 빙벽을 오르기 위해서 길이는 짧아져 현대적인 아이스바일이 되었다. 기술의 진보에 따라 1990년대부터는 더 가볍고 단단한 재질로 진화하였다. 수직빙벽 등반을 위한 아이스 바일 또한 피크와 샤프트의 각이 좁은 역곡선으로 바뀌어 갔으며 샤프트 또한 매달리기 편하게 벤트형에서 바나나형으로, 그립은 Z형으로 바뀌어 갔다.

최근에는 경량화를 위해 샤프트를 카본으로 만들기도 하며, 등반 스타일과 대상에 따라 최적화된 다양한 피켈들이 사용되고 있다.

피켈, 빙벽화, 크램폰, 헬멧, 복장 등 많은 변화가 보인다.
(왼쪽) 70년대 강사. (오른쪽) 현재의 강사.

우드피켈을 짚고 있는
권효섭 초대 교장선생님.

텐트

과거에는 군용 A형 텐트를 사용했다. 무겁고 두꺼운 범포 원단을 사용했지만 튼튼하지 않았다. 방수 기능을 갖췄음에도 방수가 제대로 되지 않았고 결로 현상으로 습기를 항상 머금고 있었다.

1933년 영국의 4차 에베레스트 원정에서 처음으로 돔형 텐트를 사용했다. 가벼운 나일론 원단을 처음 사용한 것이다. 1967년 안나푸르나 등반에서는 영국의 유명 산악인 돈 윌런스가 만든 박스형 텐트를 사용했다. 강풍에도 강하고 경사면에서도 설치가 가능한 텐트였다.

텐트의 원단은 나일론에서 고어텍스로 진화하였으며, 현재는 다양한 기능성 원단으로 텐트를 제작하고 있다. 텐트를 지지하는 폴도 처음에는 무거운 강철로 만들었지만, 기술의 발전으로 유리섬유(FRP)에서 듀랄루민 합금 등의 가볍고 튼튼한 재질로 변화하였다. 현재는 형태와 크기, 편리성 면에서 다양한 용도의 텐트들이 출시되고 있다.

1970년대 동계반, A형 텐트가 주를 이루고 있다.

취사도구

1970년 중반부터 우리나라는 스토브 강국이라 할 수 있을 정도로 많은 스토브들을 출시하였다. 당시 유행했던 석유스토브인 '황동버너'는 무겁고 예열이 필요했다. 대표적인 수입 스토브는 옵티무스와 포에부스가 있었으며 우리나라 제품은 라이온과 알파, 한라, 코오롱, 시나브로, 프로스펙스 등이 있었다.

1960년대 프로판 가스 스토브가 최초로 등장하고 이후 1970년대 들어 요즘 사용하는 부탄가스용 스토브가 나오기 시작했다. 하지만 가스를 구입하기가 어려워 큰 인기를 끌지 못하다가 1990년 이후 휴대용 가스가 판매되면서 수요가 폭발적으로 늘어났다. 이후 일본에서 원통형 부탄가스를 사용하는 블루스타가 출시되었는데, 블루스타는 캠핑 필수품으로 자리 잡게 되었지만 부피가 커서 등산용으로 사용하지는 않았다.

이후, 프리무스와 소토, 우리나라의 코베아에서 초소형 경량 버너가 유통되면서 우수한 등산용 스토브로 인정받고 널리 사용되었다. 다만, 어는 점이 높은 부탄가스는 겨울이나 고산에서 사용이 어려워 고산등반에서는 프로판가스를 섞어서 사용하기도 한다.

80년대 도봉산장에서 취사중인 한국등산학교 교육생들. 황동버너가 여럿 보이고, 집에서 들고 온 것 같은 냄비와 유리병에 담아온 반찬이 보인다. 라디오를 옆에 두고 자연스럽게 담배를 태우고 있는 장면이 인상적이다. 당시 라디오는 일기예보를 들을 수 있는 등산 장비이기도 했다.

여성을 위한 등산 교육

'산아가씨'는 오늘도 산을 오른다

1970-1989

1
〈산사나이의 마음〉,
〈산아가씨〉,
〈자일의 정〉 등.

2
북한산 인수봉에 있는
크랙의 이름. 크랙의
모양이 여성의 성기와
닮았다 하여 당시 흔했던
여성의 이름을 따와
'영자크랙'으로 불렸다고
한다.

3
이선아(2023),
〈산에서 빛나는 여성〉,
서울: 사단법인 한국산악회

1970년대 대한민국은 남성 중심의 가부장 사회로, 남자는 주로 경제활동, 여자는 가사노동을 하는 것이 당연하게 받아들여지던 시대였다. 그 당시 존재했던 성별에 따른 역할관이나 고정관념은 여성의 사회진출뿐만 아니라 취미활동에도 제약이 있게 했다. 등산과 등반 역시 신체조건, 시간과 경제적 여유, 사회적 인식 등의 이유로 남성 산악인의 비율이 월등히 높았다. 1970년대 활발하게 만들어진 산노래[1]들의 제목과 가사에서 남성 편향적 산악문화를 엿볼 수 있다. 또한 70년대는 여성 비하적 명칭인 '영자크랙[2]'에 대해 아무런 문제의식을 느끼지 못했던 시절이었고, 여성산악인들은 '텐트에서 여자 웃음소리가 들리면 재수 없다', '산에 올 때 빨간 옷을 입고 오지 마라'와 같은 성차별적 발언을 듣는 것이 당연했던 시절이다.[3]

글. 김은솔 (정규반 98회)

1982년 5월 6일 한국 여성 최초로 히말라야 람중히말(Lamjung Himal)에 오른
기형희 부대장(정규반 10회).

정규과정 앞서 열린 여성 위한 사전강좌 성황

위에 언급한 당시의 사회 분위기와, 열악한 교육시설에 비해 넘쳐나는 수요 등의 이유로 한국등산학교의 개교 첫해인 1974년에는 여성들의 입교를 허락하지 않았다. 대신 여성등산학교 정규과정을 여는 것을 목표로 1974년 7월 3일부터 5일까지 사전강좌를 실행했다.

> 한국등산학교(교장 권효섭)는 7월 3일부터 5일까지 3일간 오후 6시 30분부터 결혼회관에서 여성을 위한 등산강좌를 무료로 실시하였다. 이는 여성산악인을 위한 정규강좌를 개설하기에 앞서 실시하는 공개강좌로서 접수순으로 120명에 한해 실시하기로 하였으나 의외의 상황에서 150여 명이 연일 수강하였다. 교과목은 여성과 산악운동, 등산예절, 복장, 등산과 위생, 산에서의 화장법, 장비 사용법을 강의하고 마지막 시간에는 슬라이드를 상영하여 많은 여성들의 흥미와 주목을 끌었다.[4]

4
〈월간 산〉, 1974년 8월호

한국등산학교는 이화여자대학교 학생들을 대상으로도 여러 차례 수탁교육을 진행했다. 첫 회는 1974년 8월 11일부터 13일까지 이화여자대학교 체육과 2학년 학생 47명을 대상으로 경기도 가평군 청평면 대성리 일원에서 실시하였다. 두 번째 교육은 이화여자대학교 사범대학 산악부 학생들을 대상으로 1977년 3월 30일부터 5월 1일까지 매주 수요일에는 이화여자대학교에서 이론 강의를, 일요일에는 북한산에서 실제 산행을 통해 실기 교육을 진행하였다.

1975년에는 동계반과 암벽반에 한해 전문적으로 등반을 하는 여성 산악인의 입교를 허용했다. 그러나 위 기사로 알 수 있듯, 늘어난 여성 산악인들의 항의로 1976년 봄(제5회 정규반)부터 여성 역시 한국등산학교에서 정규 등산 교육을 받을 수 있게 되었다. 이후 여성 교육생 수는 꾸준해 지난 정규반 99기는 40명 중 11명으로 여성 비율이 28%에 달한다.

	1974		1975		1976		1977		1978	
	1회	2회	3회	4회	5회	6회	7회	8회	9회	10회
남성	26	36	22	22	36	21	30	11	22	22
여성	0	0	0	0	6	6	9	7	6	8
여성 비율(%)	0	0	0	0	17	22	23	39	21	27

한국 여성 최초로 히말라야를 오른 선경여자산악회 대원들. 좌로부터 정길순, 기형희, 윤현옥, 이원행, 소유미 대원. 뒷줄 가운데 권효섭 한국등산학교장, 그 오른쪽 오한구 대산련 회장.

5
대장 정길순(정규반 12회), 부대장 기형희(정규반 10회), 대원 윤현옥(정규반 13회), 소유미(정규반 16회).

6
《월간 산》, 2014년 9월 19일. 한국 최초의 여성 원정대와 일본 여성 산악인들이 정상에서 만난 순간.

한국 최초 여성원정대 대원 80%가 한등 출신

산악계에 여성의 비중이 늘어 현재에 이른 것은 험난했던 여성 산악인의 길을 먼저 걸어간 수많은 선배들이 있기에 가능했다. 우리나라에는 훌륭한 여성 산악인이 많은데, 그중 다수가 한국등산학교 수료생이라는 점에 주목할 필요가 있다. 대표적인 예로 한국 최초의 여성원정대인 '1982 선경여자산악회 람중히말 원정대'가 있다. 권효섭 초대 교장선생님의 권유로 꾸리게 된 원정대 여성대원 5명 중 4명[5]이 한국등산학교 수료생이며, 매니저 역할을 해준 김경배 역시 한국등산학교 강사였다. 처음에는 선경그룹 측에서 당시의 사회통념과 80일이 넘는 원정 일정 등의 이유로 이들의 원정을 허락하지 않았다. 하지만 기형희와 정길순은 사표를 내고 정찰등반을 다녀오고, TV에도 출연하는 열정을 보이자 "5명 모두 복직시켜 줄 테니, 무조건 살아 돌아오라"는 최종현 회장의 당부와 함께 선경그룹의 승낙을 받았다.

그렇게 히말라야로 떠난 원정대는 1982년 5월 6일 1차로 기형희가 람중히말(6,986m) 등정에 성공하고, 2차 공격조 윤현옥이 2시간 후 정상에 올라 한국 여성 최초로 히말라야 고봉 등정자가 되었다. 기형희는 전날 크레바스 안에서 목숨을 건 비박을 해야 했던 당시 상황에 대해 "최초의 한국 여성이라는 부담감이 있었기에 '가다가 죽더라도 최선을 다해야 한다'는 마음밖에 없었다"고 했다.[6]

1988년 한국 여성 매킨리 원정대 리플릿(제공: 조희덕).

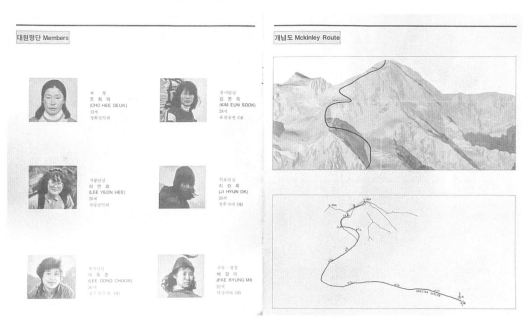

1988년 한국 여성 매킨리 원정대에서 식량을 담당했던 이연희 대원은
현재(2023~) 한국등산학교 교감으로 있다.

이후에도 한국등산학교는 계속해서 뛰어난 여성 산악인을 배출했다. 암벽반 7회 졸업생인 김영자는 1984년 12월 안나푸르나(8,091m)를 동계 초등정하였고(훗날 중앙봉 등정으로 정정), 정규반 18회 조희덕은 1985년 2월 여성 최초로 설악산 토왕성 빙폭을 등정했다. 조희덕의 기록에 대하여 남성과 동반 후등했기 때문에 여성 최초 토왕폭 초등정이 아니라는 논란이 일기도 했으나, 국제 산악계의 관례를 볼 때 부정할 수 없는 기록이며,[7] 조희덕 역시 "그 뒤에 무슨 이야기가 있었는지 나는 아무것도 모르고, 내가 그때 열심히 올랐던 것만 생각한다"고 했다. 또한 조희덕은 1988년 5명의 여성 대원들을 이끌고 한국 여성 최초로 북미 최고봉 데날리(매킨리, 6,194m) 등정에 나섰다. 데날리는 우리나라 최초로 에베레스트에 오른 산악인 고상돈이 추락사한 곳인 만큼, 여성들끼리의 원정을 우려하는 이들도 많았다고 한다. 하지만 대원들은 서울시 종로구 동숭동의 한 민박집에서 동계합숙을 하며 열심히 훈련했고, 55일간의 원정을 마친 후 성공적으로 복귀했다.

원정대의 막내였던 배경미 역시 한국등산학교(정규반 25기) 수료생이며 그녀는 2009년 대한산악연맹의 첫 여성 상임이사로 선출되었다. 원정대 의료담당 지현옥은 동계반 7회 수료생으로 1993년 5월 세계 최고봉 에베레스트(8,848m)를 한국 여성 최초로 등정한 대학산악연맹 여성원정대의 원정대장이었다. 그녀는 1998년 파키스탄 카라코룸 히말라야의 가셔브룸Ⅱ(8,035m)를 등정하고 이듬해 1999년 안나푸르나(8,091m) 등정에도 성공했으나 안타깝게도 하산 도중 추락사하였다.

7
한국등산학교,
〈사반세기〉, 1999

1977년 Everest 정상에 태극기가 휘날리면서 한국 산악계가 눈부신 성장을 거듭해온 가운데, 여성들도 토왕성을, 안나푸르나를 오르는 등 국내외 산악운동의 발전에 이바지하여 왔습니다. 그러나 알피니즘 궁극의 목표인 하얀 산에서의 독자적 등반활동은 한계상황을 감수해야 하는 까닭에 여성들만의 힘으로는 어려우리라는 염려스런 분위기와, 여성 자신들의 소극적 등반 참여로 요원한 일처럼 여겨져 왔습니다. 이제 변모해가는 알피니즘의 조류 속에서 언제나 수동적 동반자의 입장에서 산을 오르기엔, 분출하는 여성산악인들의 욕구가 너무 크고 많아서, 한국 산악계의 질적 향상과 딛고 넘어서야 할 벽으로, 여성 산악인들이 그 능동적 요구를 모았습니다. 그 첫 발판이 ALASKA DENALI NATIONAL PARK에 위치한 북미 최고봉의 매킨리(6,194m, 데날리: 편집자 주)로서, 반원형 ALASKA 산군의 중앙에 자리하고 있습니다.

한국 山아가씨들 매킨리 오른다

海拔 6천1백94m 조희덕 대장등 6명 "故고상돈 恨 우리가 풀겠다"

초겨울 한파속에서도 비지땀을 흘리며 암벽훈련에 여념이없는 한국 여성 매킨리등반대. 앞쪽이 조희덕 대장.【도봉산선인봉—金昌律기자】

北美 최고봉…내년4월 정상에

빙하와 눈·밤엔 영하40도…지구서 가장추운산

"곳소흥으로 이틀간 물만 먹었어요"

北美 매킨리登頂 여성대원 5명 어제 귀국

지현옥·이연희·김은숙 頂上서 감격의 눈물

8시간 악전고투…카메라셔터 얼어붙어 사진 많이 못찍었어요

〔金錦기자〕

조희덕(정규반 18회)은 한국 여성 최초 북미 최고봉
데날리(매킨리, 6,194m) 등정에서 5명의 여성 대원을 이끌었다.
등정 성공을 보도한 〈일간스포츠〉 1988년 6월 9일 기사(왼쪽).

매킨리는 북면이 5,000m 높이로 19km나 펼쳐져 있고, 남면에는 3,000m의 표고차를 자랑하는 핑크빛 화강암벽이 카힐트나(KAHILTNA) 빙하로 드리워져 있습니다. 북극점에서 322km 떨어진 지점에 위치하여 지구상에서 가장 추운 산으로 알려져 있고, Everest보다 35도나 높은 위도에 위치하고 있어 생리적 반응면에서도 히말라야보다 600~900m 높은 곳으로 알려져 있습니다. 1913년 H. STUCK이 이끄는 4명의 등반대가 초등하였고, 그 이후로 수많은 등반이 여러 루트로 시도되어 80% 이상의 높은 성공률을 나타냈습니다. 그러므로 이번 원정은 더 높은 곳을 향할 굳건한 디딤돌이 되는 계기라 생각합니다. 아직 채 영글지는 못했지만 의욕 많은 우리들 곁에 서 항상 격려와 성원을 아끼지 않으신 산 선배님, 동료산악인 여러분께 감사드리며, 우리의 하얀 꿈을 북미 최고봉 매킨리 정상에 심을 것을 다짐합니다.

'88 한국여성맥킨리 원정대 대장 조희덕

1991년에는 이현옥(정규반 22회)과 남난희(정규반 16회)가 11시간 50분 만에 토왕폭을 등정하여 여성들만의 힘으로도 토왕성 빙폭에 오를 수 있다는 것을 보여주었다. 남난희는 1990년 발간한 〈하얀 능선에 서면〉의 저자로도 널리 알려져 있는데, 1984년에 76일 만에 겨울철 백두대간 단독종주에 성공하고, 1986년에는 강가푸르나(7,455m)를 여성 최초로 등정한다. 그녀가 선구적으로 백두대간을 알리고 수많은 산악인에게 긍정적인 영향을 끼친 공로가 인정되어 2022년에는 한국인 최초로 '알베르 마운틴 어워드'를 수상했다.

'여자가 산에 가면 다 끝난 여자다'라는 말이 있을 정도로 여성들의 산악활동에 대해 사회적 시선이 곱지 않았던 시대에 한국등산학교가 시행한 여성등산교육은 수많은 여성을 산으로 안내했다. 이는 대한민국의 자랑스러운 여성 산악인을 배출하는 씨앗이 되었고, 남성과 여성 산악인 모두에게 큰 귀감이 되었다. 아직까지도 여성들의 산을 향한 열정과 의지는 식지 않았으며 매년 한국등산학교를 수료한 많은 여성 산악인들이 활발하게 산악활동을 이어 나가고 있다.

1990년대 —
동문들의 활발한 활동과
안정적인 등산학교

1990년 4월 수료생들의 모임인 한국등산학교 총동창회에서는 1987년 10월 부터 3년간에 걸친 기간 동안 각고의 노력 끝에 북한산 인수봉과 도봉산 선인 봉의 암벽 등반루트에 국내 최초로 미국식 난이도 등급체계를 부여한 암벽등 반 안내집 〈바윗길〉을 발간했다.

〈바윗길〉 발행 전 국내에서 사용된 암벽등반 난이도 등급체계는 일본을 통해 들어온 유럽 암벽등반 난이도 등급체계를 기본으로 삼은 국제산악연맹 (UIAA) 암벽등반 난이도 체계였다. 하지만 알프스에서 발전된 로마 숫자 표 기 방식의 난이도 체계는 우리 실정에 맞지 않았다. 〈바윗길〉은 국내 암질과 같은 화강암으로 이루어진 미국 요세미티계곡에서 창안된 진법 표기인 데시 멀 그레이드(Decimal Grade) 체계였다. 이러한 난이도 등급체계 도입은 우리 실정에 맞게 암벽 등반 난이도 등급체계를 재정립했다는 데 큰 의미를 부여 할 만했다. 이로 인해 국내의 모든 암벽 등반 난이도 등급체계는 우리 실정에 맞는 데시멀 그레이드식으로 바뀌게 되었다.

1993년 1월 제18회 동계반 참가자들은 여러 날 이어진 폭설로 인한 눈사 태 위험 때문에 양폭산장에 고립되어 있다가, 강사 5명과 학생 전원이 15일 새벽 발생한 눈사태에 매몰된 광주보건전문대생들의 구조에 나섰으나 안타 깝게도 1명은 사망했다.

이렇게 조금씩 변화하면서 본교는 1994년 개교 20주년을 맞이했다. 개교 일자에 맞춰 당시 입교생인 정규반 제40회 학생들과 본교 졸업생, 그리고 산 악계를 비롯한 각계 인사들이 참석한 가운데, 그해 6월 15일 오후 6시 30분 강 남구 역삼동 반도아카데미에서 개교 스무돌 행사를 치렀다. 또한 개교 20주 년을 기념하여 본교에 관한 언론기관의 보도 내용과 그 밖의 자료를 모아 소 책자 〈스무돌〉을 발간했다.

이로부터 3년 후인 1997년 5월 7일, 대한산악연맹이 각 시도연맹에서 운 영하는 등산학교 운영의 통일을 위해 1996년 11월 6일자로 시달한 '등산교육 기관의 설치와 운영에 관한 규정' 개정에 따라 서울시연맹 이사회에서도 한 국등산학교 설치규정을 개정했다. 이에 학교 육성발전과 운영 협의를 위하여 운영위원과 자문위원 제도를 신설하고, 학교 임원을 교감, 교무주임, 서무직 원, 실기담당, 서무담당으로 축소 개편하는 한편, 교관의 직책을 폐지하고 교 무담당을 두었다. 이에 따라 1997년 9월 1일자로 운영위원에 이인정, 강호기, 최석모, 김영기(북한산국립공원 관리소장)가 추대되고, 교무담당 이종범, 실 기담당 문남길, 서무담당 서성식이 위촉되었다. 이에 앞서 1997년 8월 8일자 로 유창서, 장봉완을 자문위원으로 위촉했다.

각종 재난사고의 구조현장에서 활약하는 119구조대에 대한 교육도 본교에서 실시하였다. 1995년 봄 중앙소방학교에서 직원 2명을 교육한 후 1995년 여름부터 매년 중앙소방학교, 서울소방학교, 전국 119구조대 등에서도 본교에서 위탁교육을 받았다. 기타 위탁교육으로는 국내 TV방송사의 촬영기자모임인 한국방송촬영인연합회교육(1995년), 삼성 3119구조단교육(1996년), 산림청 임업연수원의 산불방지전문진화대 교육 중 공중진화대반산악구조훈련(1997년) 등이 있었다. 그 외에도 주한 외국 대사관 직원 등산교육과 청소년연맹 지도교사 등 다양한 등산 관련 교육을 실시하였다.

또한 1996년 가을 제45회 정규반부터 성적이 우수한 수료생에게 수여하는 서울시산악연맹 회장상, 대한산악연맹 회장상, 한국산악회 회장상을 신설하였다. 1997년 4월 제24회 정규반 수료생 답사기부터 제22회 동계반 수료생 답사기를 모아 〈둥지를 떠나면서 남긴 사연(辭緣)〉을 발간했다.

1990년대 들어와 해외여행이 자유로워지자 본교 졸업생뿐만 아니라 일반 산악인들에게도 해외 산행이 유행하였다. 학교로서도 이런 산악계 현실을 반영하여 해외 등반 실기 교장을 찾기 위해 1990년 5월 초, 이재하와 서성식 강사가 일본의 3대 암벽등반지로 유명한 다니가와다케에 정찰을 다녀왔으며, 두 달 후인 7월 14일부터 17일까지 서성식과 전영래 강사가 본교 수료생들을 인솔하여 다니가와다케 암벽등반을 다녀왔다. 이후 해외 교장 답사 작업은 한동안 답보 상태에 머물렀다가 2년 후 미진했던 다니가와다케 지역을

1997년 강사 등반.
미국 워싱턴주 레이니어(4,392m).

다시 답사하기로 하고, 1997년 7월 대규모 강사진을 파견했다. 이종범 교육이 사를 포함한 11명의 강사가 7월 16일부터 20일까지 4박 5일간 다니가와다케를 등반했다.

1997년 7월에는 젊은 실기 강사들이 미국 워싱턴주 캐스케이드산군의 최고봉인 레이니어(Rainier, 4,392m) 등산과 유타주의 캐니언랜드(Canyonland)와 아치스(Arches) 국립공원의 암벽을 등반하고 귀국했다. 당시 참가자는 이재하, 마운락, 최태현, 최철호, 서성식, 오석환, 최연묵, 전서화, 소홍섭, 김남일, 이상록, 전영래, 김성태, 김재운, 박동신, 윤주호 등 16명이었다. 이외에도 현재 미국에 거주하고 있는 본교 교무를 보았던 조용식이 레이니어 등산에 참가했다.

동문들의 해외등반 활동도 지속적으로 있었다. 1992년 낭가파르바트(8,125m)를 오른 박희택(동계반 8회), 1994년 7월 17일부터 9월 25일까지 지리산 천왕봉에서 진부령까지 백두대간의 남한 구간을 최초로 무지원 단독종주한 길춘일(정규반 40회), 1995년 10월 에베레스트 남서벽과 1994년 10월 안나푸르나 남벽, 1996년 7월 몽블랑의 프레네이 중앙암릉을 한국인 최초로 오른 박정헌(동계반 12회), 1998년 8월 인도의 무크파르바트 동봉(7,130m)을 초등정한 박기성(정규반 38회)과 박동신(동계반 21회) 등이 왕성하게 등반을 이어갔다.

대한민국 산악안전
특수교육의 시작

끈질긴 제안과 노력으로 경찰산악구조대,
119구조대 등의 창설 이끌어

1990-1999

한국등산학교는 이미 1970년대부터 산악안전의 필요성을 느끼고 관련된
교육을 진행하고자 했다. 하지만 1990년대가 되기 전까지 본격적인
교육은 이루어지지 않았다. 그 이유는 무엇일까? 자세한 내용을 알기 위해
편집위원들은 1980~90년대 한국등산학교 사무국장을 맡았던 서성식
서울등산학교 교감을 만났다.

글. 김선영 (정규반 98회, 암벽반 52회, 동계반 48회)

1995년 삼풍백화점 붕괴 사고 이후 국가 차원의 신속한 재난 대응이 가능한
중앙119구조대가 만들어졌고, 한국등산학교에서 이들 교육을 맡았다.

한국등산학교 연표를 살펴보면 1990년대 유독 경찰산악구조대, 소방구조대, 특전사, 삼성 3119 구조단교육 같은 특수교육이 눈에 띈다. 그 계기를 찾기 위해 시간을 거슬러 보면 의외로 개교 초기부터 특수교육이 시작됐음을 알 수 있다. 1974년 10월 6일 주간한국(522호)은 적십자사의 각 시도지부 안전과장 12명이 한국등산학교에 입소해 받은 산악안전교육 내용을 보도했다.

전국 각 지방에서 각종 인명구조 활동을 벌이고 있는 적십자사 각 시도지부의 안전과장 12명이 한자리에 모였다. 지난 23일부터 29일까지 한국등산학교가 주최한 산악안전교육을 받기 위해 교육장소인 도봉산장에서 모처럼 자리를 같이한 것이다. 이들이 받은 훈련내용 등을 알아본다.
새벽 5시에 기상해서 4km에 걸친 산악구보로 하루 일과가 시작되는 산악훈련은 고된 과정의 연속이었다. 그러나 수강자들의 열의는 날이 갈수록 높아가 이숭녕, 권효섭, 안광옥 씨 등의 강사진들이 전개하는 이론강의는 물론 막영법, 독도법, 암벽등반, 인명구조 등의 실기에서도 적극적인 참여의식을 보였다.

전국 각지에서 다양한 인명구조 활동을 벌이는 적십자사이기에 해당 교육은 업무에 꼭 필요한 내용이었다고 한다. 해당 기사를 통해서도 알 수 있듯 한국등산학교에서 진행한 특수교육의 목적은 산악안전이었다. 이미 70년대부터 교육의 필요성을 알고 있었고, 실제 교육도 진행했지만 왜 1990년대가 되어서야 본격화된 것일까? 더 자세한 내용을 알기 위해 편집위원들은 1980~90년대 한국등산학교 사무국장을 맡았던 서성식 서울등산학교 교감을 만났다.

서성식 서울등산학교 교감은 경찰산악구조대 1기의
교육을 생생히 기억하고 있었다.

80년대엔 산악안전과 구조 필요성 공감 못해

서성식 교감이 설명한 이유는 간단했다. 산악안전과 산악구조의 필요성을 당시 사회가 공감하지 못했기 때문이었다. "많은 산악인이 외국처럼 경찰구조대가 있었으면 좋겠다"고 요청했지만 치안본부의 대답은 '무시'였다. 결국 1983년 인수봉에서 대형 조난사고가 일어난 후에야 우리나라에도 전문 산악구조대가 꾸려질 수 있었다.

> "1983년 4월 3일 인수봉 대형 조난사고 당시 치안본부장은 그걸 바라만 봐야 했거든요. 아무리 비상을 걸고 경찰들이 출동해도 산악연맹 구조대 말고는 아무도 올라가질 못했어요. 결국 7명의 안타까운 생명을 잃게 됐죠. 이 사고 이후 우리나라에도 산악구조대가 생기게 됐습니다"

경찰산악구조대 창설 배경에는 초대 교장이셨던 故 권효섭 교장님의 열정적인 헌신도 녹아 있다. 사고를 계기로 한동안 가슴앓이를 하시던 권 교장님은 당시 북부경찰서 고위직을 상대로 경찰산악구조대 창설을 끈질기게 제안했고, 경찰서 소속의 의경(전경)들을 한국등산학교에서 교육시켜 경찰산악구조대를 창설할 수 있게 준비시킨 것이다.[1]

1983년 5월 14일 〈일간스포츠〉에 보도된 기사에 따르면 경찰산악구조대는 한국등산학교에서 도봉산과 북한산 일원의 30개 코스를 돌며 1일 4시간씩 강도 높은 훈련을 받았다. 가장 많은 시간을 들여 배운 것은 암벽에서의 조난구조법과 암벽을 오르내리는 기술이었다. 서성식 교감도 경찰산악구조대 1기의 교육을 생생히 기억하고 있었다.

> "현직 경찰에서 2명, 전투경찰대원 10명을 모집해서 일주일간 합숙 훈련을 하며 교육했죠. 클라이밍 훈련은 필수였어요. 인수봉에서 사고가 나면 올라갈 수 있어야 하잖아요. '신선대까지 몇 분에 뛰어갔다 와!' 하면 갔다 오는 훈련도 많이 했어요. 구조대원이니까 강인한 체력도 필요하잖아요. 당시 대원이 되기까지 고된 훈련을 많이 받았어요."

이렇게 시작된 경찰산악구조대에 대한 교육은 매년 정례화됐다. 이후 교육을 이수한 대원들은 도봉산과 북한산에 각각 배치(대장 2인, 대원 5인)되어 임무를 수행했다. 2019년 북한산과 도봉산에서 철수하기 전까지 경찰산악구조대는 36년간 7,000여 명의 등산객을 구조했다.[2]

1
[추모 | 일경 권효섭 회장]
한국등산학교 개교,
경찰구조대 창설의 주역,
〈월간 산〉, 2017년 5월 10일

2
[Hot Focus] 북한산
산악사고, 이젠 공단
특수산악구조대가 책임진다!,
〈월간 산〉, 2019년 5월 29일

경찰산악구조대는 도봉산과
북한산 일원에서 합숙하며
암벽에서의 조난구조법과
클라이밍 기술을 훈련받았다.

한국등산학교는 출강 교육 외에도
위탁교육을 의뢰하면 소방구조대만의
특별반을 구성해 꾸준히 교육을 진행했다.

10여 년간 이어간 전국 소방학교 출강

각종 재난사고 현장에서 구조와 구급을 생각할 때, 누구나 경찰보다 소방구조대를 먼저 떠올린다. 하지만 실제 국가 차원의 신속한 재난 대응이 가능한 중앙119구조대는 1995년 삼풍백화점 붕괴 사고 이후 만들어졌다. 전국의 소방대원 수천 명과 장비 수백 대가 삼풍 사고 현장에 투입되면서 각 시도에 소방 공백이 생겼기 때문이다.[3] 한국등산학교에서 소방관들을 교육하게 된 것도 이 사고가 계기였다고 서성식 교감은 말했다.

당시 서성식 교감은 서울시산악연맹 구조대원을 겸하고 있었기에 적십자사와 함께 구조 활동에 참여했다. 건물의 지지 기반이 위험한 상태였기에 기계를 사용하기는 어려웠고 사람의 손으로 쏟아진 자재들을 끌어 옮겨야 했는데, 로프로 묶어 당기기에만 급급했기에 한 번 쓴 로프는 다시 쓰지 못하고 그대로 자재들과 함께 폐기됐다. 서성식 교감이 보기에 가장 큰 문제는 매듭이었다.

> "쏟아진 철근을 들어야 내야 사람도 구하고 시신도 찾고 할 거 아니에요. 그런데 로프를 가지고 에반스 매듭(일명 교수인 매듭)을 해서 당겨버리니 이 로프를 다시 풀 수가 있나요. 당기고 나면 '누구 칼 있는 사람?' 이러고 다 잘라버리니 이 로프를 다시 어디에 쓰겠어요. 그래서 '이건 클로브히치 매듭으로 하면 당기기도 좋고 다시 풀기 좋다. 이걸로 묶어서 당기자' 하면서 거기 있는 사람들에게 교육을 하고 다녔어요"

이것이 소방구조대 교육의 시작이었다. 삼풍 사고가 어느 정도 수습된 후 서성식 교감은 당시 내무부 관계자의 전화를 받았다. 전국에서 소방구조대 50명을 선발하려고 하니 교육을 해달라는 요청이었다. 소방구조대의 첫 수업은 1995년 한국등산학교가 위치한 도봉산장에서 진행됐다. 서성식 교감이 "나는 등산학교 소속 사람이기에 이거는 우리 한국등산학교에서 한다"는 기준을 세웠기 때문이다. 하지만 1기 수업 이후엔 전국에 위치한 소방학교에 출강을 나가는 방식으로 바뀌게 된다. 씻지도 못하고, 좁은 공간에 50명이 칼잠을 자야 했던 도봉산장의 열악한 환경 때문이었다.

> "칼잠을 자면서 1기 교육을 해보니까 이건 도저히 아닌 것 같았어요. 그래서 방법을 찾아본 게 적은 인원이라면 우리 등산학교 교육 때 같이 하고, 50명 정도라면 소방학교에 출강을 해주겠다고 제안한 거죠. 그 후 내가 10년 이상 소방학교에 교육을 나갔습니다."

3
[119TalkTalk] 대한민국 재난 사고 대응의 중심 '중앙119구조본부', 〈소방방재신문〉, 2021년 1월 20일

국립공원공단이 만들어진 1987년부터 한국등산학교는
직원들의 직무교육을 맡아 진행했다.

10년이 넘는 출강 교육은 단순히 교육으로만 끝나지 않았다. 서성식 교감
이 구조대의 능력을 키우기 위한 방법으로 구조·구급 경진대회를 제안한 것
이다. 이를 긍정적으로 받아들인 소방구조대는 매년 전국 시도에서 관련 대
회를 열고 있다. 최근에는 "평소 훈련이 되어 있지 않으면 출전 선수로 선발되
는 것도 어렵게 기준이 바뀌었다"며 서성식 교감은 계속 발전하는 소방구조
대의 훈련을 높게 평가했다. 이런 출강 교육 이외에도 한국등산학교는 중앙
소방학교, 서울소방학교, 전국 119 구조대 등에서 위탁교육을 의뢰하면 소방
구조대만의 특별반을 구성해 꾸준히 교육을 진행했다.

업무 특수성에 맞춘 차별화된 교육

산악안전으로 시작한 한국등산학교의 특수교육은 시간이 지날수록 점차 업
무 특수성에 맞춘 교육으로 변화한다. 1987년 국립공원공단이 만들어지며 한
국등산학교는 공단 직원들의 직무교육을 맡게 된다. 당시 직원교육의 목적은
산악 안전도 있지만 공원 관리능력 향상과 탐방객 관리가 주였다. 그래서 처
음엔 정규반 또는 동계반에 직원들이 개인적으로 입교해 일반 교육생들과 함
께 교육을 받았지만, 1989년 가을부터는 공단 업무의 특수성에 맞춰 별도로
반을 구성해 따로 교육을 받았다.

이외에도 경찰대테러부대, 경찰특공대를 대상으로 한 교육과 국내 각 TV 방송사의 촬영기자모임인 한국방송촬영인연합회교육, 삼성특수임무견 훈련센터 교육, 에스원 요인경호 신입사원 교육도 실시했다.

이 중 산과 무슨 연관이 있을까 싶었던 게 한국방송촬영인연합회 교육이 었다. 서성식 교감의 설명에 따르면 이들이 한국등산학교에서 배우고 싶었던 건 자신들이 찍지 못하는 것을 찍을 수 있는 방법이었다.

> "오리엔테이션을 해보니 모 산악인을 따라 히말라야를 몇 번이고 다녀온 분들도 여럿 됐어요. 그런데 그분들 하는 말이 '그렇게 쫓아가도 자신들은 찍지 못하는 순간이 있다' 하더라고요. 자신들은 꼼짝도 못하고 산악인들이 카메라를 받아가 대신 찍어 온다는 거죠. 산악인들이 찍는 그 순간을 자신들도 찍고 싶다고 하더라고요."

국내 산악 관련 교육의 메카로 자리잡아

이런 이들을 위해 서성식 교감이 떠올린 건 주마 활용법이었다. 줄을 고정해 놓고 주마를 활용하면 건물의 벽에서도 자유롭게 오르고 내리는 게 가능해진 다. 덕분에 남들이 찍지 못한 거리와 각도에서 촬영이 가능해질 거란 아이디 어였다. 한국방송촬영인연합회 회원들은 암벽 전문가들이 아니었기에 주로 도봉산 만장봉처럼 쉬운 코스를 선택해 암벽에 매달려 카메라를 다루는 법, 주마를 이용해 오르고 내리는 법을 교육했다. 원하는 해결법을 배워서인지 "촬영인연합회 교육은 일회성으로 끝나지 않고 이후에도 여러 번 교육이 진행됐다"고 한다.

1990년대 활발히 진행됐던 한국등산학교의 특수교육은 이제 대부분 각 기관에서 자체적으로 진행하고 있다. 한국등산학교를 거친 기관들의 인재들 이 성장해 그들이 직접 후배들을 양성하고 있는 것이다. 서성식 교감은 당연 한 수순이라 말했다.

> "처음 시작할 때 씨앗을 좀 뿌려주고 나머지는 자체적으로 크게 해야죠."

그의 말처럼 다양한 기관에 산악 교육의 씨앗을 뿌린 한국등산학교. 어느 기사의 문구처럼 국내 산악 관련 교육의 메카로 충분한 역할을 수행했다[4]고 자부한다.

4
[추모 | 일경 권효섭 회장]
한국등산학교 개교,
경찰구조대 창설의 주역,
〈월간 산〉, 2017년 5월 10일

한등 동창회 회보 〈山學〉

학교 정신 잇는 '산악 문화 창달' 목표로 창간
한등동창회, 1986년 창간호 이후 12호까지 발행

한국등산학교는 1974년 개교 이래 50년 동안 아마추어
등산인을 대상으로 안전등반기술 교육과 알피니즘 정신 고취에
애를 써왔다. 이러한 정신은 동문들이 다양한 활동을 통해
이어나갔다. 1984년 경제적 어려움으로 여름 암벽반(제14회)과
가을 정규반(제22회)을 열지 못한 한국등산학교가
서울특별시산악연맹 부설교육기관으로 새롭게 출발한 1985년,
한국등산학교동창회는 학교의 정신이자 전통인 학구적인
등산 정신을 잇고, 국내는 물론 멀리 국외의 험산과 고산에서도
영광의 자취를 만들어내야겠다는 마음가짐으로 회보를
편찬했다. 한 해 한두 권씩 펴낸 〈山學〉이다.

한국등산학교는 1974년 개교 이래 50년 동안
아마추어 등산인을 대상으로 안전등반기술 교육과
알피니즘 정신 고취에 애를 써왔다.

등산의 학술화를 추구

한국등산학교가 순수 알피니즘의 추구와 산악문화를 주도했다면 동창회에서 발간한 〈山學〉은 '산의 과학화', '산의 기록화', '산의 교육화' 등 등산의 학술화를 추구했다고 할 수 있다. 당시 〈월간 산〉 외에는 산악기술이나 등반 흐름에 관한 정보를 얻을 수 있는 산악전문지가 거의 없던 시절이었기에 한국등산학교동창회가 발간한 〈山學〉은 동창회원들뿐만 아니라 산악정보에 목말라하는 많은 등산인들에게 단비와 같은 역할을 해냈다.

1986년 2월 창간호에서 당시 동창회 박규동 회장은 "한국등산학교의 전통과 명예는 학교가 우리에게 주는 것이 아니라 우리 회원 개개인이 학교에 바쳐야할 그 무엇이라고 생각하며 언제나 멋지고 알찬 산행이 이루어지기를 바란다"는 뜨거운 애교심을 밝혔고, 권효섭 교장께서는 축사를 통해 "동창회의 발전이 곧 한국등산학교의 발전이요 한국산악운동의 발전"이라며 "〈山學〉이 산을 연구하는 대화의 광장이 되기를 바란다"는 바람을 밝혔다. 또한 안광옥 부교장은 학교 창립과 더불어 발족한 동창회의 〈山學〉 발간 축하 인사와 함께 "동창회뿐만 아니라 산악인 모두의 길잡이 역할을 해주길 당부한다"고 했다.

회보 〈山學〉 창간호는 교가를 시작으로 발간사, 축사, 정관, 회원연명부, 임원소개, 편집후기 등 여느 단체의 회보나 다름없는 가벼운 성격으로 시작하였으나, 1986년 가을호(제2호)는 산행일기 '강가푸르나 등반기'(남난희), 기획시리즈/세계의 산을 찾아서 '코딜레라 블랑카'(편집실), 초등정의 역사 '에베레스트의 영웅들'(남선우), '암벽에서의 성찰'(공용현), '안나푸르나 남벽을 알파인스타일로'(김승진), 산악의학 '고산병'(홍옥선), 산학동정 등 다양하면서도 산악정보를 제공하는 등 내용이 충실하면서도 묵직한 회보로 기틀을 다져나갔다.

1987년 8월 발간한 제3호에 실린 '알라스카 등반가이드'와 '매킨리에서의 실패'(김기호), 'K2 대참사'(홍옥선) 기사는 등반기로서 가치가 높았고, 처녀봉 '마차푸차레의 神聖'(남선우)과 세계의 산 '와이와쉬, 빌까밤바, 빌까노따 산군'(편집실)은 새로운 산을 궁금해하는 등산인들에게 희소식이었다. 수상록 '영원을 향한 도전'(공용현)은 산악인들이 갖춰야할 정신자세에 대해 귀띔해주는 글이었고, '프리 클라이밍의 정립'(제6호, 조상태)은 인공등반과 자유등반에 대한 구분이 모호하던 당시 산악인들에게 정확한 개념을 심어주는 글이었다.

'전국 암벽 그레이드 조사' 연재 〈바윗길〉로 탄생

〈山學〉 회보가 해낸 역할 중 가장 큰 열매는 5차례의 조사를 거쳐 연재한 '전국 암벽 그레이드 조사'였다. 고 홍옥선(부교장 역임, 2023년 4월 1일 불곡산에서 등반 중 사고)의 주도로 추진한 전국 암벽 그레이드 조사는 당시까지 애매한 상태였던 암벽루트의 정확한 묘사와 기술 그리고 피치나 크럭스에 대한 적절한 등급설정이 목표이기도 했다. 특히 알프스 중심의 유럽 암벽 기준인 UIAA 등급체계 대신 우리나라 암질과 비슷한 미국 요세미티의 십진등급 체계를 적용한 그레이드 조사였기에 클라이머들의 호응도 높았고, 당시 조사 때 적용된 난이도가 대부분 지금까지도 적용되고 있다는 점에서 가치 높은 일이었다.

정승권, 한충수, 이의현, 김동칠, 권오환, 정재은, 김형섭, 이근택, 정쌍영, 허송회, 박찬민, 이상록, 안강영, 심광섭 등 한국등산학교동창회원뿐 아니라 당대 대표 클라이머들이 총동원해 진행한 전국 암벽 그레이드 조사는 인수봉 동면(제4호)을 시작으로 인수봉 남면(제5호), 인수봉 서면(제6호), 선인봉(제7호) 등 서울 중심의 암벽 그레이드 조사 결과를 게재하고, 이후 지방 암장으로 확대해 부산·경남권(제8호), 설악산·영남알프스(제9호), 계룡산·옥명·와룡산·천태산(제10호), 충청 지역 암장(제11호) 그리고 서울 지역 보충과 함께 제주도(12호) 암장 그레이드 조사까지 뻗어나갔다.

(왼쪽) 〈산학회보〉 발간사.
(오른쪽) 인수선인 그레이드
조사기념 메달.

이렇게 많은 클라이머들이 조사한 각 암장들의 루트들은 〈山學〉 제4호부터 12호까지 개념도와 함께 피치별 난이도와 거리 그리고 사진이 게재돼 새로운 루트를 찾는 클라이머들에게 많은 도움을 주었다. 이렇게 9차례 게재된 전국 암벽 루트 난이도 조사는 〈바윗길〉 한권의 책으로 재탄생, 한국 산악계를 대표하는 '암벽 그레이드 북'으로 지금도 산악인들에게 가치를 인정받고 있다.

1993년 여름 제12호 발간을 끝으로 〈山學〉은 동창회 소식지 성격의 〈산악회보〉로 바뀌어 동창회는 물론 많은 등산인들을 안타깝게 했으나, 학교와 동창회 소식에 그치지 않고 산악 수필, 산악 논단, 국내외 등반기, 동문 주축 산악회 등을 통해 학술적이면서도 문학적인 면을 끌고 나갔다. 하지만 이마저도 1998년 47호, 48호로 막을 내리고 말았다.

회상의 책〈바윗길〉

글. 공용현(정규반 17회, 암벽반 12회, 동계반 9회)

표지 인물은 북한산 '코끼리 바위'의 크랙을 오르는
클라이머 윤대표 산학(山學) 동문.

우리나라 최초로 인수·선인의 암벽 루트의 개요와 난이도를 표기한 〈바윗길〉이 출판된 지 30여년이 지났다. 나는 〈바윗길〉을 만져볼 때마다 이 책과의 범상치 않은 인연을 생각하며 가슴 저미는 상념에 잠기곤 한다. 책에 대한 회상은 여러 권에 대해 있을 수 있다. 그러나 한 사람의 영혈(靈血)을 바쳐 제작한 책은 세상에 단 한 권만이 있을 뿐이다. 이 글의 제목이 '책의 회상'이 아니라 '회상의 책'이 된 이유는 이 책이 세상에 나오기까지의 우여곡절과 나의 산(山) 생활에 대한 남다른 추억 때문이다.

이 책 〈바윗길〉의 발행인인 박규동은 그 무렵 한국등산학교 총동문회의 회장이었다. 박 회장은 미국 요세미티에서 선진 등반기술을 익힌 몇 안 되는 탁월한 산악인이었다. 꽤 여러 해 전 불치의 병환으로 고인이 되었지만 그분은 나에게 산악문화에 대한 애정과 의무에 대해 깊은 인상을 심겨준 산악 선배이다. 박 회장은 어머니를 여읜 지 얼마 안 된 신출내기 학자였던 나를 삼고초려하여 동문회 사업으로 이끌었고, 편집이사였던 나는 그와 임원들의 전폭적인 지지 아래 이 사업을 기획하고 착수하게 되었다. 만일 이 작업이 없었더라면 나는 등반을 통해 인생을 즐기는 평범한 산악동호인으로 머물렀을 것이다.

누구나 인정하다시피 이 책은 당시 만연하던 일본식의 낡은 등반관을 벗어나 새로운 암벽등반 사조인 프리 클라이밍의 도입을 선도하고 개척한 커다란 역사(役事)였다. 나는 영어, 독어, 불어식 외국 등산 용어 일색이었던 한국 산악문화 풍토에서 그 당시까지 보편적이고 광범위하게 통용되지 않았던 등반용어와 표기법을 우리 실정에 맞게 새로 정립하고, 클라이머들이 쉽게 볼 수 있는 형태로 편집하느라 전력을 기울여야 했다. 애초에 예상했던 것보다 더 많은 시간과 돈을 퍼부어야 했으며, 내 삶의 중요한 목표이기도 했던 박사학위 논문 제출을 삼 년이나 미뤄야 했다.

나는 외국 서적에 표기된 'Rock Routes'를 그 당시 생소했던 우리말 '바윗길'로 번역하고, 은사인 한록(閑鹿) 박갑성 선생님께 제자(題字)의 붓글씨를 부탁했다. 나는 권두언을 썼고 암벽 등급의 기준과 원칙인 '요세미티 십진 체계'에 대한 글을 실었다. 1990년 〈바윗길〉이 간행되자 "한국 암벽등반의 새 지평을 여는 기념비적인 책"이라는 찬사가 쏟아졌다.

이 책이 나올 무렵, 한국에서 프리 클라이밍은 태동기였다. 윤대표를 비롯한 몇몇 등반가들의 선구적인 시도가 있었지만, 그때까지도 암벽은 등반가의 성취욕과 명예를 위한 대상에 불과했다. 암벽등반이 등산가의 육체와 정신을 함양하는 최종의 목적이 아니라 수단과 방법을 가리지 않고 기존 볼트를 잡거나 하켄을 박고, 해머로 암벽에 생채기를 내며 올랐던 시절이었다. 요세미티의 클라이머들이 불어넣기 시작한 클린 클라이밍이나 프리 클라이밍과 같은 새로운 방식들은 외국 산악 잡지를 통해 간간이 소개되었을 뿐, 우리 산악계에는 아직 널리 퍼지지 않던 개념이었다.

이 책이 나오고 나서야 우리나라에도 "어디를 오르는가"가 아니라 "어떻게 오르는가"를 중시하는 새로운 암벽 문화가 싹트고, 오르는 방식과 등반의 가치가 본격적으로 논의되기 시작했다.

하나로 통일되지 않았던 신구(新舊) 산악 용어들이 점차 우리 실정에 맞게 정리되었다. 온사이트(On Sight), 플레싱(Fleshing), 레드포인트(Red Point)와 같은 프리 클라이밍의 형태와 원칙들이 새로 소개되고, 젊은 산악인을 중심으로 하드프리(Hard-Free)의 풍조가 급격히 확산되었다.

한창 조사 작업이 진행되는 도중, 나는 한국 프리 클라이밍의 수준을 끌어올리기 위한 방안으로 당시 국내 최고 난이도의 암벽 루트로 알려진 도봉산 '강적크랙'의 초등자에게 100만 원의 포상금을 제안했다. 지금부터 30여 년 전의 화폐가치로 그 돈은 적지 않았지만 등산용품 회사 와일드스포츠를 운영하던 박 회장은 흔쾌히 상금의 쾌척을 수락했다. 한국을 방문했던 러스 클룬(Russ Clune)이 이 루트를 톱로핑(Top Roping)으로 시등하고 등급을 5.12c로 매긴 후, 국내의 내로라하는 젊은 클라이머들이 마스터링(Mastering) 초

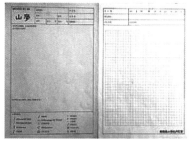 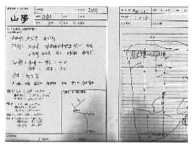

바윗길 루트 조사 작업 시 사용한 원고용지(좌).
전국 암벽 실측 그레이드 조사 시 초고(우).
당시에는 컴퓨터 그래픽 처리기술이 없어 바위 형태를 직접 손으로
그리고, 실측자료와 사진을 비교하며 수많은 교정작업을 거쳤다.

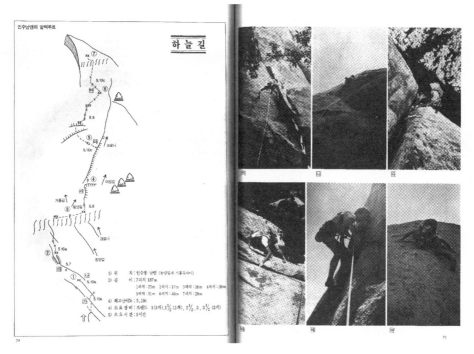

인수의 '하늘길' 암벽 루트 개요도 및 사진.

등의 영예와 상금을 노리고 달려들었다. 나는 내심 〈바윗길〉의 조사연구위원
이자 〈바윗길〉의 섬세한 개념도와 정밀한 크럭스(Crux, 최난지점) 표기에 크
게 기여한 권오환이 제일 먼저 오르길 원했다. 그러나 치열한 경쟁 결과, 초등
의 영예는 1989년 젊은 후배 김유형에게 돌아갔다.

이 획기적인 등반 경쟁이 끝난 후, 두 사람은 물론 러스 클룬도 강적크랙
의 난이도가 낮게 평가되었음을 말한 바 있었지만, 최근 최석문을 비롯한 현
역 최고 수준의 클라이머들에 의해 이 루트의 등급이 5.13a로 상향 조정되
었다.

나는 이 책이 나온 후에도 수없이 인수봉과 선인봉을 올랐고, 특히 야간
암벽등반을 즐겼다. 내가 즐겨 찾는 코스는 인수 남면의 '하늘길'이다. 〈바윗
길〉에는 도입하지 않았지만 '스타그레이드(Star Grade, 암벽등반시의 클라이
머가 느끼는 기분, 경관의 등급을 의미한다)'로는 최고의 평점인 '별 다섯'을
받을만한 멋진 암벽 루트이며, 상단의 삼각 테라스에서 커피를 마시며 밤의
도시 불빛을 바라보는 것은 정말 짜릿한 즐거움이다.

　　지금은 전국 여러 곳에 수많은 프리 클라이밍의 바윗길이 개척되고 등급도 5.13을 넘어서는 루트도 많아졌다. 하지만 이 책은 초판이 나오자마자 클라이머들의 교과서가 되었고 이후 전개된 하드프리의 기폭제가 되었다. 후회스러운 것은 내가 한국등산학교 총동문회 회장일 때, 심혈을 기울여 조사작업을 완료했던 지방 암장에 대한 단행본을 내지 못했고, 컬러사진과 함께 새로 개척된 인수·선인의 암벽 루트가 포함된 〈바윗길 증보판〉을 출간하지 못한 사실이다.

　　전국 지방 암장의 바윗길에 대한 연구조사 작업은 〈바윗길〉 발간 후 한국등산학교 총동문회의 야심찬 기획으로 이근택과 정쌍영 등을 중심으로 일 년 넘게 진행되었으며, 그 결과는 부정기 기관지 〈山學〉의 지면을 통해 수차례 나누어 게재되었다. 〈바윗길 증보판〉을 위한 연구조사 작업 역시 총동문회의 역점 사업으로 한충수 등반기술위원장과 심광섭 등반위원을 비롯한 신진 클라이머들에 의해 장기간 진행되었고 일부분이 월간 기관지 〈산학회보(山學會報)〉를 통해 발표되었다.

　　다음은 내가 쓴 〈바윗길〉의 권두언, '멀고 험한 바윗길에 첫 발을 올려놓고'의 일부이다.

　　우리는 이 작업의 실행 과정에서, 정규 교육기관을 거친 산악인으로서의 당연한 의무, 즉 그동안 선배로부터 물려받은 지식과 기술을 보존하고 활용하며, 진취적인 등반활동을 통해 보완한 후, 그것을 다시 후배들에게 물려주는 일에 얼마나 소홀했던가를 뼈저리게 느꼈으며, 그럴 때마다 우리는 전통의 보존자로서, 개혁자로서, 또한 전달자로서의 역할을 충실히 해야겠다는 결의를 새롭게 다졌다.

　　'암벽등급에 대한 새 기준의 설정과 평가'에는 '요세미티 십진 체계(YDS: Yosemite Decimal System)'에 대한 글을 중심으로 아래 내용이 다루어졌다.

　　1. 암벽등급 조사작업의 의의.
　　2. 등급의 기준과 원칙.
　　3. 용어와 표기법.

＊ 기호표기 ＊

- 크랙(crack)상의 등반로
- 훼이스(face)상의 등반로
- 침니(chimney)
- 우향크랙
- 좌향크랙
- 오버행(overhang) 또는 루프(roof)
- ① 피치종료지점
- 팬듈럼(pendulum)
- 나무 또는 숲
- 확보볼트
- 자강롱볼트
- 고정하켄
- 인공등반로
- 사진상의 위치
- 출발지점

요세미테 십진등급체계(YDS) 및 국가별 암벽등급비교표

YDS(미국)	UIAA	프랑스	영 국	오스트리아	동 독
5.2	I	1	보통 (moderate)		I
5.3	II	2	어려움 (difficult)	11	II
5.4	III	3	매우어려움 (very difficult)	12	III
5.5	IV	4	4a	13	IV
5.6	V−	5	4b		V
5.7	V		4c	14	VI
5.8	V+ VI−	5	5a	15 16	VIIa
5.9	VI	6a 6a+	5b	17 18	VIIb
5.10a	VI+	6a 6a+	6b	19	VIIc
5.10b	VII−	6b	5c	20	VIIIa
5.10c	VII	6b+		21	VIIIb
5.11a	VII+	6c	6a	22	VIIIc
5.11b	VIII−	6c+		23 24	IXa
5.11d	VIII	7a 7a+		25	IXc
5.12b	VIII+	7b	6b	26	Xa
5.12c	IX−	7c		27	Xb
5.12d	IX	7c−	6c	28	Xc
5.13a	IX+	8a		29	
5.13b	X−	8a+	7a	30 31	
5.13d	X	8b 8b+		32	
5.14a	X+	8c	7b	33	

암벽형태의 기호표기, 요세미티 십진 등급체계 및
국가별 암벽등급 비교표.

이 글을 맺으며 〈바윗길〉 제작의 중요 참가자들을 밝혀 그분들의 노고와
공적을 기리고자 한다. 돌이켜보건대 한국 산악계의 역량을 총결집한 이
사업을 위해 조건없이 헌신한 이들이야말로 당대 최고의 산악인들이었고
한국 산악문화의 진정한 개척자들이라고 불러도 좋을 것이다.

〈바윗길〉 초판 1만부(본판 5천부, 요약판 5천부)
1990년 4월 발행

발행인: 박규동
편집인: 공용현
조사연구위원: 홍옥선(위원장),
권오환, 김동칠, 김유형, 김재은,
김태삼, 박찬민, 이의현, 정승권,
한충수
학술편집위원: 공용현(위원장),
오석환, 이교훈, 장순영, 전순옥,
조경영

등반기술위원: 홍옥선(위원장),
고재희, 권오환, 김남일, 김유형,
박찬민, 심광섭, 안강영, 오형재,
유현무, 이상록, 한충수
자료평가위원: 공용현(위원장),
권구훈, 김용기, 박규동, 신승모,
윤길수, 윤대표, 정재학, 정호진,
주영, 홍성암

도움을 주신 분: 강태선, 권병기,
권순양, 고재원, 김경수, 김세식,
김억석, 김원식, 김윤성, 김종철,
박경윤, 박만선, 서태균, 안일수,
이순복, 이우영, 이정희, 이주원,
이충호, 장경신, 차남철, 홍재철.
(※ 이상 가나다 순)

출처: 공용현 블로그 '지비의 사랑방'

2000년대 —
등산교육의 시대

1990년대 말에 등산이 인기를 끌면서 2000년 대 초에는 전국 각지에 등산학교가 급속도로 늘어났다. 대한산악연맹의 각 시도연맹이나 한국산악회의 각 지부에서 주최하는 등산학교 외에, 여러 단위 산악회에서 회원 유치를 목적으로 하는 등산학교를 운영했고, 아웃도어 업체에서도 고객들을 대상으로 한 등산학교를 열었다. 한국등산트레킹지원센터에서 2008년에 조사한 바로는, 국내 등산교육에 참가하고 있는 산악회나 단체는 무려 220개에 이르는 것으로 파악되었으며, 이들 등산학교의 52%가 서울과 경기 수도권에 몰려 있고 20.3%는 무료로 운영되고 있었다.

2000년 4월 18일, 제2대 교장으로 이인정 당시 대한산악연맹 부회장이 취임하면서 몇 가지 변화를 도모했다. 학교 사무실을 잠실주경기장에서 역삼동 한국산악문화회관으로 옮겼으며, 설립초기부터 활동하던 강사들의 세대교체를 했고, 과목의 변화도 있었다. '암벽등반론'(김종욱 → 문남길 → 전영래), '확보론'(문남길 → 김성태 → 유성원), '독도법'(이종범 → 임만재)으로 강사의 세대교체가 있었다. 설악산 암벽반, 동계반 운영시에는 현지에서 설악산적십자 구조대로 활동하던 마운락 대장과 전서화 강사를 비롯한 설악산적십자 구조대원들이 수고해주었다.

정규반 첫 강의로는 초기에 이숭녕 설립위원이 '등산윤리' 과목을 강의했고, 이후에 '산악운동의 방향' 과목으로 초대 권효섭 교장님이 제55회 정규반까지 강의를 하셨다. 또한 2005년까지 '해외/국내 등산사'를 강의했던 남선우 강사가 '알피니즘의 역사' 과목을 신설하여 담당했다. 한국 최초로 5.14 그레이드를 등반한 손정준 강사는 정규반 61회부터 '스포츠 클라이밍' 과목을 신설해 담당했다. 설립초기부터 자체 제작하여 사용하던 교재는 2004년부터는 대한산악연맹에서 발간한 〈등산〉 교재로 바꾸어 사용하기 시작했다. 더불어 2000년 제52회 정규반부터 입교생 연령을 40세 이하로 규제한 규정을 폐지하고, 8주 주말로 진행하던 정규반 교육을 6주(6박 12일)로 줄였다. 이에 따라, '알피니즘의 역사'와 '한국등산사' 과목을 3시간에서 2시간으로 단축하였고, '산악서적'은 폐강하였다.

학교 직제도 개정해 이인정 교장, 이종범 부교장 등으로 시작한 후, 2005년에 장봉완 강사를 학감으로 임명하여 정규반 62회부터 실기를 총괄하게 하였다. 학감직책은 규정보다는 관례에 따라 임명하였고, 사무국의 변화도 이루어졌다. 2001년 정규반 55회까지는 서성식이 상근하였고, 2002년 정규반 56~57회엔 전영래, 2003년 정규반 58~68회까지는 최철호, 2008년 암벽반 37회~40회까지는 김재운, 2011년 정규반 75회~76회엔 이종석, 2012년 암벽반 41회~정규반 85회까지는 김성철, 2017년 정규반 86회~동계반 42회 김윤희가 학교 업무를 보았다.

2004년 10월에는 한국등산학교 개교 30주년 기념행사를 강남 LG 패션센터에서 치렀다.

남북 교류의 훈풍을 타고 한국등산학교에서는 2005년 10월에 '남북 산악구급봉사대 공동연수'와 분단이후 최초로 금강산에서 동계반을 2년간 진행하였다. 2003년 한국등산학교는 설립 초기에 백경호 강사가 주도하여 산노래 교육을 시작했으며, 이후 잠시 중단되었으나 2003년 정규반부터 알파인 코러스의 정규현 단장과 이영수, 이승구, 유문환이 산노래 과목을 맡아서 진행하였다. 이런 노력으로 한국등산학교는 산노래 교육의 산실로 전통을 이어나 갔다.

2008년 7월 6일, 제3대 이종범 교장이 취임하였고 장봉완 교감을 임명하였다. 한국등산학교 정규반, 암벽반, 동계반을 모두 수료한 이종범 교장은 초창기부터 강사, 교무, 학감, 부교장 등을 두루 거쳤다. 서문여고 교장이기도 했던 이종범 교장은, 취임 후 교육 과정의 개편과 운영의 합리화, 검증되고 훌륭한 자질을 갖춘 강사의 영입 등을 목표로 내세웠다.

2008년도에는 등산교육기관 운영에 관한 규정을 개정하였다. 지원자들이 많았던 관계로 정원을 60명에서 70명으로 늘렸다. 강사의 명칭을 교사로 변경하고, 교장 임기를 3년에서 3년 중임으로 변경하였다. 2대 교장까지는 서울시연맹과 별도로 운영하였기에 임기에 관한 사항 규정은 미비한 상황이었다. 강사의 신분은 위촉에서 임명으로, 강사의 임명도 본교 수료생에서 선임하던 방식에서 다양한 인재를 강사로 임명하기 위해 추천제로 변경했으며 운영위원회를 구성하여 신설하였다.

사무소는 강남구 역삼동 한국산악문화회관에서 중랑구 상봉동 서울시체육회 내 서울시산악연맹 사무국으로 이전하였다. 또한 국립공원에서 국립공원청소년수련원 개원하면서, 학교에서는 서적과 장비 등을 기증하여 제공하였고, 청소년수련원 내에 한국등산학교 사무실을 2017년까지 사용하였다. (현재 국립공원 생태탐방연수원)

2009년 4월 산악안전기원제 이종범 교장 외 강사, 학교 관계자와 졸업생 등이 도봉산장에서 무사고를 바라는 기원제를 실시하였다.

2000년대에는 학교 강사와 졸업생들이 활발한 원정 등반을 했다.

2005 메라피크.

2000년 인도 히말라야
아비가민(7,355m) & 무크트파르밧
동봉(7,130m) 원정: 장봉완. 김남일.
박기성. 고종렬. 전서화. 박주훈.
조숭원. 전현주. 구은수. 김현중
(서울시산악연맹 원정대)

2002년 네팔 히말라야
임자체(아일랜드 피크 6,189m) 원정:
전영래, 박진, 이진성, 김영산, 김나영,
채승문

2002년 인도 히말라야
브리그판스(6,772m) 원정: 구은수,
고종렬, 고용준, 김남일

2003년 러시아 파미르 고원
코뮤니즘(7,495m) 원정:
이종범, 장봉완, 마운락, 최태현,
최철호, 전서화, 임만재, 조재형
(한국등산학교 설립 30주년 기념)

2005년 네팔 히말라야
메라피크(6,476m) 원정: 전영래,
김재운, 이진성, 배나영, 최문정,
박성호, 김정근

2009년 네팔 히말라야
로체 남벽(8,516m) 원정: 유경수,
전서화, 박기성. 김현중. 강태웅.
차호은, 유상범. 성종경. 염동우,
구은수. 김남일 (네파 원정대)

도봉산장 54년사

산악인이 만든 누추하지만 단단한 돌집
한국등산학교의 교정이자 산악인들의 둥지

연극의 3대 요소가 배우, 관객, 무대라면 등산학교의 3대 요소는 학생,
강사, 교육장이 아닐까 싶다. 한국등산학교는 1974년 개교 때부터 현재까지
북한산국립공원 도봉산에 자리한 도봉산장에서 교육을 실시하고 있다.
한국등산학교가 50년의 역사를 품고 있듯, 도봉산장 역시 50년을 훌쩍 넘는
유서 깊은 건축물이다. 한국등산학교를 거쳐간 수많은 학생, 강사진들의
추억이 남아 있는 도봉산장의 역사는 어떻게 전개됐는지 더듬어본다.
'서울특별시 도봉구 도봉동 산 31번지 (현 주소는 도봉구 도봉산길 92-1)
도봉산대피소' 정식명칭은 도봉산대피소이지만, 한국등산학교의 모든
이들은 '산장', '학교', '도봉산장'이라는 이름으로 부르기 때문에 여기에서는
'도봉산장'이라고 부르기로 하자.

글. 김영주(강사, 암벽반 47회)

1970년대 도봉산장 전경,
좌측의 오동나무는 74년 개교기념식수이다.
잘 자란 나무에 말벌집이 크게 생겨서
안전상의 이유로 부득이하게 나무를 베어냈다.

산악인의 의지 반, 정치적인 계산 반

1
건의주체: 대한산악연맹
최두고 회장(국회의원),
대한산악연맹 김영도
부회장(민주공화당
사무차장), 국회사무처
권효섭, 건립추진위원회:
국회의원 박준규 외 14인
한국등산학교 〈사반세기〉

2
한국등산학교 〈사반세기〉

도봉산장의 역사는 1970년으로 거슬러 올라간다. 당시에 대한산악연맹이 공화당에 산장 건립을 건의하였고, 민주공화당의 '전국 산장 건립위원회'[1]에서 심의를 거쳐 대통령의 재가를 받아 추진하였다. 건립에 필요한 예산은 각 시·도·군에서 조달하고 산악단체의 의견에 따라 건립 장소를 선정하며, 완공 후의 관리는 각 시·도·군에서 담당하는 계획이었다.

도봉산장은 최대 수용 인원이 100명이고 건평은 60평(1층 40평, 2층 20평)으로 설계되었다. 1970년 9월에 공사를 시작하여 12월 20일에 준공되었다. 무인산장으로 운영되어 시설이 파괴되는 등 제대로 관리가 이루어지지 않았다.[2]

한국등산학교의 설립위원 중에 유일하게 생존해 계신 김경배 설립위원에게 당시의 상황과 어떠한 계기로 우리나라에 산장이 생기게 되었는지 들어보았다.

"산장을 짓게 된 데에는 김영도 씨 공이 커요. 박정희 대통령에게 과장을 해서 등산인구 100만이라고 했어요. 30만 명도 안되었는데, '각하! 1백 만표가 옵니다', '그래? 뭘 해줄까?', '산장을 지어주십시오'. 도봉산장, 인수산장, 우이산장, 지리산, 수락산… 산장은 그렇게 생기게 되었어요. 산장이 생긴 것은 1972년 사고 하고는 관련이 없어요. 김영도 씨가 공화당 사무총장 출신이잖아요. 처음에는 청년국장이었고. 김종필 씨가 공화당을 창당할 때 교사들을 많이 영입해갔어요. 김영도 씨는 성동고등학교 독일어 선생님이었어요. 왜 산장인가? 유럽의 산장을 보면 상징성이 있잖아요. 원래 김영도 씨의 생각은, 본인이 부지선정도 할 수 있을 거라고 생각했을 거예요. 저기 산꼭대기에 유럽의 산장처럼 지으려고 했을 거예요. 그런데 예산문제가 있고, 골치 아프니깐 지방정부에서 알아서 지으라 한 거예요. 그러니깐 손쉽게 산 아래에 지은 거죠. 김영도 씨 머릿속에 들어가보지는 않았지만, 낭만적인 그림을 그리고 있었을 거예요."

약간 과장 섞인 설명을 하자면, 산악인의 의지 반, 그리고 주먹구구 시절의 정치적인 계산 반으로 우리나라에 산장을 각 지방정부가 짓게 되었다. 그러나 집도 사람이 떠나면 망가지게 되는 법, 무인산장으로 운영되던 도봉산장은 그렇게 1년 만에 폐허같이 변하게 된다. 불량청소년, 부랑자들이 모여들어 약 2년 반이라는 시간 동안 방치되고 망가지게 된다. 이를 다시 산장 본래의 기능으로 회복시킨 이들은 역시 산악인들이었다.

선인봉 도봉산장 새단장

'폐가 2년 만에 산악인 손으로'

도봉산 선인봉 중턱 해발 400미터의 녹음 속에 자리 잡은 산악인의 집 〈도봉산장〉이 산악인들 스스로의 손으로 15일 내부 수리를 마치고 새로이 단장됐다. 관리 소홀과 일부 지각없는 등산객들에 의해 침상이 내려앉고 문짝이 달아나는 등 폐가 취급을 받아 왔던 이 산장은 그 동안 불량소년, 가출소년들이 기거하는 우범지대로 알려져 산악인들의 외면을 받아오던 곳.

이 산장은 산이 좋아 산을 찾는 산사람들에게 휴식처를 제공하고 불시의 조난사고에 대비하기 위한 대피처로 70년 12월 서울시가 4백만원을 들여 지었다. 2층 '슬래브'집에 2개의 온돌방, 50명이 한꺼번에 잠잘 수 있는 나무침상이 마련된 침실 2, '홀', 부엌 등을 갖추었고 2층에는 '베란다'가 있다.

'산장을 되돌려 달라'는 산악인들의 소리가 높아지자 서울시는 지난 5월 28일 산악운영관리권 일체를 서울시산악연맹(회장 이원직, 53)에 넘겼다.

산악연맹은 곧 전면적인 산악개수작업을 벌이기로 했다. 하루 20~30명의 산악인들이 틈 있는 대로 찾아와 작업을 거들었다. 나무침상도 고쳐졌고 문도 달았다. 창에 유리도 해넣었다. 허물어진 집벽도 다시 쌓았다. 산악인들이 애쓴 보람이 열매를 맺어 산장은 공사 12일 만에 옛모습을 되찾았다. 산악연맹은 이것을 계기로 이제껏 흐지부지해왔던 조난사고 구조대도 강화, 구조본부를 산장에 두기로 하고 대장 이우형 씨(40)를 비롯, 20명의 대원을 4개조로 나누어 매주 토요일 하오 5시부터 일요일 하오 8시까지 1주씩 돌아가며 근무키로 했다.

이원직 서울시산악연맹 회장은 '도봉산장이 서울시민들의 자랑스런 휴식처가 되기를 바란다'며 산을 찾는 사람들 모두가 산을 아끼는 마음가짐을 가져주기를 바랐다.[3]

3
〈서울신문〉, 1973년 7월 16일

191

1970년대 도봉산장 전경, 우측 '타이어바위' 위에
타이어 두 짝이 가지런히 놓여 있다.

산악인들의 헌신적인 노력으로 폐가 상태에서 정상화

부랑자 소굴이 된 도봉산장을 다시 되찾는 과정 역시 만만하지는 않았을 것이다. 사건사고가 많다는 흉흉한 소문이 돌면서 도봉산을 찾는 이들도 일부러 피해 다니는 상황이었으니 더더욱 쉽지 않았을 것이다. 이 과정을 김경배 설립위원은 이렇게 회상한다.

> "도봉산장은 폐허나 마찬가지였어요. 산에 다니는 사람들도 일부러 피해갈 정도였어요. 지저분하고 부랑자들도 많았어요. 용어천계곡도 마찬가지였어요. 텐트 쳐놓고 도끼 찬 부랑자들이 돌아다니고 그런 상황이었어요. 그래서 우리가 날짜를 잡아서 도봉산장에 쳐들어갔어요. 개교 1년 전 즈음이었을 거예요. 내가 도끼를 들고 첫 번째로 들어갔어요. 딱 들어가는데 컴컴하잖아. 개중에는 살인범도 있었다고 하더라고. '산은 인생의 도장이다'라는 박정희 대통령의 휘호가 각 산장마다 있었어요. 딱 보니깐 대통령의 현판을 떼서 불을 땐 거예요. 그래서 내가 제일 먼저 한 게 대통령 이름을 판 거야. '누가 감히 대통령 현판을 불태운 거야!' 그렇게 기선제압을 하고, 그걸로 시비를 걸어 두드려 팼어요. 그렇게 도봉산장을 접수해서 그 소굴을 다 치우고, 그 아래 계곡도 전경들 동원해서 정리했어요."

산악인들의 헌신적인 노력으로 정상화시킨 도봉산장에 1973년 7월에 서울특별시산악연맹 구조대 본부가 들어섰고, 1974년 6월 마침내 한국등산학교가 둥지를 틀었다. 그간 무인산장이었던 도봉산장에 유용서 씨가 산장관리인으로 상주했다. 비로소 유인산장으로 탈바꿈되었다. 한국등산학교가 도봉산장에 자리를 잡게 된 데에는 도봉산 입구 바로 아래까지 19번 버스가 운행하고 있었고, 산장까지 가는 길 또한 평탄했으며, 서울시산악연맹이 관리하는 산장이었기에 가능했다.

학교의 교구와 시설물로 칠판과 교탁, 의자를 구입하고 야간 등화를 위해 1회 때는 지금은 자취를 감춘 카바이트등(물을 부어 아세틸렌을 발생하는 원리를 이용해 불을 밝힘)을 구입해서 그야말로 등화가친(燈火可親)의 시대를 보내고 2회 때부터 당시 직장산악인협회의 김용성 회장이 발전기를 기증해 광명(光明)을 맞이했다. 그리고 둘째 주 확보 실기에 사용했던 타이어는 국회 수송부에서 기증받은 헌 타이어(4개)였다. 필요한 줄은 군용 로프와 당시 국내에서 유일하게 등산용으로 생산하던 남대문시장의 설악산장 로프를 구입했다. 이외에 필요한 나머지 장비는 참여 강사들의 장비로 보충했다.[4]

1970년대 도봉산장 전경, 안전난간, 3층, 계단이 없다.

1970년대 도봉산장 전경, 현재 부엌으로 사용하고
있는 공간을 강의실로 사용했다.

소위 무(無)에서 유(有)를 창조하는 시대였으니, 산장을 학교로 탈바꿈하는 데에는 많은 노력이 필요했을 터, 지금처럼 3층 구조가 아니라 당시에는 2층 구조의 건물이었으며, 강의는 현재 주방으로 사용하고 있는 곳을 강의장으로 사용했다. 각목으로 얼기설기 기둥을 만들고 가건물같은 비스듬한 지붕을 만든 곳에 약 30여명의 학생이 옹기종기 붙어 앉아 이론 수업을 받았다. 지금으로 보면 무척 열악한 환경이었다.

학생 수가 많았을 때엔 80명 정도였으니, 이론강의를 할 강의장이 부족했다. 1980~81년에 옥상(지금의 강의실)에 조립식 앵글 천막으로 간이 강의실을 만들어 사용했다. 옥상의 절반 정도 크기였으며, 교육 시작 전에 강사들이 조립하여 지었다가 교육기간이 끝나면 분해해서 보관했다고 한다.[5]

1985년 가을부터 2층 슬래브 지붕에 천막을 설치하여 강의실로 사용하였다. 1987년 7월에는 내무부(현 행정자치부)령에 따라 국립공원공단이 신설되면서 서울특별시의 도봉산장 재산권이 국립공원공단으로 이양되어 1988년 1월부터 1998년까지 국립공원공단으로부터 한국등산학교가 유상으로 사용하였다.

1985년에 설치한 천막 교실은 1987년 봄 제26회 정규반 입교생인 정호은(당시 대영상사 사원)이 노후된 천막 교실을 보수하기 위해 새 천막을 제작하고 필요한 철골을 기증하여 완전 수리를 한 적이 있다. 현재 사용 중인 강의실은 1995년 여름에 국립공원공단이 내무부(현 행정안전부)로부터 대피소 증축 허가를 받아 공단 지원으로 박공형의 목조 지붕 틀 건물(20평)로 증축한 공간이다. 그해 9월 16일 개관식과 함께 제43회 정규반부터 현재의 강의실로 사용하고 있다.[6] 옥상으로 올라가는 철제 사다리(지금의 철제 계단이 아닌 사다리)는 교육생들이 지고 올라왔다고 한다.

이후 2001년 제2대 이인정 교장이 취임하면서 후원회를 조직하여 펜스, 데크, 계단 등을 보강 증축 작업을 했고, 2017년 봄 제86회 정규반 때, 3층 교육장에 창호를 설치했는데, 역시 동문들이 창호를 메고 올라왔다.

2017년 국립공원공단이 실시한 안전진단 결과 도봉산장은 C등급 판정을 받았다.

우리나라 최초의 등산교육기관 한국등산학교(교장 남선우)의 교장(敎場) 도봉산장이 낡아 보수공사에 들어간다. 최근 국립공원공단이 실시한 안전진단 결과 도봉산장은 C등급 판정을 받았다. C등급은 당장 사용하지 못할

5
최태현, 최철호 강사 인터뷰
2023년 7월 27일

6
한국등산학교 〈사반세기〉

2019년 보강공사.
기존의 보를 철판으로 둘러서 구조 보강 공사를 했다.
H빔으로 구조 보강 공사를 했다.
나무침상을 새로 만들었다.

벚꽃이 활짝 핀 도봉산장 전경. 2024년 봄.

196

정도는 아니지만, 건물의 안전을 보장하기 위해 보수가 필요한 수준을 뜻한다. 이러한 진단결과에 따라, 도봉산장 관리기관인 국립공원공단은 건물의 구조안전에 필요한 보수공사를 결정했다.

- 중략 -

문제는 낡은 도봉산장을 보수하려면 적지 않은 비용이 들어가고, 그 돈을 누가 어떻게 조달할지 결정하기가 쉽지 않다는 점. 보수비용 분담은 도봉산장의 소유와 관리 주체, 이용자 사이에 협의할 문제지만 사실 간단치가 않다. 개인 건축물과는 사뭇 다른 소유와 운영 구조 때문이다. 공식적인 도봉산장 소유주는 지방자치단체인 서울특별시다. 하지만 실질적인 관리자는 국립공원공단으로 서울시로부터 무상 사용허가를 받아 관리 중이다. 이를 한국등산학교가 일정액의 임대료를 내고 임차해 사용하고 있다.[7]

도봉산장의 역사는 결국 사람의 역사

우여곡절 끝에 2019년에 국립공원공단의 주최로 안전보강 공사를 했다. 약 3억5천만 원의 거액이 소요된 공사였다. 49년 만에 시멘트로 가려졌던 벽체와 바닥을 드러내고, 화강암 벽돌을 시멘트로 붙여 만든 벽체에 강철 H빔을 덧대어 하중을 철골구조로 받게끔 하였고, 천장에는 탄소섬유재질을 덧대고, 천장을 받치던 보에는 강철판을 감싸서 보강공사를 하였다. 공사 중에 바닥을 드러내어 보니 도봉산장은 거대한 바위 위에 세워진 건축물이라는 사실이 밝혀졌다. 그동안 계곡을 휩쓸던 장맛비 계곡물에도 꿋꿋이 버티어냈던 이유가 밝혀진 것이다. 구조공사 이외에도, 목조 침상을 교체하였으며, 낡은 1층의 목조데크도 새로이 교체했다. 산장 입구에는 목조계단을 만들었으며, 강의실 등에 샤시를 추가하여 보완하였다. 최초의 준공이후 49년 동안 버티었던 구조체를 지진에도 버틸 수 있을 정도로 튼튼하게 구조보강작업을 완료하였다.

도봉산장의 역사는 산악인의, 산악인을 위한, 산악인에 의한 것이다. 한국등산학교에 산악교육을 받으러 온 수강생들은 처음에는 낡고 불편한 환경에 불만의 소리를 낼 수도 있다. 하지만 교육을 받으며 동기들과 몸으로 부대끼고 함께 먹고 자는 과정에서 도봉산장에 대한 애정 역시 깊어지지 않을 수 없다. 학생으로 들어와 한국등산학교의 일원인 동문이 되어 그야말로 산악인으로 거듭난다. 도봉산장을 지금의 역사 깊은 건축물로 만든 이들이야말로 산악인들이었다. 다시 말해 도봉산장이라는 건축물의 역사는 결국 사람의 역사 그 자체다.

등산교육을 통한 남북 교류

"저도 한번 해보면 안 되겠습네까?"
2005년 동계반에 이어 북한구급봉사대에 산악교육

2000-2009

1998년 현대 그룹이 금강산 관광을 시작하며 비로소 우리나라 국민들은
금강산에 갈 수 있게 됐지만, 이는 정해진 등산로를 오르고 내릴 뿐이었다.
비지정탐방로를 넘나들며 산이 가진 모든 환경을 경험하길 원한 산악인들에게
금강산은 여전히 금단의 땅이었다. 이런 때에 한국등산학교가 동계반
교육 장소로 금강산을 선택한 점은 매우 색다른 시도였고, 북측이 이를
허락함으로써 당시 남측 사회에 신선한 충격을 주었다. 어떻게 이런 일이
성사될 수 있었는지 편집위원들은 그때 당시 사무국장을 역임했던 최철호
선배와 전임강사였던 최태현 선배를 만나 자세한 이야기를 들어봤다.

글. 김선영 (정규반 98회, 암벽반 52회, 동계반 48회)

외금강 구룡폭포.

한국등산학교 금강산 동계반 교육

한국등산학교의 연표를 정리하며 가장 놀랐던 사건을 고르라면 바로 이 교육을 꼽고 싶다. 2005년 1월, 금강산에서 열린 동계반 30회 교육! 당시 기사가 없었다면 믿지 않았을 터! 남북이 갈라진 이후 반세기가 넘도록 가고 싶어도 갈 수 없는 곳이 아니던가. 해방 전 조선산악회 회원으로 금강산 집선봉을 초등했던 한국산악운동의 거두 故 김정태 씨는 "살아서 다시 보지 못한다면, 죽어서 넋이라도 가고 싶은 곳"이라며 금강산에 대한 그리움을 토로하기도 했다.[1]

1
금강산 대특집 1 개관과
등산로, 〈사람과 산〉,
1998년 8월 1일

용변 처리 위해 플라스틱 '똥통' 제작

최철호 선배는 당시 남북관계도 좋았지만 금강산 관광이 크게 인기를 끌며 수학여행으로 금강산 관광을 추진하는 학교가 많아진 덕분이라고 했다. 북측에 한국등산학교 동계반 또한 교육을 목적으로 가는 여행이라고 설명할 수 있었기 때문이다. 하지만 현대아산을 통해 처음 북측에 제안을 하고 허락을 받기까지는 꽤 오랜 시간이 걸렸다. 그 당시 북측에는 등반이라는 개념이 없던 탓이었다. 김일성종합대학교 학생들이 산악회란 이름으로 국제 산악 모임 같은 행사에 참가하긴 했지만 그뿐이었다. 눈 덮인 산을 왜 오르는지, 위험을 무릅쓴 채 얼어붙은 폭포를 왜 등반하는지 북측은 이해하지 못했다. 또 금강산은 북한 내에서도 평양에서 직접 관리하는 지역이었기에 출입 조건이 아주 까다로웠다고 한다. 선배들 말을 들어보면 북측이 얼마나 세세하게 걸고넘어졌는지 머리가 아플 정도였다.

> "협의할 내용들이 많았는데, 먹고 자는 문제도 논의해야 했지만 무엇보다 용변 해결 문제가 제일 컸어요. 북한에서도 금강산은 성스러운 곳이거든요. 그래서 뭘 버린다거나 누가 오줌을 누다 걸리면 벌금도 내고 그랬어요. 그래서 우리가 들어갈 때는 소변통은 물론 똥통도 가져가겠다고 제안했죠."
> (최철호)

북측과 협의한 조건을 지키기 위해 동계반이 열리는 내내 강사들이 돌아가며 오물통 지게를 지고 다녔다는 이야기를 하며 두 선배는 웃음을 그치지 못했다. 자고, 먹고, 싸는 행위까지 세세하게 협의한 이후에야 북측은 동계반 개최를 허락했다.

동계반 30회 교육 당시 플라스틱으로 만든
오물통 지게를 진 강사 뒷모습.

2
동행취재 한국등산학교
금강산 동계반 교육, 김도훈,
〈마운틴〉, 2005년 3월호

분단의 벽을 넘고 산에 오르다[2]

교육은 1월 23일부터 29일까지 6박 7일의 일정으로 진행됐다. 대대적인 모집
광고를 통해 모인 인원이 총 55명. 그중 여성 교육생이 13명이나 됐다. 교육
장소는 옥류담을 시작으로 비룡폭포, 세존봉, 구룡폭포까지 금강산 곳곳을
누볐다.

교육 첫날부터 학생들은 거친 숨소리를 내며 눈 위를 굴렀고, 굵은 땀방
울을 흘리며 빙벽을 올랐다. 교육 3일차엔 무릎까지 푹푹 빠질 정도로 눈이
쌓인 세존봉을 올랐다. 동행취재기에 따르면 산행을 함께한 북측 환경순찰원
들도 학생들의 열정에 혀를 내둘렀다고 한다.

"와! 용맹스럽습네다"

하지만 북측의 경계는 그 어느 때보다 매서웠다. 남측 통일전망대에서 겨
우 30분 거리의 북녘 땅이지만, 반나절이나 걸린 입국절차는 보이지 않는 또
다른 철조망이었다고 한다. 교육장 주변에는 환경순찰원 외에 능선 곳곳에
군인들이 배치되어 교육장과 교육생의 일거수일투족을 관찰했다. 빙벽등반
은 물론이고 등반이라는 개념 자체가 생소했기에 그들이 가진 일말의 불안감
은 어쩌면 당연했을지도 모른다.

피켈 타격 연습.

꽁꽁 얼어붙은 옥류담 빙판 위에서
교육 준비중인 교육생들.

일반적인 관광객들과는 달리 교육생들은 오랜 시간 체류를 했고, 제한된 구역에서 반복해서 부딪히다 보니 군인과 교육생들 사이에는 이상한 교류가 자꾸 형성됐다.

> "금강산이 특수 지역이니까 보초를 서는 군인들도 그렇고 잔뜩 긴장돼 있는 상태잖아요. 근데 우리는 등산학교 학생들이니까 아무래도 좀 군기가 빠지거나 분위기가 좀 느슨하잖아요. 여학생들도 많이 들어갔으니까 가서 웃고 다니지, 또 군인들 보면 신기해 가지고 계속 쳐다보고. 그러니 거리가 점점 가까워지더라고요. 슬쩍 말도 걸고 그랬어요. 그들이 우릴 보고 있는 걸 아니까, 그들 먹으라고 일부러 고기며 술도 놓고 오고 그랬어요. 나중에 다시 교육받으러 가서 슬쩍 보면 싹 사라지고 없더라고요." (최태현)

교육 시간이 흐를수록 얼음장 같던 북측 관계자들의 마음도 녹아가고 있었다. 동행취재기에 따르면 졸업 등반으로 빙벽을 오르는 교육생들의 모습을 보며 북측 환경순찰원들도 "와! 용맹스럽습네다"라며 찬사를 보냈다고 한다. 각종 장비의 이름과 용도에 대해 꼬치꼬치 캐묻던 한 젊은 환경순찰원은 "저도 한번 해보면 안 되겠습네까?"하며 큰 관심을 보였다고도 했다. 교육 마지막 날에는 일반인들에게 한 번도 공개하지 않은 수정봉 코스를 개방하겠다는 뜻도 보였다. 수정봉은 정상에 서면 군항인 장전항이 훤히 내려다보이기 때문에 군사적인 이유로 비로봉과 함께 산행이 허가되지 않은 곳이었다.

동계반 교육이 성공적으로 끝나고 한국등산학교는 금강산에서 암벽반 교육도 열고 싶다는 뜻을 현대아산을 통해 북측에 전달했고, 북측도 긍정적으로 검토하기로 했다.

3
[금강산 구급봉사대 교육]
가을 금강산에서 남북이
형제의 정 나눴다,
김경모, 〈월간 산〉, 2005.11.21.

최초로 북한 구급봉사대에 산악교육[3]

한국등산학교와 북측 산악인과의 인연은 계속 이어졌다. 2005년 9월, 한국등산학교 강사들이 북한인으로 구성된 구급봉사대에게 최초로 산악교육을 하게 됐다. 동계반 교육과 연이은 서울시산악연맹 구조대의 비룡봉 개척등반이 교육의 자연스러운 시발점이 됐다. 남측과 북측은 상호 간의 편안한 일정과 원활한 소통을 위해 '교육'이라는 단어보다는 '공동연수'를 사용하기로 했다.

조용하게 인사를 나눈 첫날을 뒤로하고 둘째 날부터 북측의 호기심과 경계심을 느끼며 교육을 시작했다. 매듭법, 하강법 같은 암벽 등반을 위한 기본 교육부터 티롤리안 브리지를 이용한 환자이송법도 교육했다. 환자이송이 구

빙벽등반 교육.

급봉사대의 역할 가운데 가장 중요했기 때문이다. 응급환자를 들것에 싣고 티롤리안 브리지까지 대원들이 뛰자 지나가던 남측 관광객들도, 금강산 안내원 선생도 신기하게 바라봤다고 한다.

　당시 교육에 참가했던 김경모 강사가 기고한 글을 보면 교육 중에도 북측 구급봉사대원들은 관광객 관련 업무를 담당하느라 교대로 교육을 받았다고 한다. "근무하면서 받는 교육이 힘들지 않으냐?"고 물었지만 "일 없습네다"라는 특유의 퉁명스러운 답변만 돌아왔다. 그들의 딱딱한 자세와 굳게 다문 입술에 처음엔 큰 서먹함을 느꼈다. 그 서먹함이 사라진 순간으로 김경모 강사는 셋째 날 함께 먹은 '남북비빔밥'을 언급했다. 남측 강사들이 준비한 돼지고기볶음에 금강산 도라지, 고사리를 한 움큼 넣고 비비자 그간의 서먹함은 어디로 갔는지 옹기종기 모여 앉아 웃고 떠들며 자연스레 식사를 했다고 한다. 김경모 강사는 이 비빔밥처럼 서로의 마음도 하나가 되지 않았을까 싶었단다.

　훈련을 계속할수록 암벽을 바라보는 북측 구급봉사대원들의 태도도 달라졌다. 짜릿한 암벽등반의 쾌감을 그새 그들도 알아버렸다. 한 번이라도 더 하기 위해 등반코스에 줄을 서고, 서로 먼저 하겠다고 우기기도 했다고 한다.

금강산 문 다시 열릴 날 기대

마지막 날 수료등반 코스가 수정봉에서 비룡봉으로 바뀌었을 때 최철호 선배는 놀랄 수밖에 없었다. 관광객의 시선을 의식한 북측이 허가를 내주지 않아 교육 전 수료등반 코스로 잡은 곳이 수정봉이었다. 하지만 그마저도 북측 관리팀이 계속 허가를 미루는 통에 애를 먹어야 했다. 그때 북측 구급봉사대장이 나서 문제를 해결했다. 암벽의 맛을 알아버린 북측 구급봉사대장이 북측관리부와 한 시간 넘게 논쟁을 벌여 수정봉이 아닌 비룡봉 등반 허가를 받아왔다. 수료등반으로 서울시연맹 구조대에서 개척한 '아산길' 루트를 오르며 남측 강사와 북측 구조대원들은 살아있는 금강산의 바위를 실컷 맛보고 내려왔다.

짧은 5일간의 일정이지만 남측 강사들과 북측 구조대원들은 거리와 사상을 뛰어넘어 악우(岳友)가 됐다. 북측 대원들 입에서 몇 년간 같이 일했던 현대아산 직원들도 듣지 못했다는 '형님' 소리를 들었을 땐 최철호 선배도 마음에 찡한 뭔가를 느꼈다고 했다.

불가능한 일이라 했던 금강산 교육을 성공리에 마친 후, 한국등산학교는 언젠가 북측의 백두산도 오를 수 있으리라 기대했다. 하지만 2008년 남측 관광객의 금강산 피살 사건 이후 북측으로 가는 문은 완전히 닫히고 만다. 평생 금강산의 그리움을 토로했던 조선산악회 회원 김정태 씨처럼 한국등산학교 또한 평생 잊지 못할 그리움을 갖게 됐다. 가을과 겨울 금강산에서 나누었던 남과 북 악우의 정을 기억하며 다시 문이 열릴 그날을 마음속 깊이 그린다.

최태현 선배(왼쪽)와 최철호 선배. 북측과 협의한 조건을 지키기 위해 동계반이 열리는 내내 강사들이 돌아가며 오물통 지게를 지고 다녔다는 이야기를 하며 두 선배는 웃음을 그치지 못했다. 자고, 먹고, 싸는 행위까지 세세하게 협의한 이후에야 북측은 동계반 개최를 허락했다.

금강산 가봤어?

글. 김영미 (동계반 30회)

55번 막내가 기억하는 '그리운 금강산'.

"금강산 가봤어? 너 금강산 동계반에 들어가라."

2004년 12월 19일, 오은선 형과 남극 대륙 최고봉 빈슨매시프(4,892m)를 등정하고 돌아와 이듬해 1월 초, 강남구 역삼동 산악박물관의 이인정 회장님께 귀국 인사를 드리러 갔다.

서울 토박이 은선 형에게 회장님은 대학산악부 선배님이셨다. 첫 만남에서 갑자기 한국등산학교 금강산 동계반에 입학하라는 제안을 받았다. 한국등산학교 개교 30주년 동계반이 금강산에서 1주일(2005년 1월 23~29일)간 열린다는 것이다. '현대'의 금강산 관광이 물꼬를 텄고 산악계도 발 빠른 교류를 시작한 것이다.

그때만 해도 금강산이라는 대상지가 특별한 영감을 주지는 않았다. 등산학교라는 게 있다는 걸 처음 알았기 때문에 그게 더 놀라운 포인트였다.

'서울은 산에 다니는 방법이 좀 다르네?'

등산학교가 나보다 나이가 더 많은데 나는 전혀 모르고 있었다. 등산학교에서 배운 걸 재학생 후배들에게 가르쳐 줄 수 있는 기회가 되리라는 기대감이 더 컸다. 그때 나는 2004년 2월 강원도 강릉에서 대학을 막 졸업했고 스물넷이었다. 주활동 무대였던 3대 산행지는 오대산과 설악산, 두타산이었다. 종강하면 혼자 주문진 소금강으로 들어가 오대산 다섯 봉우리를 종주하고 월정사에서 버스를 타고 고향 집에 가곤 했다. 막 대학을 졸업해 눈 감으면 코 베어 간다는 서울에 처음 상경한 시골쥐였다. 서울이란 도시도, 사람도 모든 게 익숙지 않았다.

이인정 회장님이 당시 한국등산학교의 교장이었다는 사실도 이 원고를 쓰기 위해 자료를 찾아보다가 기억이 되살아났다. 어딘가에 금강산 기록일지가 있을 것이라 여겼지만, 찾지 못했다. 당시 등산학교에서 배포한 금강산 관광지도와 교육자료, 수료증 정도가 남아 있었다.

금강산 동계반에 접수 신청을 하고 사전 '안보교육'을 받았다. 나와는 다르게 대부분의 사람들이 '금강산'이기 때문에 이번 동계반을 필사적으로 신청했다는 사실을 그때 처음 눈치챘다. 등산학교라면 나와 비슷한 20대가 많을 것이라 여겼는데 40~50대가 가장 많았다. 이것 또한 놀라웠다. 대학산악부는 나이가 가장 많아 봐야 군대 다녀온 4학년인 28세이기 때문이다. 동계반 학생 55명 중 남학생이 42명, 여학생이 13명이었고 20대는 남녀를 합해 9명이었다. 나는 여자 중에 막내였다. 나보다 어린 사람은 단 두 명뿐이었는데 고

금강산 동계반
동기들과 함께.
맨 왼쪽이 필자.

등학생 김현민(1986년생, 대전자일크럽)도 있었다.

20대 초반이었던 내겐 '그리운 금강산'이 그닥 절절하지 않던 나이다. 다만 2002년에 백두대간을 일시 종주했는데 51일 만에 고성군 진부령에 도착하니 의외로 힘이 펄펄했다. DMZ가 아니라면 백두산까지 뛰어갈 기세였다. 백두대간에 연결된 첫 번째 명산이었던 금강산! 딱 그 정도였다. 봄에는 금강산(金剛山), 여름에는 봉래산(蓬萊山), 가을에는 풍악산(楓嶽山), 겨울에는 개골산(皆骨山)이라고 부르지만, 올해처럼 눈이 많을 땐 설봉산이라 부른다.

DMZ를 넘어 금강산으로

강남의 고층빌딩 앞에서 학생, 강사, 취재진 등 90여 명이 버스 2대에 나눠 타고 금강산을 향해 출발했다. 버스는 금강산콘도와 남측 출입사무소(CIQ)를 지나 긴장이 흐르는 비무장지대(DMZ)의 군사분계선을 넘었다. 이때부터 창문의 커튼을 열지 말라는 지시를 받았던 것 같다. 커튼 사이로 틈틈이 흘겨본 북한 땅은 전혀 다를 게 없었다. 사람이 보이지 않아 빈집을 몰래 숨어드는 기분이었다.

한 시간쯤 달렸을까? 장전항에 도착해 북측 출입사무소에서 입국 심사를 하는 데 꽤 긴 시간이 걸렸다. 가는 데 하루, 오는 데 하루의 시간을 빼면 금강산에서 5일이 주어진 셈이다. 입교식을 마치고 해금강 호텔에 도착하니 저녁이 되었다. 해금강 호텔은, 장전항에 정박한 선박 호텔이라 약간의 울렁임이 느껴졌다.

한 달여 전만 해도 세상의 끝 남극 땅에 있었다. 생각해보면 남극은 자연 생태계 여건상 육지 내륙에 원주민이 살 수 없는 땅이다. 비무장지대인 DMZ 는 휴전 중이지만 전쟁을 이유로 원주민이 살 수 없는 구역이다. 지구상에 유일 하게 인간이 살 수 없는 'No Man's Land'인 구역이 남극과 DMZ가 아닐까?

고성의 통일 전망대에서 바라보면 눈에 닿는 거리에 금강산이 있다. 삼엄 한 북측 출입사무소를 통과하고 나니 경계를 넘어선 실감이 났다.

옥류동계곡의 구룡빙폭과 세존봉 심설 산행

빙벽화를 신고 딸각거리며 버스를 내리니 북측 안내원들이 보인다. 목란관과 금강문을 거쳐 철계단도 건너가며 옥류동계곡까지 1시간을 걷고 나서 교육 장에 도착했다. 교육장은 무대 바위를 포함해 그 뒤의 옥류동계곡 전체다.

계곡을 줄지어 가며 고개를 들어 하늘과 바위, 나무의 모습을 눈에 담는 다. 아마도 이동 중에 사진을 못 찍게 했던 것 같다. 기암절벽에 붉은 글씨로 북한체제를 찬양하는 문구들이 큼지막하게 있었기 때문인 듯하다. 글씨가 너 무 커서 정말 충격적이긴 했다.

설악의 천불동계곡과 닮은 그 계곡 안에 장비를 차고 들어가 "아이젠 꽝! 꽝!"을 힘차게 외쳤다. 대학산악부 생활 5년 동안 매년 동계훈련을 20~27일 씩 했는데 등산학교에서 다시 1학년 때처럼 '아이젠 꽝꽝'을 하게 될 줄이야. 기마자세로 '아이젠 꽝꽝'을 하는 우리를 보고 내 옆의 안내원 두 사람이 도대 체 이해하지 못하겠다는 장난끼 가득하고 순박한 얼굴로 묻는다.

"그거이 하면 뭐이 생깁네까?"

먼저 말을 걸어 올 줄 몰랐다. 나는 당황해서 아무 대답 못했다. 해맑고 흥 미로운 듯한 그의 미소가 내가 기억하는 금강산의 얼굴이다. 어린 시절 반공 소년 이승복과 동문이었던 나는 반공교육을 심화 학습 수준으로 받았다. 때 문에 북측 사람들은 모두 싸늘하고 무표정한 얼굴의 '무장공비'라고 세뇌되 었나 보다. 금강산 빙벽반이 24년의 잘못된 기준을 부쉈다.

하늘을 올려보며 설악과 비교 상상했다. 옥류동계곡이 천불동이면 저기 대청봉만큼 멀리 있을 금강산 최고봉이 어디쯤 올라야 가 닿을 수 있을까? 계 곡 초입에만 있으니 구석구석 골짜기마다 능선마다 펼쳐진 금강의 속살을 마 주하지 못해 여전히 아쉬웠다. 등반할 인원은 많았고, 빙벽은 두 개뿐이라 빙 벽 하나에 한차례밖에 기회가 주어지지 않았다. 구룡폭포는 조선의 3대 폭포(개성 박연폭포, 금강산 구룡폭포, 설악산 대승폭포) 중 하나로 절벽은 약 150m, 폭포는 약 82m 높이의 절경이다. 높고 단단했지만, 상단 꼭대기까지 가는 인원은 강사 몇에 불과했다. 내가 중단에 도착했을 때 빙벽 꼭대기에 해가 들었다. 산 그림자를 넘어 정상을 향해 햇볕 속으로 들어서는 강사님이 진짜 많이 부러웠다. 저 꼭대기엔 더 멀리 뭔가가 보일 텐데.

선물 같은 파노라마에 울컥, 넋을 잃다

장전항에 눈발이 날렸다. 다음날은 산에 눈이 제법일 것이란 기대감을 안고 세존봉을 오르기로 했다. 세존봉 관문인 동석동 입구 다리에는 눈이 무릎까지 쌓였다. 어느 누구 하나 지나간 흔적이 없다. 산악스키를 착용한 몇몇 강사들이 앞장섰다. 버스 두 대나 되는 인원이다 보니 뒤를 따라가느라 행렬이 길었다.

나와 나이가 두세 살밖에 차이 나지 않은 언니가 세 명 있었다. 우리 넷은 붙어 다녔다. 밤이면 같은 방에서 언니들과 같이 텐트 안에서처럼 산노래도 불렀다. 그중 한 살 많은 황미정 언니는 금강산 가이드였다. 언니가 54번이라 버스를 타거나 걸을 때 항상 가까이 있었다. 능선에 올라서 탁 트인 전망을 보며 가이드답게 집선봉이며 닭알바위며 언니의 해설이 이어졌다. 금강산 정상인 비로봉이, 그 왼쪽으로 장군봉, 오른쪽으로 옥녀봉이 파노라마로 펼쳐진다.

"아~!" 탄성이 저절로 터졌다.

통일전망대의 망원경 제일 뒤쪽으로 펼쳐진 천태만상의 바위 얼굴을 한 일만이천 봉의 금강산에 들어왔다. 울컥했다. 새로 내린 눈이 반짝거렸고 바람은 매서웠다. 아무도 가지 않은 길을 헤치며 올라선 후 선물 같은 파노라마에 모두 넋을 잃었다. 제법 가팔라 발이 미끄러지는 길도 있었다. 인원이 많기도 하여 생각보다 진행이 늦었다. 해가 질 무렵이라 세존봉 정상에 서지는 못한 채 하산했다.

빙벽보다 심설을 헤치고 올라서서 바라본 정상 풍광이 내가 기억하는 또다른 금강산의 얼굴이다. 탁 트인 조망과 하얗게 빛나던 설원, 마음만으로는 몇 번을 올라봤을 금강산의 우두머리인 비로봉의 파노라마!

금강산의 얼굴들과 마주하고 해맑은 미소로 얘기 나눌 기회가 다시 있을까? 순박했던 안내원의 밝은 미소와 능선에서 조망한 설연이 휘날리는 금강

구룡폭 빙벽등반.

산의 파노라마가 아직도 선명하다. 그때처럼 금강산 계곡에서 캐낸 얼음을 녹인 물로 같이 라면을 끓여 먹고, 같이 걷고 이야기 나눌 수 있을까? 하긴, 계곡에서 휘발유 버너를 피워 라면을 끓여 먹는 건 지금 무척 어려운 일이긴 하다. 벌써 20년의 시간이 흘렀다. 금강산으로 가는 길은 더 멀어졌다. 더 나아진 건 없다.

이제 다시 '그리운 금강산'

두 달 전 강원대학산악연맹 99학번 동기와 금강산콘도에서 동기 모임을 가진 후 통일전망대에 갔다. 날이 아주 맑았고, 망원경을 당겨 보니 금강산의 일만 이천봉이 선명했다. 금방 가 닿을 듯 너무 멀지 않은 금강산이 이젠 내게도 그리운 금강산이 되어 버렸다.

"옛날엔 금강산에서 빙벽도 했었대!"라는 이야기가 전설처럼, 화석처럼 오랜 옛날이야기가 되어간다. 다시금 그 경계를 넘어 금강의 두 얼굴과 인사할 날이 금방 찾아오길 기도한다. 금강산 동계반을 경험했던 산악인들은 아마도 기도와 소망을 품고 있지 않을까!

2010년대 —
갈등과 극복

2012년 등산학교 운영방식과 강사선임에 대한 문제 제기로 학교, 강사, 동문 간에 분란이 있었다. 이를 계기로 서울특별시산악연맹은 이사회 논의를 통해 12월 5일, '제12조 강사의 임명과 면직' 규정을 개정했다. 강사의 임명과 면직을 위한 인사위원회 구성과 내용, 강사 선임 자격을 명문화했다.

2011년 7월 2일, 제4대 장봉완 교장, 홍옥선 교감. 김남일 대표강사가 취임하였으며, 2014년 연임하여 교장의 소임을 이어갔다.

개교 40주년을 기념하여, 2014년 11월 24일 킹콩빌딩 일지아트홀에서 한국등산학교 개교 제40주년 기념식을 치렀다. 공로상으로 이종범, 마운락, 최태현, 전영래, 박세웅 등이 수상했다. 2015년 7월 15일부터 7월 19일(4박5일)까지 중국 칭다오시로 강사합동연수암벽등반을 실시하였다.

2016년 12월 7일에는 제5대 남선우 교장이 취임하였다. 남선우 교장은 2017년 1월부터 강사 워크숍을 진행하여 강사 개개인의 역량을 강화하였으며, 강의기법의 수준을 높이는 데 주력했다. 현대식 등산교육을 도입하여, 강사가 학생 개인의 수준에 맞춘 교육을 할 수 있도록 조별 밀착강의의 비중을 높였으며, 인수봉 등반을 교육 내용에 추가시켰다. 또한, '한국 등산사' 과목을 신설하고, 2000년에 폐강되었던 '산악서적' 과목은 '산악문학'으로 다시 개강하여 산악정신과 문화를 돌아볼 수 있게 했다.

학감으로 송정두 전 서울시산악연맹 사무국장을 임명하였으며, 2019년까지 각 회차별로 강사들을 선정하여 정규반, 암벽반, 동계반 구분하여 대표강사를 맡도록 하며 역량을 발전시키도록 하였다. 2020년에는 고경한 강사가 대표강사를 맡아서 수고해주었다.

하강 변천사

듈퍼식, 8자 하강기, 튜브형으로 발전
오토블럭 시스템 개발로 하강안전사고 예방

등산학교는 산을 대하는 태도, 필요한 지식, 기술을 가르치는 곳이다.
가르치고 싶고 교육해야 할 지식과 기술은 방대하고 다양하지만, 그중에
가장 필요한 것을 하나 꼽으라고 한다면 단연 확보와 하강 기술이다.
1974년 한국등산학교의 제1회 초급반부터 현재에 이르기까지 기술과
장비의 발달로 확보와 하강 기술은 발전했다. 그동안 교육했던 확보와
하강 기술 변천사를 소개한다.

글. 이성혁 (강사)

8자 하강기를 이용하여 하강하고 있는 학생.
강사가 별도의 로프로 백업을 설치하여 안전하게
하강교육을 하고 있다.

듈퍼식 하강(Dülfersitz)

1974년 제1회 초급반부터 1981년 제15회 정규반까지는 듈퍼식 하강을 교육했다. 듈퍼식 하강은 독일인 등반가 '한스 듈퍼(Hans Dülfer)'가 개발한 하강법으로 현수하강(懸垂下降, Body Rappel)이라고도 하며, 따로 하강기가 필요 없어 과거 등반에서 많이 사용했다. 하강기가 등장한 이후로는 쉽게 볼 수 없는 하강법이다. 하강자가 로프를 몸에 감고, 로프와 몸 사이에 발생하는 마찰력을 이용하여 속도를 조절하며 하강하는 방법이다.

듈퍼식 하강의 장점은 하네스나 하강기가 없어도 할 수 있다는 점과, 로프의 뒤틀림이나 어느 일부에 집중적인 압력이 발생하지 않아 그로 인해 발생할 수 있는 로프의 마모가 적다는 점이다. 단점은 마찰에 의해 발생되는 열로 어깨와 목, 대퇴부, 서혜부 등 신체가 고통스러울 뿐만 아니라 옷이 손상될 수 있다는 점이다.

듈퍼식 하강법을 이용한 오버행 하강.

하강 방법

1. 두 로프를 다리 사이에 둔다.

2. 로프를 한 쪽 허벅지 뒤로 통과하여 가슴으로 가져온 뒤, 통과한 허벅지의 반대쪽 어깨를 지나 다시 등으로 교차하게 하여 통과한 허벅지 방향으로 내려 동일한 방향에 있는 손을 제동손으로 삼는다. 이 때 다른 한 손은 전방에 있는 로프를 잡아 몸의 균형을 맞춘다.

3. 제동손을 이용해 로프를 컨트롤하며 하강한다.

정확한 연습과 훈련을 통해 효과적으로 하강할 수 있지만, 제동손을 놓칠 경우 백업이 없기 때문에 현대의 하네스와 하강기를 이용한 방법보다는 안전하다고 할 수 없다. 1981년 제16회 정규반부터 8자 하강기를 이용한 확보 및 하강법을 교육했다.

8자 하강기

1943년 막스 프리머(Max Pfrimmer) 박사가 발명하고, 1960년대 초에 상용화되어 60년에 가까운 세월동안 주로 사용했으며, 대부분의 장비 회사가 적어도 1가지 이상의 모델을 생산했던 하강기이다. 오랜 세월동안 등반가들에게 단순함과 기술적 다양성으로 사랑 받아온 장비이지만, 현재의 많은 등반가들은 더 나은 마찰력을 제공하는 현대의 장비로 넘어갔다. 구조, 하강 분야에서는 여전히 많은 사람들이 사용하고 있다.

8자 모양의 한쪽 원이 크고 한쪽 원은 작은 알루미늄 합금으로 만들어진 하강/빌레이 장비다. 로프와 접촉하는 표면적이 넓어 확보나 하강할 때 충분한 마찰력을 제공한다. 장점으로 저렴하고 부드러운 하강을 제공하며, 어떠한 직경의 로프로도 하강이 가능하고, 열 방출에 있어서 뛰어나다. 하지만 로프 꼬임이 심하고, 로프 체결 시 카라비너와 완전히 분리하는 특성상 떨어뜨릴 위험이 있고 보편적인 하강시 현대의 장비들에 비해 마찰력이 적다는 단점이 있다.

하강 방법

1. 카라비너로부터 하강기를 분리한다.

2. 로프를 큰 원 안으로 통과시킨 후 작은 원 바깥쪽으로 넘긴다.

3. 작은 원과 하네스를 잠금 카라비너로 걸어주고 잠근다.

4. 제동손에 주의하며 하강한다.

8자형 하강기를 이용한 하강.
교육생의 안전을 위한 백업으로 별도의 로프를
추가로 설치했다.

오토블럭으로 백업을 하고
튜브형 하강기를 이용한 하강.

다양한 8자 하강기.

블랙다이아몬드사의 튜브형 하강기 ATC Guide.

2014년 제80회 정규반부터 2016년 제85회 정규반까지는 8자 하강기와 튜브형 하강기를 같이 사용하여 교육했다. 2017년 제86회 정규반부터 오토블럭 매듭으로 백업 안전장치를 설치한 튜브형 하강기 시스템으로 현재까지 교육하고 있다.

튜브형 하강기

튜브형 하강기는 한때(현재도) 많은 사람들로부터 'ATC'라고 불려왔다. ATC는 블랙다이아몬드사가 1993년 출시한 튜브형 확보기의 모델명이다. 출시 당시 편리함과 경제성으로 선풍적인 인기를 얻고 모델명이 튜브형 하강기의 대명사로 자리 잡았다. (유사 사례: SLCD → 프랜드) ATC는 Air Traffic Controller의 약자로 항공관제관을 뜻한다. 이는 당사에서 높은 곳에 있는 등반자를 컨트롤하여 착륙시킨다는 점에서 관제관의 역할을 한다고 위트 있게 지은 이름으로 알려져 있다.

현재 튜브형 하강기는 여러 종류가 있지만 가이드모드가 있는 튜브형 하강기는 사용법이 단순하며 저렴하고 가볍고 하나의 장비로 선등자 빌레이, 톱로핑 빌레이, 후등자 빌레이(하프나 트윈로프를 사용할 경우 2명)까지 할 수 있는 편리한 장비다. 그뿐만 아니라 두 줄 혹은 외줄의 하강이나 등강도 가능하며 폭 넓은 직경의 로프를 사용할 수 있다. 기존 8자 하강기에 비해 훨씬 더 나은 마찰력과 편리성을 제공하며 로프 꼬임이 매우 크게 감소하였다. 단점으로는 점점 더 강한 로프 제어를 위한 디자인으로 인해 내구연한이 줄어들어 오염되거나 마모된 로프 사용 시 제어가 불안정할 수 있다.

오토블럭(Auto Block Knot)

오토블럭은 하강이나 등강을 도와주는 로프장비다. 프릭션 히치(Friction Hitch)와 카라비너를 사용하여 만들 수 있다.

하강을 할 때 아래로 밀어주면 부드럽게 내려가지만, 갑작스러운 추락이나 제어를 잃는 순간 작동되어 하강을 멈춰준다. 이로 인해 하강자가 로프 제어력 상실이나 사고 발생 시 의도치 않은 추락을 방지한다. 등강의 경우도 마찬가지로 하중이 실리지 않았을 때 잘 올라가지만 무게가 실리는 순간 마찰력이 발생하여 고정된다. 일반적으로 마찰을 이용한 매듭(프렌치프루지크, French Prusik)을 많이 사용하며 프루지크(Prusik Knot)나 클렘 하이스트(Klem Heist Knot), 바흐만(Bachmann Knot) 등의 마찰을 이용한 매듭을 사용할 수 있다.

오토블럭 매듭.

프루지크 매듭.

내부 갈등을 넘어서

내부 갈등이 초래한 학교의 위기

2010-2019

2012년 5월 19일 토요일, 제76회 정규반 졸업식 전날 9명의 강사가
집단 사의를 표하고 교육장을 이탈했다. 충격적인 사건이었다.
모든 사건이 그러하듯이 갑자기 터지는 폭탄같이 뜬금없는 일은 아니었다.
2011년 7월 2일 제4대 장봉완 교장 취임 후 한국등산학교는 운영 방식과
강사 선임 문제로 분란에 휩싸였다. 당시 집단사퇴한 강사들 판단으로는,
강사 선임의 원칙이 없었으며, 교장의 강사 선임에 대해 동의하기 어려웠다.
여기에 운영상의 의사결정 과정 문제마저 불거졌다.

글. 김영주 (강사, 암벽반 47회)

한국등산학교는 1974년 대한민국 최초의 등산학교로 설립되어 30년 넘게 운영되면서 한국 산악계에 긍정적인 역할을 많이 하였으나, 세월이 흐르면서 환경이 바뀔 수밖에 없었다. 1990년대 말 등산이 인기를 끌면서 2000년대 초부터 전국 각지에 등산학교가 급속도로 늘어났다. 대한산악연맹 소속 시도연맹이나 한국산악회의 지부에서 주최하는 등산학교 외에, 여러 단위 산악회에서 회원 유치를 목적으로 등산학교를 운영했고, 아웃도어 관련 업체에서도 고객들을 대상으로 등산학교를 열었다.

한국등산트레킹지원센터에서 2008년 조사한 바로는, 국내 등산교육에 관여하고 있는 산악회나 단체는 무려 220개에 이르며, 이들 등산학교의 52%가 서울과 경기 수도권에 몰려 있고, 이들 중 20.3%는 무료로 운영하고 있었다.[1] 이러한 상황에서 한국등산학교는 특정 업체 재정지원 없이 오로지 수강료에만 의존해 운영하다 보니 재정적인 어려움이 많았다. 뜻있는 강사들의 산악교육에 대한 열정과 산악계에 봉사한다는 마음만 가지고는 어려움이 많을 수밖에 없었다.

강인한 산악인 장봉완, 제4대 교장 취임

1979년 알프스 3대 북벽 등반, 83년 동계 네팔 틸리초피크 등정, 84년 아콩카구아 등정, 86년 K2 등정(원정부대장), 90년 코뮤니즘봉 등반, 94년 데날리 등정(등반대장), 2000년 남극 빈슨매시프 등정(원정대장) 등 화려한 등반 이력에 85년 체육포장, 89년 대통령 포장, 2003년 〈사람과 산〉 제정 산악교육상 등의 수상 이력도 있는 산악인 장봉완 교장이 2011년 7월 2일 한국등산학교의 제4대 교장으로 취임했다.

장봉완 교장 주변 산악인들은 그를 강인하고 거침없는 성격의 산악인으로 평가하곤 했다. 그는 한국등산학교의 강사로 시작하여 대표강사, 교감을 거쳐 교장으로 취임했다. 당시 한국등산학교는 이미 37년이 넘는 역사가 있는 명실공히 대한민국 최고의 등산학교였지만, 그가 해결해야 할 문제는 개교 이후 이어져온 재정문제뿐만이 아니었다.

학교 운영에 대한 문제점 및 개선방향 제안

2012년 5월 집단사퇴한 9명을 포함, 사임을 표한 11명의 강사는 며칠 뒤인 5월 24일 '한국등산학교 운영에 대한 문제점 및 개선방향 제안'을 서울특별시산악연맹에 전달했다.[2]

그 내용은 다음과 같다.

1
〈서울특별시산악연맹 50년사〉

2
〈서울특별시산악연맹 50년사〉

[현재 한국등산학교 운영에 대한 문제점 및 개선방향 제안]
2012년 5월 24일 한국등산학교 5월 19일 사임 강사 일동
(김재운, 김종술, 김주식, 김해출, 박동신, 박진, 윤주호, 이명식, 이상록,
전영래, 차호은)

한국등산학교 운영상의 문제점 제기
1. 학교운영규칙(인사위원회)의 부재로 인한 학교장이 강사 선임에
   전권을 가짐
2. 강사 선임과 해임에 아무런 규칙이 없음
3. 장봉완 교장 취임 후 특정 아웃도어업체 관계자들이 대거 선임
4. 장봉완 교장 취임 후 서울시연맹 구조대원 혹은 안전대책위원회
   관계자들의 대거 선임
5. 특정 업체나 조직의 신임 강사들의 대거 유입으로 민주적인
   의사결정이 이루어지지 못함
6. 의견 수렴의 통로가 없음으로 교육의 효율성이 저하됨
7. 등산학교 교장직이 임명제라는 이유로 장봉완 교장은 취임 후
   지금까지 강사의 임명을 미루고 있음

등산학교 운영의 개선방향
1. 특정 업체 위주의 강사 선발은 배제되어야 함
2. 구조대와 등산학교의 겸임이 금지되어야 함
3. 민주적인 교육과정 개발을 위해 최소한 강사 선임과 해임을 논의할 수
   있는 인사위원회의 설치가 필요함
4. 감사의 필요성
5. 교장 임명의 개선 방향
6. 학교운영규칙(인사위원회 등)의 제정

사실 이러한 내용을 검증해 보면, 3번 항목의 '특정 아웃도어업체 관계자
들의 대거 선임'은 아니었고 강사가 된 이후에 특정 아웃도어업체에 취업한
상황이었다. 4번 항목의 '서울시연맹 구조대원 혹은 안전대책위원회 관계자
들의 대거 선임' 역시 사실은 아니었다. 또한 7번 항목의 '강사의 임명을 미루
고 있음'도 사실 '임명장'을 수여하지 않은 행정상의 실수였다.

하지만 이미 불거진 갈등의 불은 쉽게 꺼지기 어려워 미해결된 상태로

지속되다가, 서울시산악연맹은 내부 이사회를 통해 12월 5일, '등산교육기관 운영에 관한 규정'을 개정하기에 이른다. 제12조에 '강사의 임명과 면직을 위해 인사위원회를 구성한다'고 명시함으로써 강사들의 요구사항을 일부 수용한다.

그러나 이러한 학교운영에 관한 문제 제기와 갈등은 2014년 한국등산학교 40주년까지 풀리지 않고 교장과 전현직 강사들, 그리고 동문들간의 갈등 상황으로 이어졌다. 총동문회와 학교간 갈등으로 40주년 기념행사에 동문들을 초청하지 않아, 총동문회가 불참하는 반쪽의 행사로 진행되었다. 다음은 2015년 1월 〈월간 산〉이 보도한 '한국등산학교 40주년 행사'에서 드러난 갈등 상황에 대한 기사다.

> 장봉완 교장 취임 이후 한국등산학교는 학교운영방식 문제로 분란에 휩싸여 왔다. 이러한 갈등은 해를 거듭해 급기야 2014년 6월 26일 한국등산학교 총동문회에서 '장봉완 교장 퇴진 촉구 성명서'를 내기에 이르렀다. 총동문회 측은 성명서에서 '한국등산학교의 파행과 무대책으로 운영되는 상태가 벌써 3년째에 접어드는 바, 이 모든 상황의 중심에 서울시산악연맹 회장과 장봉완 교장이 있다'며 '장 교장과 서울시산악연맹 회장, 이사들은 산악계의 대선배로서 한국등산학교의 역사적 사명과 책무를 다시 한번 가슴에 새기고 역사적인 결단을 내려줄 것을 간곡히 요청한다'고 밝혔다.

이에 대해 장봉완 교장은 기념식 직후 인터뷰에서 "총동문회가 어떤 의도에서 그런 성명서를 내고 하는지 모르겠다"며 "성명서를 내기 전 5월 31일에도 손선 총동창회장 취임식에 참석해 화기애애한 분위기에서 축사를 했다. 그런데 취임식이 끝난 지 한 달도 채 되지 않아 그런 성명서를 냈다. 이전에 단 한 번이라도 대화의 자리를 만들자는 제의도 없었다. 무척 당황스러웠다"고 말했다. 결국 기념식에 동문이 참가하지 않은 것은 학교 측에서 초청장을 보내지 않아서였다. 이에 대해 장 교장은 "일방적인 불만을 제기하는 총동문회를 인정하지 않기 때문에 초청장을 보내지 않았다"고 답했다.[3]

당시 사건에 관여되었던 전영래 강사의 설명에 의하면, 2012년 5월 촉발된 갈등은 2년이 지난 2014년에는 총동문회와의 갈등으로 확대되었고 쉽게 해결되지 않았다. 산악계에 '한국등산학교의 갈등'은 IT 강국답게 인터넷과 각종 통신으로 널리 퍼지고 과장되고 재생산되어 '한국등산학교에는 문제가 있다'는 인식이 널리 퍼지게 되었다고 한다. 1985년 재정문제와 행정적인 문

3
〈월간 산〉, 2015년 1월

제를 해결하기 위해 잠시 교육이 멈추었던 것이 '한국등산학교의 폐지'로 기사화까지 되었던 것이 소문의 힘이다.

재정에 대한 고민이 일상인 한국등산학교에서 아웃도어업체의 후원이 문제였을까? 물론 아웃도어의 입김이 교육의 내용과 분위기에 영향을 미치는 일은 경계해야 할 일이다. 하지만 강사의 아웃도어업체 취업이 비난할 일은 아닐 것이다. 아웃도어 용품을 다루는 지식과 경험이 있으니 아웃도어업체 취업은 문제 삼을 일은 아니지 않을까? "어려운 상황이었지만, 당시 한국등산학교의 강사진은 등산교육의 순수한 목적을 지켜왔다"고 전 강사는 말한다.

'문제 있는 등산학교'로 낙인찍힌 이 시기에 등산학교 학생 수는 급감하게 된다. 2012년 제76회 정규반 이후로는 현저하게 졸업생 수가 감소하였다. 이러한 경향은 2016년 제85회 정규반까지 그 추세가 이어졌다. 제85회 정규반의 졸업생 수는 11명이었다. 한국등산학교 3층 강의실에 걸려있는 12시간이 표시된 아날로그 벽시계는 학교의 발전을 소망한 제85회 정규반 11명의 졸업생이 기증한 것이다.

2000~2020년대 한국등산학교 정규반 졸업생의 수

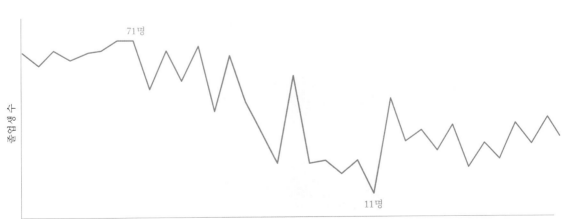

11명의 85회 수료생이 학교 발전의 염원을 담아 기증한
시계가 현재 도봉산장 3층 강의실에 걸려 있다.

2016년 가을 85회는 11명이었다.

비록 교육생 수는 적었지만
교육을 충실하게 받았다.

'인간은 사회적인 존재이다.' 그리고 '등반은 자일파트너(Seilschaft, 獨)와 함께한다.' 등산학교 역시 등산학교 운영진, 강사, 그리고 동문이 함께하는 인적 네트워크의 결합체이다. 결국 '사람'이 전부인 것이 등산학교이다. 가부장적인 문화와 한국 특유의 상명하복의 군대문화가 바뀌는 과정에서 한국등산학교는 적응하지 못하고 갈등을 일으켰다. 게다가 스마트폰의 대중화와 SNS의 급격한 확산으로 '소문'과 '오해'는 빛의 속도로 빠르고 널리 퍼지는 시대가 되었다. 한번 생긴 갈등과 충돌은 해결되기 어렵다. 강인하고 거침없는 성격의 장봉완 교장이 친절하고 부드럽게 문제 해결을 하기는 쉽지 않았을 것이다. '한국등산학교의 교장과 강사는 어떠한 경제적인 이득이나 소득이 있을 수 없는 봉사와 희생의 자리'라는 것을 볼 때 당시의 갈등 상황은 안타까운 일이었다.

2012년의 상황은 등산학교 관계자들에게 시사하는 의미가 크다. 아무리 학교의 운영진 또는 강사가 순수한 마음과 열정으로 활동한다고 하더라도, 올바른 제도적 장치와 절차 없이는 오해와 갈등이 생길 수 있다는 것이다. 또한 오늘날의 대한민국은 세계적으로 가장 민주적이고 평등한 사회이다. 상호 존중하고 배려하는 세심한 의사소통과 합의가 이루어지지 않으면 안 되는 시대이다. 또한 2010년대와는 비교도 안될 정도로 SNS의 힘은 강력해졌다. 한번 잘못된 소문이 퍼지게 되면 되돌리기는 더더욱 어려운 시대인 것이다.

서울시산악연맹 규정의 개정과 더불어 한국등산학교 내에서도 보다 민주적이고 합리적이며 발전적인 방향으로 학교를 운영하기 위한 노력은 계속 이어지고 있으며, 어려운 환경 속에서도 우수한 등산교육을 실시하려는 수많은 노력 역시 지속되고 있다.

2016년 봄 84회는 24명이었다.

2024년 봄 84회는 여전히 활발하게 등산활동을 이어가고 있다.

2020년대 ─
코로나19 위기와 극복

2020년 1월 시작된 코로나19 팬데믹은 2023년 5월 11일 정부가 엔데믹을 선포하기까지 3년 4개월 동안 온 나라를 암흑 속으로 밀어 넣었다. 감염 확산을 막기 위해, 방역 당국은 전국 유치원 및 초·중·고교 개학일을 두 번이나 연기시켰다. 온라인 수업을 진행하는 학교가 늘어났으며, 재택근무로 전환하거나 근무시간을 줄이는 직장도 늘어났다. 한국등산학교도 힘들긴 마찬가지였다. 특성상 실기교육이 필수인 등산학교로서는 집합금지와 사회적 거리두기 등의 제약조건하에 등산교육을 진행하는 데에 어려움을 겪을 수밖에 없었다. 방역당국의 지침에 따라 강사와 학생들은 이론 수업과 실기 수업 과정에서 마스크를 착용했으며, 도봉산장에서의 숙박이 제한됨에 따라 토요일 수업시간을 늘리고 출퇴근 방식으로 수업을 진행했다. 입학식에 초대하는 외빈의 수를 제한하고, 입학식, 수료식을 야외에서 진행하는 등 팬데믹 상황에 최대한 적응하며 어렵게 학교를 운영했다.

서울시산악연맹에서는 2020년 〈등산교육기관 운영에 관한 규정〉을 개정해 교장 임기를 2년 연임으로 하였으며, 자격을 서울시산악연맹 부회장·명예부회장 또는 자문위원으로 확대하였다.

2021년 1월 29일, 제6대 송정두 교장이 취임하였다. 송정두 교장은 산을 바라보는 시선을 확장시키는 데 힘을 쏟았다. 정규반 교육과 암벽반 교육 사이에 정규심화반을 신설하여 교육의 확장성을 도모하였으며, 평일에 장기간 휴가를 내기 어려운 직장인들의 사정을 고려하여 동계반을 2주 주말 교육과 3주차 금토일 교육으로 변경하여 진행했다. 또한 강사의 능력 향상과 교육 내용을 강화하기 위하여, 전임 남선우 교장이 추진한 강사 워크숍을 계속 이어나갔다.

2023년 1월 제7대 한필석 교장이 취임하였다. 제1회 정규반 출신이자, 〈월간 산〉 편집장 출신인 한필석 교장은 2024년 학교 설립 50주년을 맞아 학교의 미래를 위해, 학교의 역사를 뒤돌아보며 정립하는 〈한국등산학교 50년〉을 편찬하는 한편, 조직을 정비하고 교육 과정을 세밀하게 들여다보며 보다 발전적인 학교를 만드는 데 역할을 하고 있다.

코로나19로 경제적인 어려움이 심화되고, 사람간의 관계 또한 경직되었지만, 역설적으로 산으로 오는 인구는 늘어났다. SNS를 통한 인플루언서 중심의 2030 젊은 세대가 산을 적극적으로 찾고 있으며, 40대 이상을 포함한 모든 연령층에서도 산을 찾는 인구가 매년 증가하고 있어 전 인구의 절반이 산으로 오고 있다. 시대적인 변화에 유연하게 적응하며, 한국등산학교는 올바른 산악 문화를 전수하고, 산을 찾는 이들의 모험심을 깨워 자연의 가치를 깨우치게 하는 커리큘럼으로 등산교육의 가치를 높이고 있다.

코로나시대 전후의
한국등산학교

우리 모두의 힘으로 코로나19 이겨냈다
팬데믹 종식 후 정규반 5박10일로 조정

코로나19 감염병은 2020년 1월을 시작으로 2023년 5월까지, 3년 4개월 동안
공식적인 팬데믹 기간이었다. 6개월 이내로 종식될 줄 알았던 감염병이
3년 4개월 장기간 이어지면서 모든 사람들의 일상과 삶에 큰 영향을 미쳤다.
경제적인 충격은 말할 것도 없고, 여행 제한, 외출 통제, 봉쇄 등 세계적인
위기의 시기였다. 230개국에서 690만여 명이 사망했으며(23년 9월 기준),
우리나라에서도 35,000여 명이 사망했다. 집합 금지와 사회적 거리두기
등으로 사회는 경직되었으며, 사람을 만나는 것을 꺼려하는 분위기가
만들어졌다. 초·중·고교의 개학을 두 번이나 연기했고, 온라인으로 수업을
진행하기도 했으며, 직장인들도 재택근무가 확산되어 사람간의 접촉을
극도로 줄이는 상황이었다. 한국등산학교의 교육 특성상 집합금지와 사회적
거리두기 조치는 등산교육을 하는 데에 큰 걸림돌이자 위기였다.

글. 이연희 (한국등산학교 교감)

2022년 봄 정규반 96회 1주차 교육.
토요일 일요일 출퇴근으로 교육을 진행했다.

코로나 이전의 등산학교

한국등산학교는 1974년 개교 이래 지금까지 등산인들에게 안전산행법과 정확한 등반지식을 전달하기 위해 순수 산악인들이 힘을 모아 만든 등산교육기관으로 자리매김했다.

코로나 이전인 2019년 가을까지 6박 12일의 정규반, 여름에는 5박 6일간의 암벽반을 꾸준히 진행하여 명문 등산학교로서 역할을 충실히 해왔다. 한국등산학교는 임원진과 강사들이 각 교육과정 시작 전에 보다 나은 교육을 위해 워크숍을 통해 다양한 교육방법과 문제점을 보완하는 시간을 가져왔다.

도봉산장 강의실에서 토요일은 오후 4시부터 밤 10시까지 이론교육을 한 다음 산장 침상에서 동기들과 숙식을 하며, 일요일 6주간은 산장 부근 암장에서 암벽 기초교육을 하고, 오봉과 인수봉 선인봉 실전등반을 통해 산악인들이 갖춰야할 등반기술을 향상시켰다. 정규반 교육기간인 1~3주에는 수강생들끼리 친교 차원에서 조를 섞어 교육하고, 4주차 '오봉 가는 날'부터 6주차 수료식 때까지는 담임(두세 명의 정담임과 부담임)의 판단하에 조별 실기교육을 해왔다.

코로나 직전인 2019년 가을 기수인 91기는 유난하게 가을 태풍 '미탁'과 '하기비스'가 불어와서 '태풍 91기'라는 별칭을 갖게 된 기수로서, 주말마다 잦은 비로 실기교육에 애로가 많았다. 때문에 수료 이후 담임강사들이 담당 조 졸업생들을 위해 인수봉과 선인봉 등반을 같이해주기도 했다.

학교가 원활히 움직이는 저력에는 지원조의 도움이 무엇보다도 제일 크다. 직전 기수들이 강사들의 식사준비 등 학교 주변정리를 도와줌으로써 강사들은 교육에 전념할 수 있다. 코로나19 이전 지원조는 개강 전 열리는 워크숍 때 도봉산장에 올라와 학교청소뿐 아니라 식기 살균소독과 가스통·식자재·식수·지원물품 올리기 등 어려운 일들을 도맡아서 했다. 교육기간 중에는 강사들에게 토요일 저녁과 일요일 아침과 점심 식사, 행동식 및 간식을 마련해 주었다. 또한 5주차 인수봉 비박에도 참여해 아침 식사를 준비했고, 6주차 졸업등반을 마치면 강사뿐만 아니라 후배들에게도 잔치국수를 내주었다. 4주차 오봉 점심 행동식 지원은 대개 도시락이나 햄버거와 음료를 준비하는데 이는 전전기수들이 지원하는 전통적인 관례로 자리를 잡았다.

학교를 원활히 움직이는 두 번째 힘은 총동문회이다. 총동문회 회장을 비롯한 임원진(전 총동문회 회장님들 포함)과 동문들의 따뜻한 애정과 적극적인 지원 덕분에 한국등산학교가 오늘에 이르렀다고 해도 과언이 아닐 것이다. 총동문회에서는 각 과정의 입학과 수료식뿐만 아니라 수료생들을 위해 졸업 환영 등반을 준비했다. 생태탐방원 앞에서 입학식과 수료식을 마치고 하산하는 후배들을 큰 박수로 환영해주는 총동문회 회원들을 보면 절로 감동을 받는다.

세 번째는, 한국등산학교를 따뜻한 마음으로 지켜보면서 지도편달을 아끼지 않는 전 교장들과 원로 산악인들, 서울시연맹 전·현직 임원들과 CMS 계좌로 후원을 해주고 있는 분들, 현재 후원해주고 있는 블랙야크 등 도움을 아끼지 않는 분들의 힘이다. 이런 촘촘한 관계망이 유기적으로 한국등산학교의 등산교육에 기여하면서 함께 학교를 일궈나가는 데에 큰 힘이 되고 있다.

한국등산학교는 2019년 12월10일 제2회 한등인의 밤을 개최했다. 2018년 처음으로 한등인의 밤을 개최하면서 한국등산학교와 총동문회가 역량을 발휘해서 학교를 졸업한 모든 동문들과의 교류의 장을 마련했고, 2회까지 진행하면서 한등인들의 끈끈함이 더 공고해지는 계기가 마련된 좋은 행사였다. 그런데 이 행사에 참여한 그 누구도 2020년 새해에 전세계를 공포로 몰아넣을 코로나19 팬데믹을 예상하지 못했을 것이다.

처음으로 겪는 펜데믹의 위협

한국등산학교는 첫 코로나19 확진자가 발견된 2020년 1월 20일경 44기 동계반 과정 중이었지만, 2월 정상적으로 교육을 마치고 수료식을 가졌다. 2020년 봄 정규반 모집 중 상황이 점점 심각해져갔다. 학교 임원진과 강사들은 코로나19가 점점 더 심각하게 확산되는 상황에 대응해 6박 12일의 정규반 프로그램을 대대적으로 개편하며 정규반 교육을 차질 없이 할 수 있도록 대응했다. 수강생들에게 의무적으로 코로나 음성검사결과를 제출하게 하여 감염에 대

2020년 봄 정규반 92기 졸업식은 야외에서 실시하여
감염의 우려를 줄였다.

2021년 봄 정규반 94기 입교식도 야외에서 진행했다.

비하였으며, 교육 중 마스크를 착용하도록 했다. 하지만 교육과정 중 강사와 학생들 가운데 코로나 감염으로 결석하는 사례가 발생하기도 했다.

코로나19가 점점 심각하게 확산되고 교육활동도 50인 이상 집합금지 및 단체 숙식 또한 금지되었다. 6주간 토요일은 09:00~16:30 이론교육 후 하산하고, 일요일 또한 08:00~16:30 교육 후 하산하는 출퇴근 방식으로 진행하고, 개별도시락을 지참케 해 식사 문제를 해결했다. 수많은 산악계의 내외빈의 참석으로 북적북적하던 입학식과 수료식은 2020년 92기부터 2021년 94기까지 부득이하게 야외에서 최소 인원으로 진행할 수밖에 없었다.

도봉산장에서의 단체 숙박과 조별 취사하는 문화도 지켜나갈 수 없었기에 코로나 전과 비교하여 학교의 분위기도 사뭇 달라졌다. 교육 종료 후에 하산하고 동기들과 자연스럽게 회식을 하는 모습도 사라졌다. 이런 상황은 등산교육의 핵심인 동료애 형성에 큰 장애가 되었다고 생각한다. 또한, 동계반에서 비박과 취사 교육을 하는 과정에서도 코로나 기수들이 비박과 취사에 익숙하지 않은 모습도 보게 되었다.

역설적으로 코로나19의 위기 상황임에도 산으로 오는 인구는 늘어났다. 집합금지조치와 사회적 거리두기 조치의 장기화로 우울한 코로나 블루 상황을 등산으로 극복하려는 경향이 생겼기 때문이라고 한다. SNS 활동을 중심으로 등산 붐이 일어나는 역설적인 현상인 것이다. 한국등산학교로 오는 교육생들도 마스크를 써야 하고 도봉 산장 숙박에 제한이 있는 등 어려운 상황임에도 불구하고 성실하게 교육을 받았다.

코로나19의 장기화 속에서도 한국등산학교 교육과정은 성황을 이루었다.

제목	49회 암벽반 모집 마감, 대기자 접수

2020년 암벽반 49회 모집이 조기마감 되었습니다.
신청하신 모든 분들께 소중한 시간이 될 수 있도록 잘 준비해서 8월 8일 설악에서 뵙겠습니다.
개학 전 취소자가 발생할 경우를 감안하여 금일부터 대기자 접수를 받고 있습니다.
감사합니다.

제목	94회 정규반 모집마감

2021년 94회 정규반 모집이 조기마감 되었습니다.
신청하신 모든 분들께 소중한 시간이 될 수 있도록 잘 준비해서 4월 10일 뵙도록 하겠습니다.

야외 교육인데도 마스크를 쓰고 교육을 받고 있는
2022년 봄 정규반 96회.

2021년 동계반 45회부터 교장 이하 모든 운영진의 개편으로 더 젊은 학교를 지향하면서 젊고 유능한 강사들을 충원했다. 2022년 5월 이후 세계적으로 백신이 접종되면서 코로나 팬데믹으로 빗장이 잠겼던 여러 나라들의 문호가 다시 개방되기 시작했다. 하지만 2년 반 이상 출퇴근 수업과 개인 도시락을 먹는 기수가 늘어난 탓으로 예전의 끈끈했던 한등인의 모습보다는 개인적인 성향이 강해졌단 느낌이 들었다. 2022년 동계반 46회 교육을 진행하면서 느꼈던 코로나 기수에서 야영과 취사에 대한 인식부족은 강사들 모두의 공통된 생각이었고, 정규 심화반 개설의 필요성을 느껴서 96회 수료식 이후에 정규 심화반을 개설해서 아홉 명의 심화반 기수를 배출하였다. 코로나 백신 3차 접종까지 이뤄지고 바이러스의 위험성이 독감 수준으로 낮아지면서 숙박도 일부 가능해지고, 코로나로 폐쇄되었던 인수봉 야영장도 개방되어 인수봉 비박 교육을 다시 실시할 수 있게 되었다. 도봉산장에서 홀수와 짝수 번호 교대로 한 주간씩 숙식을 실시하면서 동료와의 유대감을 포함한 우려했던 부분이 조금씩 개선되는 효과가 나타나기도 했다.

코로나 19 기간 중에 답답한 실내에서도 마스크를 꼭 착용하였다.
인내심이 필요한 시기였다.

2021년 여름 설악산 암벽반 50기. 덥고 습한 날씨임에도
불구하고 모두 마스크를 벗을 수 없었다.

다시 일상으로 돌아가면서 동료들 간의 유대감 개선되고 있어

2023년 한필석 교장이 새로 부임하면서 47회 동계반을 진행하고, 98회 정규반부터 교육과정을 현 시대상황에 맞춰 5박 10일로 대대적으로 개편했다. 2019년까지 6박 12일 토요일 오후 4시부터 진행하던 교육시간을 5박 10일에 충분히 넣을 수 있도록 토요일 낮 12시부터 진행, 이론교육 시간을 확보하고, 99회 정규반에서는 더 정교하게 프로그램을 보완해서 추가 실기시간을 토요일 3주차에 실기시스템 교육으로 확보하였다.

우리나라는 2023년 5월 11일 방역 완화 조치와 7일 격리 의무 해제를 발표하면서, 모든 일상을 예전처럼 되돌려 놓았다. 이후 능력 있는 강사들을 더 보강하고, 2024년 50주년을 준비하는 여러 가지 작업 중 50년사편집위원을 선정하여 교장 지휘로 편찬을 추진하고 있다.

코로나 시기의 지원조의 역할은 힘든 시기를 극복해내는 힘 중 하나였다. 2020년부터 정규반 교육과정이 토요일 오전으로 앞당겨지다 보니 지원조 운영시간이 늘어났다. 토요일 점심과 일요일 아침식사 및 점심 준비가 필요했지만, 비대면이라는 제약 등으로 2020년 지원시기부터는 식사 대신 도시락으로 대체하기도 했다. 어려운 시기에 감염의 위험을 무릅쓰고 학교 발전과 후배양성을 위해 시간 내어 지원해준 지원기수 여러분께 이 자리를 빌려 감사인사를 전한다.

97기가 98기를 지원했던 2023년 봄에는 코로나가 해제되는 과정이라 코로나 이전과 같은 식자재를 운반해서 음식을 만들어 주었다. 97기 회장의 솔선수범하는 모습과 임원진들의 노력으로 성공적인 지원을 이끌어주었다. 2023년 가을이 되어 99기를 위한 98기의 지원은 코로나 이전만큼 완전 정상화되었다. 98기가 거의 참여해서 지원을 도왔고, 토요일 시간이 되는 강사들이 자원해서 97기와 98기 지원팀과 등반을 하면서 지원조로서 역할을 다하는 아름다운 장면을 보여주기도 했다. 코로나19로 힘들었던 시기를 극복하는 데에 큰 힘이 되어 준 모든 분들께 이 자리를 빌려 감사인사를 드리고 싶다.

2022년 정규반 96회 인수봉 정상에서.

도봉산을 뜨겁게 달군
100회 정규반의 열기
정규반 100회를 맞이하고 함께하며

글. 임현주 (대표강사, 대학산악연맹 아카데미 원장)

인수봉 정상 임현주 대표강사.

'100'이라는 숫자의 위대함이랄까. 정규반 개강을 100여 일 앞둔 2023년 연말 이미 모집정원(42명)을 넘어서 대기 순번으로 접수가 시작되었고, 그렇게 치열한 경쟁을 뚫고 정규반 100회가 드디어 시작되었다.

짝사랑 여인이 타고 올 때까지 몇 번이고 버스를 지나 보내듯 3번의 지난 정규반 과정을 지나 보내면서 오늘을 기다렸다는 사람, 수강신청 사이트가 열리기만을 기다리다 '요이 땅'하고 수강신청을 했다는 사람, 조마조마 대기 순번으로 있다가 겨우 등록할 수 있어서 학교 측에 감사하다는 사람 등 저마다의 입교과정 무용담을 안고서 4월 13일 입교식에 참가했다. 졸업생 신랑을 짐꾼삼아 앞세우고 사박사박 산보하듯 학교에 온 교육생, 여행이라 생각하고 화장품도 잔뜩 옷가지도 잔뜩 챙겨왔다는 교육생, 예전 어느 설악산 산장지기 어르신처럼 덥수룩한 수염에 장발을 하고 나타난 어엿한(?) 40대 교육생까지 산 아래 도봉동에서 학교로 오는 길은 사람도 봄 숲도 면면이 다채로웠다.

시절이 빠른 지 벌써 도봉산장 옆 산벚나무는 새하얀 꽃단장한 채로 56명의 교육생을 환하게 맞이했다. 지난 80회 이후 가장 많은 교육생으로 붐빈 학교. 다행인 것은 남녀 교육생 비율이 비슷하여 그나마 숙소배정에 대한 문제는 해소될 수 있었다.

열정도 벌써 다르다. '무엇이든 어서 내어 놓으라'는 듯 똘망똘망 112개의 눈동자에서 뿜어져 나오는 에너지에 '역시 다르다'라는 때 이른 칭찬이 입가에 번졌다. 의자가 부족해 대다수의 축하 내빈들께서도 선 채로 진행한 입교식이지만 100회라서 이해해 주시고 100회라서 웃어주시는 여유가 있어 좋았고, 기라성 같은 선배 산악인들의 축사에서 5주간 진행될 교육에 대한 각자의 이정표를 세울 수 있는 소중한 시간이어서 좋았으리라.

산 냄새가 가득 배어있는 산장 침상에서, 낯선 이의 코고는 소리를 피해 산장 밖 너럭바위 위에서 그렇게 청하는 잠으로 첫날을 마무리했다.

교육생 최인섭님이 어디선가 표현했던 '동이 트면 가젤도 뛰고 사자도 뛴다'는 아프리카 속담처럼 비록 살기 위해 뛰는 것은 아니지만 한국등산학교의 아침은 역시 힘찬 구보가 제맛이다. 예전만큼의 강도는 아니지만 오랫동안 산 아래 생활에 적응된 교육생들에게 강도란 상대적인 것일 뿐 여전히 쉽지 않은 과정이다. 기초슬랩에서 소슬랩에서 대슬랩에서 난생 처음 맛보는 바위 맛에 깜짝 놀라지만 금세 하고픈 마음으로 적응해 가며, 고단했던 1주차가 마무리됐다.

네이버밴드에 게시되는 질문과 교육활동 사진의 양이 눈에 띄게 많아진다. 일회용 간편식이 줄고 식사의 질적 향상이 확연하다. 옆 동기와의 웃음 띤 대화가 부쩍 늘어난다. 모든 것이 차츰 눈에 들어오고 적응력이 배가되는 2주차가 시작되었다는 것을 알려준다. 봄비 예보에 다소 걱정이었지만 100회는 운까지 따라주는 모양이다. 대지에 적당한 촉촉함만 있을 뿐 오히려 초록초록 산중 교육장의 운치만 더해줄 뿐이니.

천축사 암장의 4개 코스에서, 대슬랩과 대슬랩 좌측 침니에서, 인절미바위에서 본격적인 암벽등반교육이 이뤄진다. 겁에 질려 한번, 과연 될까 의심하다 한번, 그렇게 추락을 반복하다 포기를 생각할 때쯤 '당신은 충분히 할 수 있어'라는 강사들의 응원과 동기들의 응원박수에 힘을 얻어 기어코 또 해내고 마는 명불허전 100회다. 그 성취감 끝에 딸려오는 생채기 상처쯤은 아무것도 아니다. 귀갓길에 만난 호프 한잔이 대견한 그들 스스로에게 주는 2주차의 작은 선물이 되어준다.

산중 잔치가 벌어지는 날도 아닌데 떠들썩한 음악소리가 어둠과 어우러져 묘한 감흥을 불러일으킨다. 3주차 인기 교과목 중 하나인 산노래 강의시간이다. 떡을 돌리진 않았지만, 오늘은 마침 생일자도 있어 알펜트리오 선생님들과 동기들이 함께 생일 축하곡을 불러주는 이벤트도 진행되었다. 기타 동

인수봉 후면의 옛길 복원 루트를 등반하고 있는 정규반 100회.

호회에서 2년여 음악 활동을 해오고 있다는 교육생과의 잼 콘서트도 나름 볼 만하다.

오늘은 한국등산학교만의 특색 있는 교육장소 중 하나인 오봉으로 등반교육을 가는 날이다. 오가는 시간이 꽤 걸리는 만큼 이른 아침부터 다들 홀가분한 배낭을 메고 바지런한 발걸음으로 오봉을 향한다. 첫 번째 정차역인 마당바위에서 깔깔대며 사진을 찍고, 관음암 너머 탁 트인 오르막 능선에선 웃음대신 거친 호흡이지만 우이암과 주변 경관에 감탄이 쏟아진다.

이번엔 한 팀의 알바도 없이 도착하는 대로 착착 제각기 조별 교육에 임한다. 연신 심호흡을 하며 긴장감을 떨치려는 교육생들의 귀여운(?) 모습에 살짝 미소가 나오지만 이들에겐 일생일대의 큰 난관을 앞에 두고 있는 것인지도 모른다.

'줄당겨'를 외쳐대는 긴박감도, 추락의 공포에 쫄았던 날선 세포들도 98회 선배기수 12명이 멀리 도시에서 공수해온 맛있는 점심 '랩'과 콜라 앞에서는 언제 그랬냐는 듯 사그라지고 만다. 참으로 고마운 선배들이다. 우리는 이를 '한등의 정'이라 부르고 싶다. 한국등산학교의 또 다른 전통이자 어디서도 볼 수 없는 아름다운 선후배 간의 정은 햇빛을 받은 오봉의 바위처럼 빛난다.

3주차 오봉 멀티피치 교육을 마치고.

멀티피치 등반을 통해 팀워크도 맞췄다. 1, 2주차에 배운 매듭, 빌레이, 하강 등 등반의 기본 시스템 점검도 끝났다. 이제 우리는 알피니즘 강의에서 배운 나만의 인수봉을 찾아 오를 일만 남았다.

어느새 어스름한 도봉동 골목골목엔 의기양양 100회 교육생들의 얼큰함으로 생기가 가득하다. 동기들은 등반을 참 잘하는 것 같은데 '나는 왜?'라는 의구심은 그들을 충분히 자극하고 일깨우며 움직이게 한다. 그런 마음으로 3주차 과정을 끝낸 100회 교육생 스무 명 이상이 자발적으로 뭉쳤다고 한다. 그들은 각자의 목표를 위해 평일 저녁 크루를 형성하여 서울 각지의 암장을 찾아 즐겁게 운동을 하고 있다. 이제껏 보지 못한 박수칠 만한 광경이다.

한주의 휴식을 마치고, 이틀 후면 또 다시 산으로 향한다. 바라만 봤던 산, 갈망했던 산, 오르고 싶었던 산! 오직 나만의 방식으로 그려질 인수봉으로 향한다. 그리고 일주일 후면 선인봉, 만장봉 정상에서의 자유를 경험할 것이며, 비로소 당신의 최종학력은 한국등산학교 100회, 잊혀지지 않을 자랑스러운 이름으로 남을 것이다. 항상 응원한다. 100회 파이팅!

(옆 페이지) 여러 등산학교 교육생들이 한날
인수봉에 몰려 북새통을 이뤘다.

교육 중 인수봉 정상에 오른 100회 교육생들.

지나간 50년,
다가올 50년

"등산 싹 키워준 한국등산학교여 영원하라."

한국등산학교 발전을 위한 간담회가 2024년 1월 31일 서울 중구 비즈센터
회의실에서 열렸다. 윤재학(코오롱등산학교 교장), 서성식(서울등산학교 교감,
산림등산학교 교장), 김정국(한국릿지클립), 김용기(Alpen Rover Club),
김태건(오아시스산악회), 함수현 씨 등 이날 참석자들은 전원 한국등산학교
동문들로서 학교의 정체성, 등산교육 개선 방안, 강사의 자질과 품격,
학교 발전을 위한 아이디어 등의 주제를 놓고 오후 7시부터 2시간 반 동안
각자의 의견을 내놓았다. 핵심 주제는 학교 자립 방안이었다.

임현주 강사의 사회로 진행된 간담회의 첫 번째 주제는 학교의 정체성과 교육 방향에 관한 내용. 1974년 초급반(현 정규반) 1기인 한필석 교장은 "50년사 편찬 과정에서 권효섭 초대 교장님을 비롯해 많은 분들의 피와 땀으로 이끌어온 등산교육기관이 한국등산학교란 사실을 깨닫고 더더욱 노력해야겠다 다짐했다"며, "이를 위해 학교에 관심과 애정이 많은 동문들에게 학교 발전에 보탬이 될 만한 얘기를 듣고자 이 자리를 마련했다"고 간담회 취지를 밝혔다. 이어 한 교장은 "정규반은 개교 이후 여러 해 동안 등산 전반에 관해 수업했는데, 언제부터인지 클라이밍 위주로 교육이 진행되고 있다. 이게 맞는 방향인지 판단이 잘 서지 않는다"고 등산학교 교육 방향에 대해 이야기를 꺼냈다.

첫 번째 발표자인 서성식 교감은 정규반(18회)과 암벽반(12회), 동계반(9회) 출신으로 강사와 사무국장을 역임한 골수 한국등산학교 동문. 한국등산학교 25년사인 〈사반세기〉 발간 당시 실무 책임자이기도 했다. 서 교감은 "〈사반세기〉를 만든 지 25년이란 세월이 훌쩍 지나고 개교 50주년을 맞이한다고 생각하니 감회가 새롭다"고 했다.

한필석 교장이 인사말을 통해 참석자들에게 '다가올 50년'을 위해 '지나간 50년간' 아쉬웠던 점과 미래를 위한 조언을 부탁했다.

서 교감은 "개교 이후 10여 년간 정규반 암벽반 동계반 3개 과정을 상설 운영한 등산교육기관은 한국등산학교가 유일했다"며 "수도권은 물론 멀리 제주도에 이르기까지 전국 각지에서 참가한 수강생들의 마음가짐도 대단했고, 강사들 또한 봉사임에도 자부심이 매우 컸다"고 초창기 학교 분위기를 기억했다.

이어 윤재학 교장은 "나에게 등산의 싹을 키워준 소중한 곳"이라고 한등에 대한 깊은 애정을 밝힌 뒤 "산악사고를 예방하고 환경훼손을 줄이는가 하면 건전한 사회 발전을 위해서도 큰 역할 해왔다"고 등산인과 자연보호를 위해 노력해온 한등의 역할에 대해 높게 평가했다. 윤 교장은 "등산학교가 늘어나면서 수강생 모집에 어려움이 있는 건 잘 알고 있지만 그래도 한국등산학교는 학교 전통에 맞게 정통 알피니즘을 추구하는게 맞다는 생각"이라는 의견을 내놓았다.

더불어 그는 "등산 교육 콘텐츠에 대해 고민하면서도 등산인이 늘어나면서 자연환경 훼손이 가중되고 있다는 점을 생각할 때 등산학교가 사람들을 부추겨 산으로 끌어들이는 것 같아 고민스럽다"고 걱정스런 마음을 드러내기도 했다.

커리큘럼: 알피니즘 추구 전통 이어나가야

한국등산학교는 개교 이후 특히 정규반의 경우 전문등반은 물론 등산 전반에 걸쳐 다양한 주제의 과목이 많았다. 그러다 교육기간이 8주에서 6주(2000년), 6주에서 5주(2023년)로 줄어들면서 교육과목이 점차 축소됐고, 수강생들의 욕구에 초점을 맞추다보니 암벽등반 위주의 교육이 진행되고 있다.

서성식 교감은 "많은 사람들이 등산을 알피니즘 추구보다 재밌는 아웃도어 스포츠로 인식

하고 있는 게 문제"라고 지적했다. 서 교감의 조사에 의하면 전국시도의 인공암장만 해도 300개가 넘는다. 또한 이러한 인공암장지기의 인솔하에 등반 다니는 사람이 많고, '대장' 타이틀의 리더를 좇아 전문등반을 즐기는 단위산악회 회원들도 점점 많아지는 것으로 파악되고 있다. 이들 가운데에는 실내암장에서 운동하듯 가벼운 복장으로 등반하다가 하강하자마자 헤어지는 이들도 많다고 한다.

최근 각 시도산악연맹 부설 등산학교뿐 아니라 온라인산악회 교육, 산림청의 숲길지도사와 산림레포츠지도사, 국립공원공단의 산악안전지도사, 문화체육부의 생활체육지도사 등 명칭만으로는 구분이 쉽지 않을 만큼 많은 자격증과 그와 관련된 교육과정이 생겨나고 있다. 여기다 국립등산학교에서 기존 등산학교의 교육과정까지 손을 대는 바람에 산악연맹 부설이나 사설 등산학교들은 어려움이 가중되는 상황이다.

그나마 산악인이라면 당연히 추구해야 하는 '알피니즘'에 대한 교육은 한국등산학교 외에는 그다지 신경 쓰고 있지 않다. 서성식 교감은 "등산학교가 일반인을 대상 삼을 것인지 특정인을 대상으로 할 것인지 심각하게 고민해야 할 때인

것 같다"면서도 "그래도 50년 역사를 자랑하는 한국등산학교는 알피니즘 교육기관이라는 전통을 살려나가야 한다"고 강조했다.

군대식 교육 분위기에 대한 지적도 나왔다. 타 등산학교의 경우 아침 구보가 없고, 서너 시간의 암벽등반 교육을 위해 2시간 안팎 걸리는 오봉까지 가는 교육도 없다. 윤재학 교장은 "교육 과목이 너무 많으면 수강생들이 혼란스러워하고 암벽등반교육의 경우에는 수강생 대부분 쉽게 접근하고 재밌게 즐길 수 있어야 한다"고 코오롱 등산학교 분위기를 알려주었다.

김정국 씨는 정규반 55회 출신으로 올봄 100회 정규반에 아들이 수강 신청을 했다. 김씨는 "정규반 졸업 후 산악회를 창립하고 이후 10년 동안 수강생을 보내다가 운영진과 강사진의 마찰로 학교가 무너지는 모습을 보고 가슴이 무척 아팠고, 무엇보다 교육의 질이 타 등산학교에 비해 떨어지는 것을 보고 어떻게 해야 만회가 될까 많이 고민했다"고 했다.

김용기 씨는 한국등산학교에서 정규반 96회, 암벽반 51회를 마치고 바로 코등 암벽반과 암벽 연수반까지 마쳤다. 거주지가 수원 광교산 기슭인 김용기 씨는 한국등산학교와 코등 여러 과정

서성식 교감은 강사 및 운영진으로 한국등산학교에 관여해온 경험을 바탕으로 학교 발전을 위해 다양한 아이디어를 내놓았다.

윤재학 코오롱등산학교장은 3개 교육과정을 모두 마친 뼛속까지 한국등산학교 동문으로서 학교에 대한 뜨거운 애정과 앞날을 위한 개선점에 대해 이야기했다.

을 거친 케이스. 김씨는 10여 년 동안 트레일런을 해오다가 광교산산악구조대에서 4년 활동하고, 경기도산악연맹 구조대의 권유로 한국등산학교 정규반과 암벽반을 나오고 곧바로 코등 암벽반과 암벽연수반을 나왔다. 김씨는 "2개 학교를 비교할 때 기술적인 면에서는 엇비슷한 듯한데 체계적인 면에서 한국등산학교가 좀 뒤지는 것 같다"고 비교했다.

서성식 교감은 "대부분의 등산학교는 대한산악연맹에서 발간한 〈등산〉을 표준교재로 사용하고, 익스트림라이더등산학교의 경우에는 거벽등반에 초점을 맞춰 교육하고 있다"며 "요즘 등반기술과 관련해 마구잡이로 올라오는 잘못된 정보를 학교에서 걸러주고 바로 잡아주는 역할을 해야 할 것 같다"는 의견을 내놓았다.

윤재학 교장은 "우리나라 자연환경 상 거벽을 등반할 만한 곳이 거의 없고, 해외 고산에 갈 기회도 거의 없는데 장비는 엄청 비싸다"며 "이런 면을 놓고 볼 때 경제적인 부담이 적은 암벽등반 위주의 교육이 맞는 것 같다"고 했다.

정규반(93회) 암벽반(50회) 동계반(46회) 3개 교육과정을 모두 거친 김태건 씨는 주말에는 트레킹 가이드 활동을 하고 있다. 김씨는 20~30대 젊은이들과 다니다 보면 산과 자연을 좋아하고 등산학교에 관심은 많은데 한등의 경우 알피니즘 등 지나치게 전문적인 면을 추구하고 전문가 양성을 추구하는 교육기관으로 인식돼 있어 입교를 꺼리고 있다고 했다.

김태건 씨는 "게다가 온라인 홍보 부족으로 모르는 사람도 많다"며 "타 등산학교 교육에 비해 힘들다는 선입견에 변화를 줄 수 있도록 부드럽게 포장하고 그 방법을 온라인 쪽에서 찾으면 수강생 모집에 도움이 되지 않을까 싶다"는 의견

을 밝혔다. 김씨는 "일반 등산동호회들이 대장 위주로 활동하는데 안전 문제가 심각하다"며 "이런 면에서 보편적 교육보다는 대장급에 초점을 맞춰 교육하면 어떨까" 하는 의견도 덧붙였다.

함수현 씨는 정규반 92회, 동계반 47회 등 비교적 최근 교육과정을 마치고 등산강사 2급과 생활체육지도사 자격증을 딴 뒤 현재 실내암장에서 근무하고 있다. 함씨는 "암벽등반의 경우 기본교육에 더욱 치중하는 게 맞지 않나 싶고, 일반등산의 경우 졸린 눈을 비벼가며 밤늦도록 진행되는 이론교육과 강사 경험담으로 끝내는 교육이 아쉬웠다"고 교육 중 느낀 바를 밝혔다. 이어 함씨는 "백패킹의 경우 끊임없이 개발되는 장비를 이용한 체험 교육을 받고자 하는 게 수강생들 마음"이라며 "강의 또한 강사들이 돌아가면서 강의하는 것보다는 전담강사제로 운영하는 게 강사들에게 부담을 줄여주고 강의 내용도 더욱 탄탄하지 않을까" 하고 의견을 내놓았다.

김정국 씨는 "한국등산학교는 서울시산악연맹 소속이니까 뭔가 달라야 하지 않나 싶다"며, "수료증 대신 취업에 도움되는 자격증을 줄 수 있다면 차별화되지 않을까" 하는 아이디어를 내놨다. 이에 서 교장은 "현실적으론 자격증을 발부하려면 그에 앞서 한국등산학교가 자격증 발급 자격을 주는 기관에 소속돼 있어야 한다"고 현재 상황을 설명했다.

강사: 강사는 감동을 줘야 한다
강사 채용에 대한 의견도 나왔다. 각 등산학교는 대부분 강사들의 추천을 받아 새로운 강사를 채용하되 1~2년간 인턴 기간을 두고 있다. 단지 코등의 경우 코오롱스포츠 직원인 교무 담당자들이 강사들이 추천한 후보자의 검토 과정을 거친 다

음 인턴강사로 채용한다는 점이 다를 뿐이었다.

윤재학 교장은 "강사 역할을 하려면 경험과 능력이 당연히 필요하고 체계적인 교육을 위해 교육과정을 거치는 게 좋다"며 "대한산악연맹 2급 등산강사와 문화체육관광부 생활체육강사 중 과정과 시험이 어렵긴 하지만 등산강사 2급 자격증 소지자를 선호한다"고 했다.

강사의 조건 중 가장 큰 덕목으로 여기는 것은 인성과 품격이었다. 등반 실력이 아무리 좋다 하더라도 인성이 좋지 않으면 강의 내용뿐 아니라 품격이 떨어질 수밖에 없고, 수강생과 트러블이 생길 위험도 높다는 게 중론이었다. 서성식 교감은 "강사와 수강생의 마찰은 무조건 강사 탓이라고 생각한다"며 "결국 이런 불협화음은 강사가 인성이 좋다면 생길 수도 없을뿐더러 쉽게 해결될 수 있다"고 했다.

윤재학 교장은 "군소등산학교와 달리 수준과 경험이 많을 뿐만 아니라 철학도 있는 강사로 구성돼야 하고, 교육 면에서도 타 교육기관과 차별성이 있어야 하며, 강사는 열심히 가르치는 모습을 통해 수강생들에게 감동을 줘야 한다"고 강사의 덕목에 대한 의견을 내놓았다.

재정 자립: 지자체 지원 통해 해결돼야

재정 자립 얘기가 나올 때는 분위기가 무거워졌다. 한국등산학교는 개교 이후 수강료에 의존해 운영하고 있다. 여기에 산악인들의 CMS 후원과 아웃도어업체의 의류를 포함한 소정의 지원금 덕분에 유지되고 있는 형편이다 보니 상주 직원 채용은 엄두도 못내는 상황이다. 반면 코등의 경우 교무 역을 맡은 코오롱스포츠 직원들이 수강생 모집에서부터 강사 채용과 배치, 장비 관리에 이어 홍보까지 관리하고 있다. 서울등산학교 역시 아웃도어업체 호상사 부설로 운영되고 있다.

서성식 교감은 "2000년대 들어 전국시도에 등산학교가 탄생하고 개인등산학교까지 생겨나면서 수강생 모집에 어려움이 생겼고, 수강료를 통한 학교 운영이 더욱 어려워졌다"고 현실적인 문제를 말하기도 했다. 서 교감은 재정적인 어려움에서 벗어나려면 등산학교를 부설기관으로 두고 있는 서울시산악연맹의 전폭적인 후원이 필요하지만 현실적으로 쉽지 않다고 한국등산학교의 현실을 설명해주고, "법인체가 아니라는 점 때문에 기부금 영수증조차 마음대로 발급하지 못하는 구조도 문제"라고 꼬집었다.

참석자 대부분 서울시체육회, 문화체육관광

김태건 씨는 "보편적 교육보다는 대장급에 초점을 맞춰 교육하면 좋겠다"는 차별화 방안에 대한 의견을 내놓았다.

한국등산학교와 코오롱등산학교 교육과정을 두루 경험한 김용기 씨는 체계적인 교육의 필요성에 대해 강조했다.

부, 지자체와 같은 곳에서 지속적인 지원을 끌어내야 안정적인 재정 뒷받침 아래 상근직원이 근무하면서 수강생들에게 유용한 커리큘럼을 개발하고 좋은 강사도 선발할 수 있을 거라는 의견을 냈다. 기업 후원에 대해서는 염려스런 반응이 많았다. 기업의 의지나 재정 상태에 따라 한계가 있기 마련이기도 하지만 기업 홍보 수단으로 학교의 정체성이 흔들릴 염려가 있다는 중론이었다.

학교 홍보: SNS 활성화 시급

학교 홍보의 미흡함에 대해 아쉬워하는 얘기가 많았다. 특히 쌍방 소통이 가능한 SNS 활용이 눈에 띄지 않는다는 지적이었다. 한국등산학교 홈페이지(www.alpineschool.or.kr)는 상단에 학교소개, 교육과정, 게시판, 커뮤니티, 로그인, 회원가입 등으로 구성돼 있고, 메인화면 중단은 공지사항, 강사진 소개, 온라인 원서접수, 교육과정 등 기본적인 내용이 나와 있다.

웹사이트를 비롯한 소셜 네트워크 불만에 대해서는 김정국 씨가 열변을 토했다. 김씨는 아들을 올봄 정규반 100회에 신청하기 앞서 학교에 대해 설명할 만한 웹사이트가 마땅치 않아 답답했다고 했다. 또한 함수현 씨는 "홈페이지는 관리

함수현 씨와 김정국 씨는 학교 발전을 위한 교육 개선 아이디어와 함께 홍보 부족에 대해 꼬집었다.

가 잘 안 되는 듯하고, 요즘 가장 활성화된 소셜 네트워크인 블로그에서 '한국등산학교'를 본 적이 없다"며 "교육과정도 우수하고 매력적인 강사가 많다는 점이 널리 알려진다면 찾아올 사람이 많을 것"이라고 했다.

윤재학 교장은 "수료생 가운데 온라인 툴에 대해 잘 알고 있거나 취미 이상으로 좋아하는 사람들이 많다. 이런 수료생들에게 부탁하면 봉사 차원에서 쉽게 해결할 수 있을 것"이라며 "강사들이 눈에 띄는 등반활동도 학교 위상에 큰 역할을 한다"고 귀띔해 주었다.

이날 사진촬영을 위해 참석한 변백선(정규반 98회) 동문 역시 "웹사이트든 블로그든 얻고자 하는 정보가 거의 눈에 띄지 않는다"며 "학교와, 동문끼리 소통할 수 있는 SNS도 활성화해야 할 것 같다"고 덧붙여 얘기했다.

김용기 씨는 코등에 비해 한국등산학교의 수강생 연령층이 한층 높다고 비교했다. 김씨는 "연령대 문제는 마케팅과 브랜딩으로 해결할 수 있을 것 같다"며 홈페이지 개편뿐 아니라 페이스북, 인스타그램, 블로그 등 SNS 활성화가 시급하다고 지적했다.

간담회가 예정시간 30분을 넘겼는데도 참석자들의 의견이 멈출 기미를 보이지 않자 사회자는 마지막 멘트 요청으로 마무리지었다. 참석자 모두 애정 넘치는 말로 학교의 발전을 기원했다. 특히 윤재학 교장은 "한국등산학교는 등산의 싹을 키워준 모교"라는 뜨거운 애정을 밝히며 참석자들에게 감동을 주었고, 편찬위원 김선영 씨의 요청에 따라 "한국등산학교, 백년 가자~"를 외치며 끝을 맺었다.

62년 전통을 이어가는
젊고 활기찬
한국알프스산악회!

한국알프스산악회(서울시산악연맹 가입 13호)

창립 : 1962.04.19
서울 도봉구 도봉산3길 12
cafe.daum.net/daumalps
회 장 윤주훈 / 사무국장 오세훈 / 등반대장 우제민

한국등산학교 개교 50주년을 축하합니다

정상을 향한
열정의 메아리!

산울림산악회

since 1958

서울특별시산악연맹 가입 11호
한국등산학교 졸업생 다수 활동

YouTube 산울림산악회1958

한국등산학교 50주년을
축하합니다

65th
Anniversary

거리산악회

인수봉 거룡길

ECHO CLIMBING CLUB

한국등산학교 50주년을
축하합니다

바우산악회

: 바위를 하며 우정을 나눈다

회　　장	**조경기**	
부 회 장	**이연희**	
등반대장	**지성복**	
총　　무	**이명희**	

연혁

1990년 9월8일 창립

2005년 데날리 등반

2007년 북알프스 동계 등반

2014년 요세미티 등반

2019년 키르기스스탄 등반

2022년 요세미티 등반

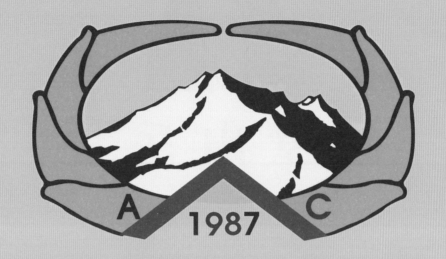

실다비 산악회

한국등산학교 50주년을
축하합니다

銀壁山岳會

한국등산학교 50주년을
축하합니다

한국등산학교
韓國登山學校
개교 50주년을 축하합니다

ROCK AND ICE CLIMBING

AHGOO ALPINE CLUB always welcome you to enjoy the climbing with us. Feel free to contact AHGOO ALPINE CLUB for the climbing and best friendship through your life.

축 한국등산학교 개교 50주년

"100기 졸업 축하합니다"

韓 國 登 山 學 校 第 63 期 修了記念 (2005. 10. 23)

**한국등산학교 개교 50주년과
100기 수료를 진심으로 축하드립니다.**

2008년 벚꽃 흩날리는 도봉산에서의 첫만남, 15년의 세월이 지난 지금도
처음처럼 굳건한 것은 모두 한국등산학교의 가르침 덕분입니다.

- 뽀대 68기 일동 -

성실, 인내, 안전 그리고 도전!
86기의 등반은 계속됩니다
한국등산학교 개교 50주년을 축하합니다
－한국등산학교 정규 86회 졸업생 일동－

韓國登山學校

"산사람에게는 누구에게나 산 속에 자기만의 고향이 있다"

Korean Alpine School never stops All 90s
한국등산학교는 결코 멈추지 않는다.

정규반 90기 일동

한국등산학교 50주년을 축하합니다!

정규반 92기 일동

한국등산학교 50주년을 축하합니다!

정규반 96기 일동

"오래 살아남자"

한국등산학교의
50주년을 축하합니다

최강 98기

"등산의 본질은 정상이 아니라 고난의 극복이다."

한국등산학교
사람들

한국등산학교의 역대 교장선생님

등산교육의
새로운 좌표를 설정하다

故 권효섭 초대 교장

재임 1974년 ~ 2000년

고 권효섭 초대 교장은 등산교육의 체계화를 위해 노력했다.
전문적인 상설 등산학교를 설립하고, 각 단체에서 여러 가지
방식으로 보급되던 등산기술을 한 곳에서 교육받을 수 있게 했다.

등산문화의
꽃을 피우다

이인정 2대 교장

재임 2001년~2008년 6월

이인정 2대 교장은 등산기술을 넘어 등산문화를 배울 수 있는 기회를
제공했다. '산노래'를 교과 과정으로 정례화 했고, 금강산에서
동계반을 운영해 남북 산악인이 교류할 수 있는 물꼬를 텄다.

등산교육을 펼치다
사람이 되기 위한

이종범 3대 교장

재임 2008년 7월~2011년 6월

이종범 3대 교장은 등산교육에서 특히 인성교육을 강조했다.
끈기, 협동, 우애로 대변되는 팀워크의 이념을 전달하는 데 역점을
두고, 뛰어난 등반가가 되기에 앞서 좋은 사람이 되기 위한 교육을
펼쳤다.

장봉완 4대 교장

재임 2011년 7월 ~ 2016년 12월

등산교육의
전통과 원칙을 지키다

장봉완 4대 교장은 등반 철학과 정신 교육에 주력했다.
아침운동 같은 전통적인 규율을 지키면서도, 경직되지 않은
교육을 통해 산악인이 가야 할 바람직한 길을 제시했다.

남선우 5대 교장

재임 2017년 1월 ~ 2020년 12월

등산 전인교육의
발전을 꾀하다

남선우 5대 교장은 시대 흐름에 맞춘 새로운 등산교육 시스템을
도입했다. 조별 밀착 교육의 비중을 높이고, 인수봉을 교육장소에
포함시켰다. '한국등산사', '산악문학' 과목을 개설해 산악정신과
문화를 돌아볼 수 있게 했다.

송정두 6대 교장

재임 2021년 1월 ~ 2022년 12월

등산교육 확장에
힘을 쏟다

송정두 6대 교장은 산을 바라보는 학생들의 시선을 확장시키는데
힘을 쏟았다. 코로나19로 단체교육이 어려운 상황에서도 올바른
산악 문화를 전수하고, 자연의 가치를 깨우치게 하는 커리큘럼으로
등산교육의 가치를 높였다.

한국등산학교의 설립 주역
권효섭(權孝燮, 1925~2017) 교장선생님

아직 어둠이 가시지 않은 도봉산장 앞에서 새벽 5시에 기상하여 구보와 체조를 끝내고 힘겹게
올라오는 학생들을 다독이며 맞아주시던 권효섭 선생님. 항시 위험이 도사리는 암벽교육의
안전에 대비하여 평시 느슨했던 세포조직과 정신의 긴장감을 높이기 위해서는 강도 높은 체조가
필요하다는 말씀과, 산을 대하는 마음의 자세를 바르게 가져야 한다는 말씀으로 조회를 하셨다.
이어지는 애국가 제창은 당연히 4절까지 우렁찬 목소로 불러야 했다. 산을 임하는 자세가 교만하지
않아야 한다는 것, 4절의 애국가 제창으로 나라에 대한 국가관이 투철해야 한다는 것은 아마도
당시까지 이어지던 세계 각국의 히말라야 등정 레이스가 제3의 올림픽에 버금가던 시대적
영향이었을 수도 있다. 그렇게 시작되던 아침 일과는 개교 이후 25년간 전통으로 이어졌다.

글. 이규한 (정규반 9회, 전 서울시산악연맹 전무) / 그림. 김은솔 (정규반 98회)

알피니스트의 길 깨닫게 해주는 곳

권효섭 선생님이 한국등산학교의 초대 교장으로 추대되던 1974년 당시의 등산은 소풍이나 행락일 수 있었고, 혼탁한 사회의 일탈일 수 있었다. 극소수의 선각자들이 달나라 이야기처럼 들려오던 히말라야로의 진출을 시도했고 그 전제로 설악산 고난도 설상훈련 등이 의욕적으로 시도되었지만 정보력과 기술력, 그리고 장비들의 부실로 인하여 현실적 한계를 넘지 못하던 때였다.

설악산 10동지 조난사고(1969년 10명 사망), 인수봉의 대참사(1971년 7명 사망), 히말라야의 조난사고(마나슬루 1971년 1명 사망, 1972년 15명 사망) 등의 대형 산악사고를 언론을 통해서 접하는 일반등산인들에게 전문등산가들은 어쩌면 죽음을 불사하는 제3세계의 형이상학적 존재들로 비쳐졌을지도 모른다. 이런 산악사고 이후 탄생한 한국등산학교는 등반의 갈증에 시달리던 젊은 산악인들에게 청량한 폭포수 같은 곳이었다. 그 혈기 뜨거운 젊은 산악인들의 의욕을 체계적인 교육과 올바른 산악관으로 고취시켜 제3세계로 이어지는 통로가 알피니스트의 길이었음을 깨닫게 해주는 곳이었다.

인간의 접근을 불허했던 유럽 알프스에서 유럽 산악인들에 의하여 탄생한 알피니즘을 국내 산악환경과 산악문화에 접목시키려던 선생님은 선각적인 전문산악인도 아니었고 전문적인 기술이나 지식의 범주에 머무르던 분도 아니셨다. 제9대 국회의원 재직 중 국회산악회를 통하여 서울특별시산악연맹(이하 서울시연맹)과 인연을 맺고 1973년 말 서울시연맹의 회장으로 취임하시면서 등산학교 설립에 참여하시고 국내 산악계의 양대 산맥인 대한산악연맹과 한국산악회의 기라성 같은 산악지도자들과 뜻을 같이 했다는

것은 존경스러울 수밖에 없는 일이었다.

각계 지도자들과 선생님이 각고의 노력으로 1974년 설립한 등산학교는 봄·가을은 8주간의 주말을 도봉산장의 협소한 공간에서 숙식과 이론교육을 열고 산장 주위의 여러 암벽을 등반 실기장으로 이용하여 정규반(초급반) 수료생을 배출하였다. 여름은 설악산의 권금성산장을 중심으로 산장 일원에서 암벽반을 실시하고. 겨울 동계반은 설악동과 양폭산장 일원에서 교육하며 많은 산악인재를 배출하였다.

1980년대 경제개발 효과와 해외여행자유화를 맞이하여 해외등반 봇물이 터지면서 10여 년에 걸쳐 배출된 수료생들이 각 등반대에 참여하였고, 히말라야를 비롯한 유럽 북미 남미 등 전세계적으로 진출하며 탁월한 등반능력을 발휘하여 한국 산악계의 위상을 세계적 수준으로 상승시키는 데 일조하였다. 넘치는 정보력과 풍부한 장비, 과학적인 등반기술의 진화로 한국 산악문화의 르네상스를 열었을 뿐만 아니라, 한국등산학교의 설립취지와 위상이 대외적으로 증명되는 초기 결실을 맺어가고 있었다.

개교 10년 만에 최대 위기 맞아

하지만 등산학교의 환경이나 지도강사들의 처우 등은 별다른 변화가 없었다. 설립 당시부터 학교 재정은 학생들의 수강료와 뜻있는 분들의 협찬 수입에 맞추어 지출을 조율해야만 하는 어려운 처지여서 경제발전 속도에 비례하는 등산학교의 발전적 변화는 불가능하였다.

그간 후배 산악인 양성을 위하여 별다른 보수도 없는 열악한 환경에서 많은 시간을 쏟아붓고 열정을 불태우는 지도강사들에 대한 예우와 취약한 교육기반에 오랫동안 가슴앓이를 하시던

권효섭 선생님은 1983년에 국회의원직과 뒤이은 MBC 전무이사직마저 그만두게 되었다.

항시 안전사고를 잠재하고 있는 등산학교의 등반실기는 발생 가능한 돌발적 경우에 대비하여 사회적 외풍을 감당할 수 있는 바람막이가 필수적이었다. 한국등산학교가 산악계의 시각으로는 그 존재가치와 명분이 명확한 기구였겠지만 일반 사회적 시각으로 본다면 무허가 사설단체에 불과할 수도 있었다. 불의의 안전사고가 발생했을 경우 그 책임이 대표자에게 집중되는 치명적 취약점을 안고 있는 것이 학교의 현실이었다. 교장선생님의 사회적 직책은 그간 암묵적 바람막이가 되었던 터, 앞으로 등산학교는 외풍을 그대로 감당해야 한다는 의미였다.

때를 같이하여 교장선생님의 복심으로 등산학교의 전반적 업무를 총괄하고 학교 운영에만 전념했던 김경배 선생님이 가족과 함께 미국으로 이민을 떠나게 되었다. 복합적 난관에 처한 권효섭 교장선생님은 개교 10년을 맞이한 1984년 봄 정규반을 끝으로 한국등산학교의 진로에 대하여 깊은 고뇌를 하시게 된다.

산악계의 유일한 산악 인재 양성소로 기틀을 다져온 한국등산학교를 이양할 적합한 대상도 없었고 복잡 다양한 학교운영을 보수 없이 전념할 수 있는 인물도 찾을 수 없었던 교장선생님은 여름 암벽반을 휴교하고 이어지는 가을 정규반도 결국 휴교하게 된다. 거의 폐교 수순에 가까웠던 등산학교에 대하여 학교 관계자인 지도선생님들과 많은 산악인들의 갑론을박은 교장선생님의 입지를 더욱 힘들게 하였다.

당시 서울시연맹의 회장직을 맡고 계시던 교장선생님은 고육지책의 결단을 내린다. 등산학교를 서울시연맹의 부설기관으로 귀속하여

법인체의 울타리를 세우고 고정급을 받을 수 있는 산악연맹의 사무국장을 등산학교의 교무업무를 겸하게 하여 김경배 선생님의 자리를 대체하기로 하고 그 결정을 학교관계자들과 논의하게 되었다.

그러나 한국산악계의 대표적 교육기관이라는 자부심으로 한국등산학교에 몸을 담으신 안광옥 부교장과 백경호 등 특히 한국산악회에 뿌리를 두었던 선생님들의 불만이 거세게 표출되었다. 한국등산학교는 한국 양대 단체의 협동적 산물이며 양측 지도자들의 헌신으로 우수한 산악인들이 배출되는 자랑스럽고 독보적인 등산교육기관이다. 그러한 학교를 서울시연맹으로 귀속한다는 것은 학교의 위상을 격하시키고 전 산악인들을 무시하는 결정이라는 생각이었다.

그렇다고 특별한 대안도 없는 상태에서 끝내 이견을 좁히지 못한 안광옥 부교장님과 백경호 선생님 등 몇몇 분들은 10여년의 헌신과 막대한 공적을 뒤로하고 학교를 떠나고 만다. 이유야 어떠하건 교장선생님에게는 학교의 엄청난 자산이 손실되는 아픔을 감내하신 것이다. 필자가 1980년 미국 요세미티를 무모하게 도전한 이유도 백경호 선생님의 열정적인 강의의 영향이었으니 나 이외의 수많은 학생들에게 미친 그 분들의 영향은 말로 표현하기 어려울 것이다.

1985년 초 교장선생님은 서울시연맹에 등산학교 설치규정을 제정하고 실기강사로 봉사하던 조용식(전 재미산악연맹 회장)을 산악연맹의 사무국장으로 임명하여 봄 정규반 개설을 준비하였다. 아울러 학생 수의 확충을 위하여 도봉산장 옥상에 강의 천막을 설치하며 만 40세 이하의 입교 조건도 해제하였다. 수강료 수입의 확충으로 학교재정을 최소한의 고정 지출이나마 감당할

수 있는 수입구조로 균형을 잡으려는 시도였다.

　다시 개설된 학교는 안정을 찾기 위한 조용식 신임국장의 피땀 어린 노력으로 안정적 재정과 학교 행정의 기틀을 새롭게 마련하였고 강사들의 대다수를 학교 수료생들로 구성하였으며 학교에 대한 높은 충성도를 바탕으로 밀려드는 학생들을 열성적으로 교육시켜 무사히 수료과정으로 이끌었다. 그러나 교장선생님의 염려는 한동안 이어졌다. 이전 공직에 계실 때도 공무가 없을 시 학교 개강 중에는 지도선생님들과 숙식을 함께하며 실기 교육장 곳곳을 같이 다녔지만 사사로운 일의 관여나 필요 이외의 언급은 일절 하시지 않으셨고 염려의 모습 또한 볼 수 없었다. 언제나 조용하고 근엄한 표정으로 일관하셨다. 그렇지만 고목처럼 굳건했던 선생님들의 빈 자리는 학교에 대한 헌신적 열정이나 숙련된 등반 기술로는 메울 수 없는 노련한 산악지도자들의 자리였기에 긴 시간 교장선생님의 관여와 언급과 노심초사로 대체해야 했다.

아직 어둠이 가시지 않은
도봉산장 앞에서
새벽 5시에 기상하여
구보와 체조를 끝내고
힘겹게 올라오는 학생들을
다독이며 맞아주시던
권효섭 선생님.

정규교육 외 특별반 교육으로 역할 넓혀

10년차 위기를 넘기신 교장선생님은 거의 모든 시간을 서울시연맹과 등산학교 운영에 집중하였다. 사계절의 개교 기간을 빠짐없이 참석하여 학생과 강사들을 격려하고 환경과 운영의 개선점을 파악하시려고 부단히 애를 쓰셨다. 도봉산장의 야전침대, 권금성산장의 모기떼, 수용소를 방불케 하는 양폭산장의 갈치잠을 주무셔도 단 한 번 불평하신 적이 없었다. 단출했던 강사들의 식사자리에선 늘 고마움을 표시했다. 많은 강사들의 식사를 위해 산장까지 공수되는 지게 짐의 무게를 느끼시기 때문이었다.

　강사들의 노고에 보답하고자 교장선생님은 조금씩 모아둔 재정으로 일본의 다테야마, 다니가와다케, 미국의 존뮤어트레일, 레이니어 등 해외등반 비용을 보조하며 강사들의 사기를 진작하였다.

　한편 등산학교의 독립 체제를 구축할 목적으로 개교 초기에 시도했던 교육청 인가를 얻기 위해 학교의 상시교육체제 방안을 강구하였다. 정규 교육이 없는 기간의 도봉산장은 연중 가동할 수 있는 교육 프로그램이 있어야 했고 상시 상주하는 소수의 전임강사와 더불어 그들의 생계를 보장할 만한 수입구조도 갖추어야 했다. 그것은 긴 호흡의 접근을 필요로 하였기에 산악연수원을 신설하여 최대한의 다양한 프로그램을 연구하였지만 평일의 연속적인 산악교육은 도저히 불가하다는 결론에 이르러 2년간의 노력 끝에 포기하게 되었다.

　그렇다고 등산학교가 답보 상태에 머무른 것은 아니었다. 정규교육 외에도 경찰산악구조대, 경찰특공대, 국립공원관리공단, 중앙소방학교, 국가주요기관 등 열거할 수 없을 정도의 현장교

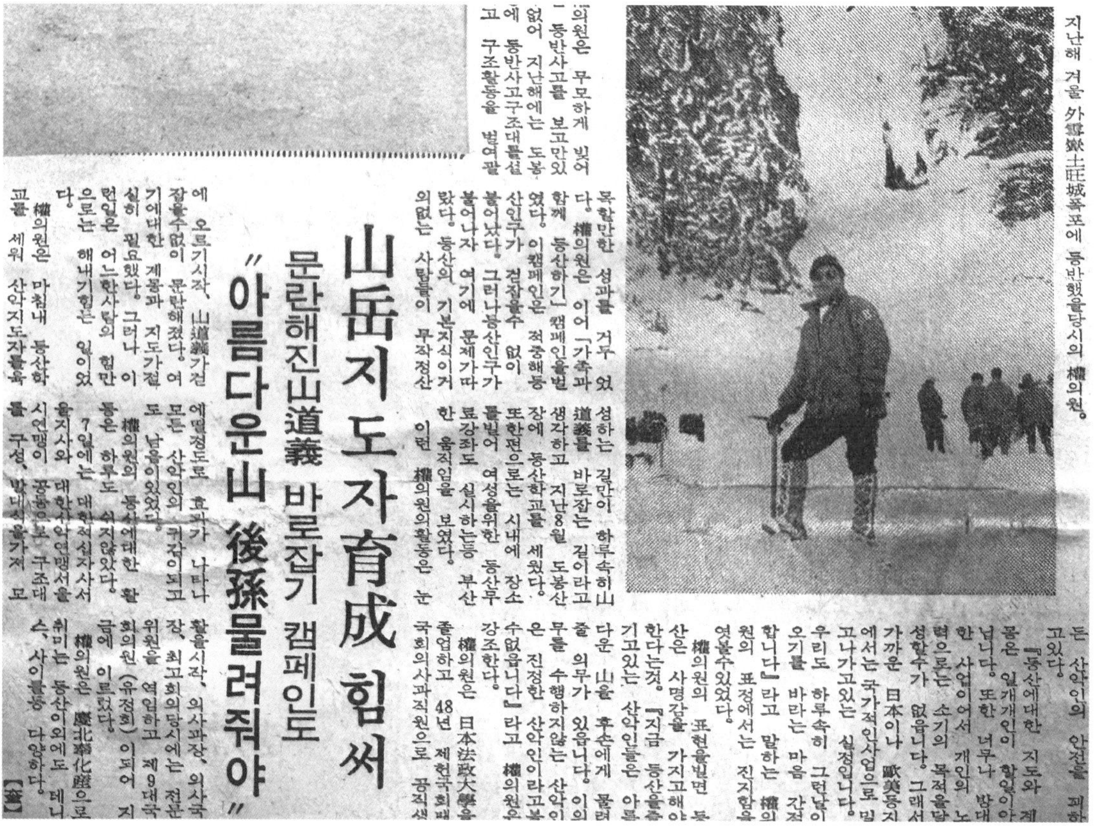

山岳지도자育成 힘써

문란해진山道義 바로잡기 캠페인도

"아름다운山 後孫물려줘야"

권효섭 교장선생님의 산악 지도자 육성 노력을 보도한
당시 중앙일간지 기사. 선생님은 대외적으로 적당한 신망을 갖추고
산악문화와 산악교육을 이해할 수 있는 지도자를 찾고자 했다.

육과 강좌 등을 개설하여 각 기관들의 기술향상과 한국산악문화의 발전에 지대한 공헌을 했다.

등산학교는 단위 산악회의 활성화에도 많은 기여를 하였다. 학교를 수료한 학생들은 각 산악회로 수혈되었고 확고한 목표의식으로 한국 등반 방식의 다양화를 추구하고 학구적 열정으로 공부하는 산악문화를 형성하였다. 세계 유명 등반지에서 선진 산악인들과 어깨를 나란히 하고 국내적으로는 안전사고의 주범이었던 노후볼트 교체작업을 비롯하여 유명 암장의 미국식 그레이드 작업을 완성하여 체계화된 등반기술을 획기적으로 발전시켜 나아갔다.

1999년, 사반세기 파란만장한 여정 마무리

1994년 학교의 스무 돌을 맞이하면서 교장선생님은 떠날 준비를 시작하셨다. 이미 1992년 1월에 격동의 20여 년을 이끌어 오던 서울시연맹 회장직을 그만두시었고 청년기에 접어든 등산학교의 재도약을 위해서는 새로운 지도자가 필요하다는 것도 인지하셨다. 또한 칠순의 선생님에게 실기교과가 시행되는 산악지형 중 특히 설악산의 동행은 버겁게 다가왔고 사회적으로도 운신의 폭이 좁아지면서 학교운영에 도움을 주었던 간접적 지원마저 줄어드는 추세였다.

교장선생님은 대외적으로 적당한 신망을 갖추고 산악문화와 산악교육을 이해할 수 있는 지도자를 찾기 시작했다. 학교의 근본 취지를 고수하며 과속 진화하는 산악계의 변화에 부응할 수 있는 능력을 갖춘 인물, 특히 강사들의 처우를 개선할 수 있는 재력을 겸비한 새로운 지도자를 물색하는 동안 등산학교는 몇 바퀴의 궤도를 더 돌았다.

한국 산악계의 압축성장을 견인한 중심에는 분명히 등산학교 수료생들이 있었다. 1990년대 중반에는 이미 중견 산악인으로 성장하여 산악연맹의 많은 이사들로 구성되었으니 그들을 바라보는 교장선생님의 감회는 어느 누구도 짐작할 수 없을 것이다. 그렇게 자식처럼 성장한 제자들이지만 후배 산악인으로 자리를 마주하면 예의를 벗어나거나 소홀하게 대하는 일은 없으셨다. 맹종의 선후배 문화에 젖은 우리가 꼭 배워야 할 존경스러운 부분이다.

가까운 이들에게 한 가지 이상의 가르침을 주시고 때로는 진한 울림을 주시던 권효섭 교장선생님은 새천년의 시작을 앞둔 1999년, 당신께서 끝내 이루지 못한 것들을 대학산악연맹 이인정 회장에게 숙제로 넘겨주시면서 7,000여 명의 제자들을 배출한 등산학교 사반세기의 파란만장한 여정을 마무리하셨다.

그 후로는 학교의 성장을 먼발치에서 바라보시던 교장선생님은 좋아하시던 도봉산장의 오동나무에 물이 오르고 벗나무의 눈부신 잎이 시린 바람에 흐드러지던 2017년 4월 14일 이른 새벽 아흔 둘의 생을 마감하셨다.

권효섭 교장선생님! 개인적으로 지쳐 있을 때, 따뜻한 식사와 함께 다정다감하게 위로해 주시던 기억이 님의 침묵으로 피어난다. 그리고 지금도 도봉산장에는 학생들의 웃음꽃이 피어난다.

한국등산학교 설립위원

권효섭 초대교장

1925년 生 2017년 卒
한국등산학교 설립자이자 초대
교장
(1974년~2000년 재임)

1945 일본 호세이대학 법학부 졸업
1961 국회사무처 의사국 국장
1973 제9대 국회의원
1974 한국등산학교 초대 교장
1979 대한적십자사 서울지사
　　　상임위원
1980 문화방송, 경향신문 전무이사
1981 대한산악연맹 회장
1988 국립공원협회
　　　북한산 동부지부 지부장
1988 (사)국우회 회장
1994 국립공원공단 자문위원
1973~1992
　　　서울특별시산악연맹 회장

담당과목: 산악운동의 방향
소속: 국회산악회

안광옥 설립위원

1923년 生 2017년 卒
한국산악회 대표 산악인이자
한국등산학교 초대 부교장
한국산악회 고문/한국산악동지회
회원

1946 한국산악회 가입
　　　(가입번호 118번)
1958 한국서울산악회 창립멤버
1960 백운산장 건립멤버
1962 대한산악연맹 초대 이사
1963 하계산간학교 개설
1971 겨울등산학교 개설
1974 한국등산학교 초대 부교장

소속: 한국산악회

이숭녕 설립위원

1908년 生 1994년 卒
대한민국 학계의 대표적인
지식인이자 산악인

1935 진단학회 입회
1948 한국산악회 이사
1959 한국산악회 부회장
1962 대한산악연맹 초대 회장
1968 한국직장산악인협회 회장
1974 한국등산학교 설립위원
1979 자연보호중앙협의회 위원장
1985 한국산악회 회장

소속: 설령산악회

강호기 설립위원	김인섭 설립위원	김경배 설립위원

1941년 生 2003년 卒 한국등산학교 교육 기틀 다진 초대 학감	1944년 生 2021년 卒 프랑스 ENSA 유학을 다녀와 선진 산악기술 보급에 앞장 선 강사	1945년 生 선후배 강사들간 소통과 조율 담당한 중추적인 강사

1971 로체사르 원정대원 　　　대한산악연맹 전무이사 　　　대한산악연맹 재미지부 　　　부회장 1974 한국등산학교 초대 학감 1993 여성 에베레스트 등반대 단장 1996 대한산악연맹 감사 　　　국립공원공단 비상근 　　　관리이사 　　　'사랑의 꽃집' 대표 　　　한국산악동지회 결성	1964 은벽산악회 창립 1969 선인봉 은벽길 개척 1971 프랑스국립스키등산학교 　　　(ENSA) 교육수료 　　　(국제 아마추어 리더교육) 1972 알프스 최고봉 　　　몽블랑(4,807m) 등정 1974 한국등산학교 교육부장 1975, 1977 　　　한국 에베레스트 1차 　　　정찰대 부대장 1979~1984 　　　네팔 카트만두에서 　　　게스트하우스 운영	1974 한국등산학교 총무부장 1975 마나슬루 정찰대장 1976 제3차 마나슬루 원정대 　　　등반대장 1979~1983 　　　서울특별시산악연맹 　　　구조대장 1981 안나푸르나 산군 정찰대장 1982 선경 람중히말 여성원정대 　　　매니저 1984 재미뉴욕산악회 고문 1995 금강산·백두산 등반대장

담당과목: 한국 등산사 소속: 고려대학교 OB, 하켄클럽	소속: 은벽산악회	소속: 피톤산악회

현존 最古 선배에게 듣는,
등산학교를 만든 사람들 이야기
─김경배 설립위원 인터뷰

"반짝반짝 빛나던 젊은 시절 바친 게
한국등산학교예요"

한국등산학교의 설립에 관한 공식적인 기록은 20주년을 기념하여 발간된 〈스무돌〉,
25주년을 기념하여 발간된 〈사반세기〉에 있다. 하지만 공식적인 기록에 가려진 당시의 분위기,
배경 등 살아 있는 이야기가 궁금했다. 50년이나 지난 일이고 설립위원이셨던 대부분의 선배님들은
이미 돌아가셔서 유일하게 살아 계신 김경배 설립위원님을 모셨다. 인터뷰는 한필석 교장,
박미경 전 강사, 김영주 강사, 박명렬 강사가 진행했다.

글. 김영주 (강사, 암벽반 47회) / 그림. 김은솔 (정규반 98회)

대한민국 최초의 등산교육기관 설립

1974년 6월 서울특별시 산악연맹 회장이었던 권효섭 국회의원, 서울산악회 부회장이자 한국산악회 이사였던 안광옥, 서울특별시산악연맹(이하 서울시연맹) 강호기 이사, 서울시연맹 김경배 사무국장, 한국산악회 김인섭 기술위원, 서울대 대학원 원장이었던 이숭녕 박사 등 6명의 설립위원이 주축이 되어 대한민국 최초의 상설 등산학교 '한국등산학교'를 설립했다. 당시 대한민국의 상황은 1인당 국민소득 542달러였으며, 한국전쟁 이후에도 휴전선에서는 남북의 대립이 팽팽했던 정치, 안보 상황도 불안하던 시대였다. 소위 선진국들의 전유물이었던 등산 교육을 이런 어려운 시기에 시작하겠다고 결심을 하기는 어려운 시절이었음은 쉽게 상상할 수 있을 것이다. 어떤 뜻으로 등산학교를 만들겠다고 도원결의하였을까? 김경배 설립위원은 그 당시의 분위기를 이렇게 설명한다.

> "그때는 서울시연맹하고 한국산악회가
> 알게 모르게 경쟁관계랄까, 완력다툼이랄까
> 묘한 분위기가 있었어요. 그런 분위기에서
> 파벌이나 어떤 산악계 출신에 관계없이
> 모두를 아우르는 산악계의 학교를 만드는
> 게 첫 번째 목표였어요. 말하자면, 권효섭
> 교장선생님은 산악연맹의 대표셨고, 젊은
> 사람들 사이에서 인기가 많고 카리스마가
> 있던 안광옥 선생님은 한국산악회쪽의
> 대표셨죠. 그런 조화로운 조합이었고,
> 그 하부 조직인 실무자는 연맹에서는 김경배,
> 한국산악회에서는 김인섭, 그리고 그 둘을
> 조율할 수 있는 강호기 선배가 있는, 그런 균형
> 잡힌 구도로 시작했어요."

어려운 시기인 만큼 누가 주도권을 가질 것인가 하는 사사로운 욕심보다는 제대로 된 등산교육을 하겠다는 대의가 있었던 것이다. 더불어 비교적 재정적으로 여유가 있던 서울산악회가 설악산에서 비정기적으로 실시했던 '겨울등산학교'도 한국등산학교 설립의 배경에 있었다고 설명한다.

'학교'라는 이름으로 등산교육기관을 만들고자 문의했던 담당부서 문교부의 국장은 '산에 솥단지 들고 가서 밥 해먹고 오는데 무슨 교육이 필요하냐?'라고 말했다. 그런 인식의 한계보다 어려운 것은 규정과 제도였다.

'학교'를 설립하려면 현실적으로 해결하기 어려운 규정들이 많았다. 그래서 '학원'으로 설립을 하려고 방향을 전환하였으나, 그 역시 수입이 발생해야 하며, 체육학원으로서 샤워장, 체육관 등 시설을 갖춰야 하는 요건이 있었다. 충족하기 어려운 제도의 높은 벽이었다. 심지어 초등학교에서 학생들이 지도를 그려도 행정적으로는 불법이었던 시절이었다고 한다.

최신식 장비와 〈등산〉이라는 완성도 있는 교재가 있는 지금과는 달리 아무 것도 없는 환경에서 어떻게 교육을 했을까? 튜브형 하강기와 마찰열에 강한 코드 슬링을 이용한 백업까지 설치하여 하강을 하는 지금과 달리 당시에는 현수하강(몸에 로프를 감아서 몸과 로프의 마찰로 하강 속도를 줄이는 하강 기술, '듈퍼식 하강'이라고도 한다)을 가르쳤고, 확보(빌레이)도 몸에 로프를 감아서 했다.

현재 도봉산장 뒤에 있는 '타이어바위'가 하강과 확보(빌레이) 교육 현장이었다. 확보자의 몸에 연결된 로프에 15kg짜리 타이어를 매달아 허공으로 던지면 그것을 낚아채는 방식이었다.

'15kg짜리 타이어가 떨어져도 이렇게 충격이 큰데 네 동료가 떨어지면 얼마나 큰 충격이 오겠냐'며 몸에 오는 충격을 경험케 하며 학생들에게 확보(빌레이)의 중요성을 가르쳤다고 한다. 도봉산장 뒤편의 바위뿐 아니라, 부엉이바위 등의 교육장도 강사들이 도봉산을 샅샅이 훑어서 찾아 만들었다.

당대 최고 산악인들 열정적으로 활약

서울시연맹 구조대로 활동하던 김경배 설립위원에게 등산교육에 대한 깨달음을 준 사건이 있었다. 1971년 11월 28일 북한산 인수봉 정상에서 로프 하강을 하던 클라이머 40여명이 조난을 당해 7명이 사망하고 16명이 중경상을 당했다. 갑작스러운 기상악화가 사고의 원인이었다. 기온이 갑자기 영하 10도까지 떨어지고 강풍이 불어오는 상황에서 하강을 하다가 로프가 엉켰다. 현장에 출동한 김경배 설립위원은 당시 상황을 보고 등산학교에서는 '왜?'라는 인식을 가르치자는 생각을 했다고 한다.

"로프에 시신이 쭉 매달려 있었는데, 가장 아래쪽에 동사한 시신이 있었어요. 지면에서 3m 정도 높이였는데, 몸에 묶여 있는 로프만 풀어도 2m이고 팔길이가 60cm이니까, 몸에 묶인 로프를 풀고 줄을 잡고 내려오면 살 수 있었던 안타까운 사고였어요. 짐승도 덫에 걸리면 당황해서 도망칠 수가 없잖아요. 말하자면 그런 상황이었어요."

한국등산학교 김인섭 강사는 1971년 ENSA (프랑스국립스키등산학교, Ecole Nationale de Ski et d'Alpinisme)를 다녀온 인재였다. 지금도 동계반에서 가르치는 '프렌치 테크닉'을 그 당시에 열정적으로 교육했다. 새로운 학술적이고 선진적인 유럽의 등산 기술, 용어, 형태를 가르쳤다. 빙질과 설질이 다른 우리나라의 환경에서 바로 적용이 어려운 기술도 있었지만 당시에는 아주 획기적이었다.

백경호 강사는 원서를 볼 정도로 영어에 능통했다. 같이 요세미티 이야기를 나누었던 미국

김경배 설립위원(좌측 안쪽)을 인터뷰 중인 현직 강사들.

클라이머들이 '저 사람은 요세미티를 몇 번이나 다녀온 사람이기에 이렇게 세세하게 잘 알고 있느냐?'고 물어볼 정도였다. 사실 백경호 강사는 요세미티를 가 본 적도 없는데, 하도 공부를 많이 해서 듣는 사람이 착각할 정도였던 것이다.

학교 커리큘럼은 김인섭 강사가 주로 만들었으며, 교재는 백경호 강사가 해외의 등반 관련 교재와 기사를 번역하여 참고했다고 한다. 외국의 교재와 기사를 번역했다고 해서 그대로 따라하지는 않고, 우리나라의 환경과 상황에 맞게 바꾸어 적용했다.

그 어느 나라에서 타이어를 확보자의 로프에 묶어 절벽 아래로 던지겠는가?(실제로 도봉산장 뒤편의 커다란 바위 위에서 이렇게 교육을 했다) 우리나라의 산악계 인물 중 소위 엘리트라고 할 만한 분들이 등산학교의 기초를 만드는 데 중요한 역할을 했다. 또한, 학생들도 외무부 직원, 국회 직원, 교사, 금융업계 직원 등 엘리트들이 많았다.

등산학교를 유지하는 데에는 학술적으로 뛰어난 강사도 필요하고 기술적으로 뛰어난 강사도 필요하겠지만, 눈에 잘 띄지 않는 허드렛일도 하는 강사도 많이 필요하다. 당시 이런 역할을 처리하는 강사도 많이 있었다고 한다. "지금도 내 생각인데 큰 산을 가려면 그런 자잘한 것부터 할 줄 알아야 해요. 그런 인원들이 많아서 우리가 버틸 수 있었던 거예요"라고 김경배 설립위원은 말한다.

강사들간의 팀워크는 아주 좋아서, 대충 서로 눈빛만 봐도 무엇을 해야 하는지 알 수 있었고, 그런 유기적인 단합력으로 교육을 안전하게 진행할 수 있었다.

열악한 환경 극복에 도움주신 당시 사회 어른들

최초의 등산학교인 만큼 어려움도 많았지만 도움을 주시는 어른들이 많았다고 한다. 서울에서 이화여대병원장을 역임한 이기섭 박사도 그 중 한 분이다.

설악산이 좋아서 속초로 가셨다는 이기섭 박사는 산악인들을 설악산으로 불러모으려 했고, 산악인들에게는 든든하게 의지할 수 있는 존재였다고 한다. 설악동에서 속초를 나가기에도 어려웠던 시절, 한국등산학교 동계반에 늘 오셨고, 문제가 생기면 늘 도움을 주시는 동계반의 교장 선생님 같았다고 한다.

또 서울시연맹 김인식 회장님, 서울대학교의 이숭녕 박사님도 그런 분이셨다고 한다. 당시 우리나라에서 교육자로서 인정을 받는 이숭녕 박사님도 1시간짜리 짧은 강의를 하러 도봉산장을 오셨다. 어느 날 갑자기 전화를 하셔서 "이 사람아 왜 연락이 없어!", "다음 주입니다.", "그럼 진작 연락을 줘야지!" 이런 대단한 관심과 열정이 있으셨다고 한다.

당시에는 반공교육도 있었는데, 전임 해군 참모총장님이 강의를 맡아 하셨다고 한다. 열악한 학교 사정으로 2~3천원의 강사료를 드렸는데, 택시비도 안되는 작은 돈을 받고 오직 열정으로 참석하셨다고 한다. 학생들 역시 등산은 하고 싶은데 길은 없고 그런 상황이어서 열정이 대단했다고 한다.

어렵고 힘들게 등산학교를 시작했기 때문일까, 당시 한국등산학교 강사들은 매사 조심스럽고 보수적이었다고 한다. 외부의 시각으로 봤을 때 '파벌'이나 '세력화'로 보일까봐 일부러 졸업생들과의 만남도 의식적으로 피했고, 심지어 복장도 유럽식의 셔츠에 니커보커 바지를 단정하게 입을 것을 고수할 정도로 보수적이었다. 산을 배우고 싶은 모든 사람들이 올 수 있는 순수한 교육기관으로서 한국등산학교를 만들고 유지하기 위해 노력했다.

하지만 등산학교에 대한 부정적인 사회의 인식은 넘어야 할 산이었다.

"지금이야 다 배워서 하는 거잖아요. 수영도 배워야 하고, 등산도 기왕 하는 거 배우면 좋잖아요? 그런데 그 때는 안 그랬어요. '산에 가는 것을 배워서 가? 집 뒤에가 다 산이고, 솥 들고 올라가서 나무 때서 밥 해먹고 내려오면 되지'라는 생각이었어요. '바위를 왜 해?' 어떤 사람들은 '등신학교'라고 조롱하기도 하고, 산악회에서도 회원들이 등산학교에 가는 것을 싫어했어요."

김경배 위원은 당시의 상황을 설명했다.

권효섭 초대 교장선생님은 국회의원이셨지만 등산학교에 많은 관심과 시간을 투자하고 노력을 하셨다. 국회의원이라 근엄한 자세로 구경만 할 수도 있었겠지만, 교장선생님은 학교에 오시면 나무로 된 피켈로 손수 떡국을 젓곤 하셨다. 그 누구에게도 특권은 없었다. 비좁은 잠자리에 서열 순으로 나란히 누워 잤고, 새벽 6시가 되면 일어나 나무를 때서 밥하면, 다 똑같이 나눠 먹었다.

"교장선생님이 덜 받았으면 덜 받았지. 모두 밥 한 그릇에 임연수어, 김 한 장을 각자 받고 김치는 나눠 먹고 그랬어요. 그때는 임연수어가 쌌어요."

음주하면 퇴교 조치, 강사료는 오징어 한 축

세 시간에 걸친 인터뷰에 지치실 법도 한데, 시간이 지나면서 표정에 생기가 돌면서 말을 이어간다.

"나는 등산학교 그러면 열정 하나밖에 생각나지 않아요. 또 우리가 먼저 산에 왔기 때문에 사명감도 있었어요. 누가 누구를 가르치겠어요? 우리가 누구를 가르치는 것이 아니고, 여기에 산이 있다고 이 길로 가면 산이 있다고 손가락으로 가리키는 거에요. 그 다음은 그들이 알아서 하는 거고요. 강사들도 열정이 있었지만, 배우겠다고 오는 학생들도 열정이 대단했어요. 새벽에 구보를 하는 등 거친 군대식 교육을 했는데, 지금은 신발도 가볍고 좋잖아요? 그 당시에는 그런 게 어디 있겠어요? 투박한 등산화 신고 겨울에 뛰고 그랬지요."

사명감과 엄숙한 분위기 때문일까? 지금도 전통으로 내려오는 교육기간 중 음주 금지 규정은 당시에도 있었다. 음주 금지 규정을 어겼다가 적발되면 가차 없이 퇴교조치를 했다고 한다.

동계반 설악산의 비좁은 양폭산장에서는 잠자리는 일단 학생들을 침상에서 잘 수 있게 배정하고, 강사들은 서열 순서대로 누웠다. 잠자리가 부족하기 때문에 서열의 아래에 있는 강사들은 한겨울에도 비박을 할 수밖에 없었다. 그렇게 고생한 강사들에게 지급되는 강사비는 오징어 한 축이었다. 등산학교에 교육을 하러 왔다가 빈손으로 집에 가지 말라고 그나마 배려한 것이 당시에는 비교적 저렴했던 오징어 한 축이었고, 그게 강사비였다.

동계반 교육이 끝나면 척산온천에서 목욕하고, 어느 할머니집에서 물회 한 그릇 먹고 오징어 한 축을 손에 들고 가는 재미가 있었다고 한다. 지독한 냄새를 풍기며 들어와 하수구가 막힐까 봐 걱정될 정도로 때가 나오는 강사들을 보고 척산온천 주인은 기겁을 했다고 한다.

늘 든든하게 자리 지키셨던 권효섭 초대 교장님

인터뷰를 마무리해야 할 시간이 다가오며, 김경배 설립위원은 그 시절로 되돌아간 듯 마치 어제 일처럼 권효섭 초대 교장님을 만났던 당시를 회상한다.

"내겐 그때가 전부였고, 가장 반짝거렸던 시절에 좋은 분을 만났죠. 깜짝 놀랐어요. 어디 저런 분이 다 있나? 제대하고 집에 있는데, 강호기 형한테 연락이 와서 무슨 등산대회를 하니깐 시설부장을 하래요. 노가다지요. 한 열댓 명을 데리고 갔어요. 그런데 거기에서 누가 내 성질을 돋궜어요. 이래 봬도 클라이머인데! 비바람이 몰아치는데 싸움이 났어요. 후배들한테 '야! 짐 싸!' 그랬어요. 대회는 못하게 되는 것이었지요. 그러고 나오는데, 딱! 그 양반하고 마주쳤어요. 젊고 겁이 없던 시절인데, 만나자마자 나도 모르게 손이 공손하게 내려가더라구요. 교장선생님께서 국회사무처 의사국장 시절이었어요. '나랑 잠깐 얘기 좀 하자. 내가 다 봤다. 당신이 옳다. 나라도 그렇게 한다. 근데 문제는 당신이 그렇게 떠나면 모든 책임이 당신한테 간다. 그런데 그런 소리를 듣게 된다는 거에 내가 마음이 아프다.' 이러시는 거예요. 내가

그 양반의 그 분위기에 빨려들어갔어요. 생각해 보면 그 때 교장선생님은 산전수전 다 겪은 불혹이고, 국회에서 부정투표, 사사오입 이런 거 다 겪고, 난다 긴다 하는 사람들 하고 일했는데, 나 정도야 아무 것도 아니지요. 내가 그래서 짐을 내려 놨고, 그게 인연이 되었어요."

세 시간이 짧게 느껴질 정도로 당시의 이야기들을 생생하게 풀어내고 얼굴에 환한 미소를 지으시며 인터뷰를 마무리했다. 동계반 설악동에서 양폭산장까지 어프로치를 하는 동안 시간이 짧게 느껴질 정도로 재미있는 얘기를 끊임없이 하신다는 목격담이 있었는데, 과히 그 내공은 시간이 지남에도 사라지지 않았다.

여섯 명의 설립위원 대부분이 돌아가시고, 마지막으로 생존해 계신 설립위원을 만난다는 조급함과 조심스러움은 대선배님의 건강하고 활기찬 모습을 뵈니 기우에 불과했다. 한국등산학교 강사로서의 내공은 여전하셨으며, 반짝이는 젊은 눈빛과 환한 표정의 대선배 강사님의 인터뷰를 하는 내내 후배 강사들의 얼굴에도 환하게 미소가 번졌다.

친목 이상의 의미
한국등산학교 총동문회

2013 타르푸출리

한국등산학교 총동문회는 여느 동문회와 달리 단순 친목도모 이상의 의미 있는 활동을
활발하게 이어나가고 있다. 등산학교에서 배운 산의 학문을 더욱 깊이 있게 공부하고
연구하며, 회원끼리 지식과 경험을 나누는 장이며, 동문 산행, 동문 해외원정 등
등반활동도 적극적으로 하고 있다.

1974년 9월 '한국등산학교 총동창회'라는 이름으로 결성됐다. 2014년 한국등산학교 총동문회로 이름을 바꾼 총동문회는 한국등산학교 과정별 입학식과 졸업식에 참석해 동문환영행사를 진행했다. 매년 기수별 간담회, 등반대장 모임, 총무단 회의, 체육대회, 합동산행 등의 정규행사를 한다.

총동문회의 가장 큰 업적은 회보 겸 산악지인 〈산학(山學)〉과 암벽등반 안내집 〈바윗길〉 발간이다. 총동문회는 '산의 과학화, 산의 기록화, 산의 교육화'의 이념을 걸고 1986년 2월, 회보 겸 산악지인 〈산학〉을 발간했다. 등반기술과 등산의학, 등산식량, 등산장비, 지리, 기상 등 분야별 전문지식들과 동문회 소식 등을 다뤄 학술적 또는 문화적으로도 그 가치가 매우 높다. 〈산학〉은 1993년 7월 제12호를 마지막으로 중단되었는데, 이어서 1993년 11월에 월간 〈산학회보(山學會報)〉를 창간했다. 〈산학회보〉도 1998년 12월 47, 48호를 끝으로 더 이상 발행되지 않고 있다.

〈바윗길〉은 한국등산학교 총동문회가 1987년 10월부터 1990년 4월까지 2년 반이 넘는 기간 동안, 북한산 인수봉과 도봉산 선인봉의 암벽 그레이드를 조사하고 정리한 끝에 탄생한 결과물이다. 최근까지도 암벽등반가의 필독서로 꼽히는 〈바윗길〉은 국내 최초로 미국식 난이도 등급체계를 부여했고 우리 실정에 맞는 난이도 등급체계를 재정립했다는 데 의의가 있다. 특히 국내 산악계의 어떤 단체도 하지 못했던 일을 해냈다는 점에서, 한국등산학교 총동문회의 저력을 보여준 쾌거이기도 하다. 이후 국내의 암벽등반 난이도 등급체계를 우리 실정에 맞는 방식으로 바꾸는 계기가 되었다.

당시 한국등산학교 총동문회 박규동 회장은 발간사를 통해 〈바윗길〉 발간의 의미를 다음과 같이 밝혔다.

"인수와 선인은 우리 바윗꾼들이 하늘을 걷고자 했던 꿈을 실현시키는 바윗길의 표본입니다. 그리고 여기 펴낸 〈바윗길〉은 바로 그 표본인 인수와 선인의 바윗길 안내서입니다. 불교의 경전이나 기독교의 성서가 우리의 삶을 올바르게 이끌 듯 〈바윗길〉은 건강한 육체와 영혼을 지니고 더 높은 곳을 오르려는 바윗꾼들의 소중한 길잡이가 되리라 여겨집니다.

- 중략 -

이제 그 결실의 일부를 〈바윗길〉이라는 책자로 펴냄에 있어 이렇듯 아름답고 장엄한 인수봉과 선인봉을 자연 그대로 물려주신 선조들, 그리고 인수와 선인을 바윗길로 개척하여주신 산악 선배님들에 대한 존경과 감사의 마음을 품지 않을 수 없습니다. 아울러 바윗길을 오름으로써 인생의 진실을 깨우쳐주었던 분들의 높고 숭고한 뜻을 계승하고 발전시켜야 된다는 무거운 책임감을 느끼게 됩니다."

한국등산학교 총동문회는 여느 동문회와 달리 단순 친목도모 이상의 의미 있는 활동을 활발하게 이어나가고 있다. 등산학교에서 배운 산의 학문을 더욱 깊이 있게 공부하고 연구하며, 회원끼리 지식과 경험을 나누는 장이며, 동문 산행, 동문 해외원정 등 등반활동도 적극적으로 하고 있다.

총동문회 설립과 발전

초창기 ──────→ **성장기** ──────→ **발전기** ──────→ **현상황과 미래**

사회통념의 벽, 재정적 어려움 등 난관을 헤치며 한국 산악문화의 기틀을 다짐.

전 교육과정이 체계화되고 과학적인 훈련과 정보수집 및 관련법규 정립.

배출된 동문들은 전국 여러 산악단체에서 활동하며, 기술보급 등의 역할로 한국 산악 역사의 중흥기에 큰 역할을 함

개별, 기수별, 산악회 중심의 소그룹 활동에서 총동문회 총괄 지원체제로의 방향 전환이 필요한 때.

총동문회 사업내용 및 계획

- 총동문회는 교육, 원정, 개척 등 산악 전 분야에 걸친 기초수립과 발전의 원동력이 되어왔음.
- 총동문회는 각 기수 간 교류의 장이며, 지원본부인 베이스캠프로서의 위상을 정립해 나가고 있음.
- 원정 – 총동문회 주관으로 각 기수 추천, 학교 추천으로 원정대 구성 및 파견사업 추진.
- 트레킹 – 정기 해외 트레킹. 단 조직, 저렴한 비용으로 동문 모두 참여할 수 있는 시스템 구축.
- 춘·추계 합동산행 외에 매월 1회(셋째 주 일요일) 총동문회 주최 산행·행사 기획.
- 각 기별 동기회, 산악회 및 소그룹 활동에 정보, 기술, 인원 제공.
- 동문 운영사업체 홍보, 취업, 장비 구매 등에 편의 제공.
- 한국등산학교 역사복원 프로젝트 – 초창기 교육과정과 역사자료, 원로 및 선배 동문들의 명단을 발굴하고 그 명맥을 잇는 작업.
- 개척등반로 자료 확보 및 정리 발간, 동문 원정사 정리 발간 등의 작업을 수행하여 한국등산학교의 역사성과 위상을 재정립하고자 함.

역임회장

1~4대	박세웅 회장 (정규반 1회)	14대	사공수영 회장 (정규반 58회)
5~6대	故 박규동 회장 (정규반 4회)	15~16대	한정삼 회장 (정규반 59회)
7~8대	박만선 회장 (정규반 13회)	17대	정순배 회장 (정규반 56회)
9~10대	공용현 회장 (정규반 17회)	18대	故 김현태 회장 (정규반 62회)
11대	김경수 회장 (정규반 30회)	19~20대	손 선 회장 (정규반 58회)
12대	故 강종남 회장 (정규반 25회)	21대	김승태 회장 (정규반 74회)
13대	홍주화 회장 (정규반 35회)	22~23대	류건영 회장 (정규반 70회)

한국등산학교 총동문회 연혁

1974.9	한국등산학교 총동창회 결성. 초대 회장 박세웅(4대까지 연임),
	부회장 이종범, 이병호, 감사 심광종, 권경업
1985.12	제5대 회장 박규동 (사무실: 서울 동대문구 제기동 1067 동서울빌딩 206호)
1986.2	동창회지 〈산학〉 창간호 발간 (발행부수 2,000부)
1986.10	제1회 암장정화 캠페인 (북한산 인수봉 일대)
1987.10	인수·선인봉 암벽 그레이드 조사작업 착수
1989.3	제6대 회장 박규동
1989.9	인수·선인봉 그레이드 조사자료 종합평가회
1990.3	인수·선인봉 그레이드 단행본 〈바윗길〉 발간, 본책 5,000부와 별책 요약본 5,000부 발간
1991.1	제7대 회장 박만선
1993.1	제8대 회장 박만선
1993.11	월간 〈산학회보〉 창간호 발간 (발행부수 5,000부)
1994.1	정관개정 및 임원개선, 부회장 공용현, 김기철, 김경수, 감사 안일수, 방봉철
1995.3	제9대 공용현 회장
1995.5	총동문회 사무실 이전(종로구 숭인동 1421-2 동원빌딩 405호)
1995.8	'95한국등산학교 동창회 엘브루즈 등반대 코카서스 엘브루즈 등정
1996.7	'96한국등산학교 동창회 탈가 등반대 천산 탈가봉(5,017m) 등정
1997.3	제10대 회장 공용현, 부회장 김기철, 김경수, 감사 강종남, 오동엽
1997.8	'97한국등산학교 동창회 레이니어-요세미티 원정대, 캐스케이드 산맥 레이니어 등정
1999.1	제11대 회장 김경수
2001	한국등산학교 총동문회 홈페이지 www.sanhak.com 개설
2001	제12대 회장 강종남 (사무실 마장동)
2002	네팔 임자체(아일랜드피크) 원정 등반 (강사 2명, 동문 6명 참여)
2002	'02한국등산학교 총동문회 칸텡그리 원정대 천산 칸텡그리 등반
2004	제13대 회장 홍주화
2005	총동문회 모든 사항을 신임 집행부로 위임하고 전원 사퇴
2006	제14대 회장 사공수영
2006	춘추계 신입 기수 환영을 겸한 동문합동산행 정례화
2007	제15대 회장 한정삼, 제16대 연임
2007.6	인수봉 오아시스 살리기 작업(오아시스 나무들 치료 및 영양액 공급)
2008.4	총동문회 홈페이지 www.kasob.co.kr 개설
2008.1	태안 오염 제거봉사 (태안 모항항)
2008.7	졸업생 출신 최초의 한국등산학교 교장 이종범 취임

2010.3	제17대 회장 정순배
2010	히말라야 로부체 원정등반, 정규 제59회와 69회 합동등반대(18박19일)
2010.12	한국등산학교 총동문회 원정대 네팔 쿰부히말라야 임자체 등정
2012.4	제18대 회장 김현대
2013.12	히말라야 안나푸르나 산군 타르푸출리 등정, 각 기수 연합원정대 11명 전원 등정
2014.5	제19대 회장 손 선
2015.8	하계캠프 21~23 / 인제 원통캠프, 장군봉 등반
2015.11	네팔 지진피해 돕기 성금 전달(네팔대사관)
2016.7	제20대 회장 손선
2016.8	하계캠프 19~21 / 인제 원통캠프, 장군봉 등반
2018.6	제21대 회장 김승태
2020.6	제22대 회장 류건영
2021.3	한국등산학교 총동문회 공식 밴드 개설
2022	서울시산악연맹 힘룽히말 원정대
	(정규반 68회 김진석, 이동재, 정규반 82회 최안숙, 정규반 88회 정균일)
2022.5	총동문회 사무실 개소(우이동 성원아파트 상가 3층)
2023	서울시산악연맹 레닌봉 원정대(정규반 94회 김성은 관리이사)

한국등산학교 동문들은 지속적으로
다양한 국내 등반, 등산 및 해외원정을 지속하고 있다.

1990 다니가와다케

2002 임자체

2004 다테야마

2009 로부체

2010 임자체

2013 타르푸출리

2014 푸른돌 엘브르즈

(옆 페이지) 50주년 기념 네팔 마나슬루 라르케 피크(6,429m)
도전 중인 이은희, 김현철 동문.

한국등산학교 가족입니다

한국등산학교 50년 동안 동문에서 가족이 되신 분들도 있고,
좋은 것은 가족부터 챙긴다고 가족 간에 동문이 되신 분들도 있다.
대를 이은 한국등산학교 동문들의 멋진 가족 산행을 응원한다.

부부 김기호, 김선경(정규반 86회) &
아들 김진욱(정규반 88회)

아들 박지훈(정규반 94회) &
아버지 박선길(정규반 95회)

부부 목도상 & 이명순
(정규반 95회, 암벽반 50회, 동계반 46회)

부부 양정윤(정규반 95회, 동계반 46회) &
권홍택(정규반 92회, 암벽반 49회, 동계반 46회)

부부 이기광, 최진숙(정규반 97회) & 아들 이진우(정규반 97회)

부부 이정훈 & 박윤하(정규반 97회)

어머니 김미정(강사, 정규반 61회) &
딸 부부 박상철, 홍혜원(정규반 86회)

아버지 김정국(정규반 55회) &
아들 김대한(정규반 100회)

아버지 김태관(암벽반 24회) &
삼촌 김남일(강사, 정규반 26회) &
딸 김은솔(정규반 98회)

아버지 심기석(정규반 93회, 암벽반 50회) &
아들 심민균(정규반 99회)

아버지 이규한(정규반 9회) & 아내 윤연수(정규반 20회)
아들 이오름(정규반 45회) & 딸 이고운(정규반 69회)

아버지 故 윤주호(강사, 정규반 42회) &
딸 윤경희(정규반 100회)

알피니즘 정신으로 되살리는 옛길 복원사업

인수봉에 '한등50 알피니즘을 위하여' 작업

한국등산학교 이연희 교감을 주축으로 현역 강사들과 동문들의 도움으로 인수봉에
옛 암벽코스를 복원하고 있다. 아직 옛길의 개척자와 루트명이 밝혀지지 않았기에 복원 후
루트명(미정)은 '한등50'이며, 개교 50주년을 기념하는 의미가 담겨 있다. 복원위원들은
자연에 최대한 손상을 주지 않는 클린등반을 지향하고 낙하물 안전을 위해 최선을 다하고 있다.

글. 최승연 (한국등산학교 강사)

복원 1차 작업 및
해빙기 낙석 제거.

모든 복원작업은 국립공원과 구조대 등 유관기관과 협의하여 진행한다. 작년 12월 말부터 인수봉 옛길 사전답사를 두 차례 진행했으며, 2월 중엔 기관 협의, 4월 7일 낙석제거 기간엔 1~2피치 등반라인을 정리했다. 4월 20일엔 우중에도 위원들이 고생하여 1~2피치 청소 마무리와 3~5피치 청소, 루트파인딩을 했다.

복원코스는 총 세 곳을 진행할 예정이다. 먼저 현재 진행 중인 인수봉 옛 루트는 인수C로 진입하는 샛길에서 50m 아래쪽 좌측 하단부에서 시작하여 직상크랙엔 오래된 하켄과 상단에 문고리볼트 등이 있어 정상까지 이어지는 루트다.

1피치는 우향크랙을 따라 우상향하여 오른다. 중형캠 설치가 비교적 용이롭고 손발홀드가 좋아 별도의 고정확보물은 설치하지 않을 계획이다. 처음 청소를 시작한 날 대형낙석을 여러 차례 떨어뜨린 바 있다. 약 25m지점에서 피치를 끊으며 앵커를 설치할 예정이다.

우중 복원작업.

2피치는 실크랙을 따라 직상하며 각도가 약간은 서 있어 지구력을 요하는 피치다. 핑거크랙엔 소형캠이 필요하며 캠설치가 불가한 곳에 볼트 1개±를 설치할 수도 있다. 복원루트 중 가장 재밌는 피치로 예상되는 구간이다. 약 30m를 오르고 나면 인수C 1피치 피톤이 있는 곳에 도달하게 된다. 피톤은 공유하지 않고 새로운 체인앵커 시스템을 설치할 계획이다. 기존 인수C에도 복원위원들이 교체할 수 있게 구조대의 허가를 받아놓았다. 4월 7일 낙석제거 기간엔 이곳에서 가로세로 1.5m가량의 대형낙석을 제거하였다.

복원작업 전 안전기원의식.

3피치는 약 10m 세모 모양 쌍크랙으로 직상한다. 볼트는 설치하지 않을 것이며 크랙이 끝나는 지점에 문고리볼트가 있다. 좌측으로 3m 정도 트래버스하여 약 20m의 오프위드 크랙을 오르게 된다. 처음 청소 당시 흙과 잡목, 잡풀이 많아 상당히 애를 먹은 곳이다. 4월말 마무리 청소를 하고 나서 봐야겠지만 현재로선 5호 이상 대형캠이 여럿 필요하며 홀드 유무에 따라 난이도를 책정할 계획이다. 크랙라인 끝엔 뱀길2피치 앵커가 있다. 곁에 추가 앵커를 설치하며 길은 마무리된다.

고정로프를 이용하여 복원작업 진행.

1차 볼팅 작업 후 돌가루 제거.

두 번째 복원계획 중인 곳은 선인봉이며 설우길 우측 소나무 크랙 옆 1피치에서 직상크랙과 연꽃바위로 이어진 코스로 하켄과 문고리볼트 등이 있다. 2월 중 국립공원 도봉산 담당자와 협의하여 신루트는 불가하지만, 기존 루트 복원은 구조대와 답사 후 가능하다는 답변을 받고 4월 7일 진행하기로 하였으나 참여 예정이었던 위원의 부상으로 중단되었다. 4월 22일 이연희 교감이 답사하여 전체적인 등반라인을 잡아놓은 상태다.

　　세 번째는 울산바위로 개척자 미상인 몇 개의 루트가 확보물이 불량한 상태로 있어 이들 중 정비, 복원 계획 중이다. 3월 2일 유선상으로 국립공원 설악산 담당자와 협의해 놓은 상태이며 인수봉, 선인봉을 완료하는 대로 진행하기로 통보하였다

루트 안내도.

복원 위원 구성	총괄	이연희 교감 (기획 및 협의)
	참여 강사	강태원 강사 (작업, 장비 총괄), 이성혁 강사, 최승연 강사
	지원 동문	진명식 동문(정규13기), 이은희 동문(정규92기), 강현구 동문(암벽52기)
	자문 동문	소흥섭 동문(전 강사, 암벽25기)
	주관	한국등산학교, 한국등산학교 총동문회
	후원	서울산악동우회

한등50 알피니즘을 위하여

글. 이연희 (교감)

복원작업의 시작은 개교 50주년과 알피니즘의 인류무형문화유산 등재 기념 두 가지에 의미를 두고 시작한 사업입니다. 옛 선배들이 등반했었지만 잊혀진 옛 루트들을 현대 등반스타일에 맞게 복원하기로 결정하여 한필석 교장선생님께 답사 상황을 보고하고 학교와 총동문회 주관 사업으로 시작했습니다.

복원 작업을 위한 조직 구성에서 강태원 강사는 답사부터 같이 시작했고 이성혁, 최승연 강사가 합류하게 되었습니다. 전체 강사들에게 공지를 하지 않은 이유는 소수정예로 작업하고 싶었기 때문입니다. 그 이외에 박명렬, 박상천 강사는 시간되면 도와주기로 했습니다. 국립공원 내에 있는 옛 코스들인 만큼 강사들도 그 문제가 잘 정리되어야 동참하겠다고 해서 국립공원과 협의를 하겠다고 약속을 했습니다.

총동문회에도 전체공지로 지원동문을 모집한 건 아니고, 안면이 있는 이은희 총동문회 부회장과 교장선생님과 아이거 등반을 같이 갔었던 진명식 동문도 참여하기로 했고, 1차 답사를 같이한 강현구 동문은 자연스럽게 동참을 했습니다. 그리고 소홍섭 전 한등강사는 선인봉 복원관련해서 몇 사람을 지원해주면, 주도적으로 작업에 동참하겠다고 해서 자문을 부탁했습니다.

작년 12월 저와 강태원강사, 강현구, 박지민 동문이 인수C 1피치 피톤에서 하강하는 것으로 첫 답사를 시작, 하켄과 문고리볼트를 발견하여 옛 등반라인을 유추할 수 있었습니다. 2차 답사는 올 3월 저와 진명식, 이은희 동문이 참석하여 박명렬 강사가 지원을 나와 함께 답사를 진행했습니다. 4월 7일 인수봉 낙석제거기간에 저와 강태원, 박상천, 정택현, 이병주, 최승연 강사 진명식 동문이 참석하여 낙석제거팀과 복원팀으로 나누어 작업을 할 수 있었습니다. 이날은 동시에 선인봉 답사를 소홍섭 자문의 주도로 어강, 이동열, 목도상 동문이 지원하기로 하여 보험 가입도 마쳤는데 자문위원이 전날 불암산 하산

4월20일 북한산 특수구조대 김재운 대장과 복원팀 미팅.
왼쪽부터 최승연 강사, 이성혁 강사, 강태원 강사,
이연희 교감, 김재운 북한산특수구조대장.

중 부상으로 허리를 심하게 다쳐 올 해는 등반이 어려울 것 같다고 연락받아 기념식 전에 인수봉과 선인봉을 동시에 진행하려던 계획에 차질이 생기게 되었습니다. 4월 20일 날씨는 흐리고 안 좋았지만 일단 비가 내리기 전 진행하기로 하고 작업을 시작하였는데 가늘게 내리는 안개비 속에서 진흙투성이로 오후 3시가 넘도록 점심도 거르고 작업에 열중하였습니다. 이날의 고생으로 한 번 정도 청소 작업이 남았고 볼팅을 끝으로 인수봉 옛길의 복원이 끝날 것 같습니다. 4월 21일 100기 2주차 교육을 마치고 회식자리에서 교장선생님이 인수봉 복원루트를 100기가 등반해야 복원의미가 있다고 하시면서 그에 맞게 진행하라고 하셨는데 본인도, 복원을 진행 중인 강사들도 100기가 등반 할 수 있게 작업을 마치고 싶지만 빠듯한 일정과 국립공원과의 문제들이 복잡하여 걱정이 됩니다.

복원팀과 작업 지원해주신 강사와 동문들.

사업예산을 확보하기 위해 서울산악동우회에 지원을 요청해 흔쾌히 오백만 원의 후원금을 약속받아 너무 감사했습니다. 개인적으로 이 복원작업을 진행하면서 옛 선배들이 했던 등반방식과 발자취를 상상해 보며 코스를 탐색하는 것이 은근한 즐거움이 되고 있습니다. 대신 청소작업 시 잔잔한 식생들을 제거해야 하는 작업은 마음이 쓰이는 부분입니다.

참여하고 있는 강사들과 동문들이 자신의 등반시간을 할애하고, 없던 시간도 내서 복원작업에 동참해 주고 있는데 이 사업이 올 한 해 동안 시간을 계속 내야 하는 작업이라 고맙고 미안한 마음입니다. 그 외에 추가로 지원해주고 시간 날 때 도와주실 한국등산학교 교장선생님 이하 강사들과 총동문회 회장님과 임원진과 동문들, 후원해주시고 있는 서울산악동우 회장님 이하 안일수 총무이사님과 선후배 이사님 여러분들께 진심으로 감사드리고, 복원을 안전하게 진행하도록 최선의 노력을 하겠습니다.

4월 27일 2차 복원작업.
왼쪽부터 이연희 교감, 강태원 강사, 이성혁 강사,
최승연 강사, 진명시(정규반 13회).

'해내는 것'보다 '해보는 것'이 중요하다
총동문회의 불수사도북 종주

글. 최종효 (정규반 90회)

불수사도북 대여정의 시작, 불암산 백세문.

우리는 항상 결과에 주목한다. 우리가 속한 사회, 조직, 집단에서 요구되는 가치이기도 하다. 그러나 인생의 진정한 아름다움은 결과를 찾아가는 과정에 있다는 사실은 명백하다.

산행에서 종주산행은 항상 자기 자신과의 싸움이자 도전이다. 오래된 얘기이지만, 한미 군사 합동훈련 중 팀 스피리트가 강도 높은 전시 훈련이었다면, 산행에서 불수사도북은 이에 못지않은 수준의 산행이다.

나는 매년 12월과 1월 사이 한라산, 지리산, 덕유산, 태백산, 설악산을 종주하며 새해를 시작한다. 새해를 맞이하는 나만의 다짐을 되새기며 신년을 맞이한다. 이렇게 종주 산행을 10년 이상 해왔기 때문에 기본적인 체력은 자신 있다고 생각했다. 그럼에도 불구하고 이번 '한국등산학교 개교 50주년 기념사업'으로 진행한 불수사도북은 65세 청년의 마지막 불타오르는 체력을 시험할 수 있는 좋은 기회였기에 도전하기로 결심했다.

무박 20시간 동안 산에서 산으로 순간이동하는 것은 결코 쉬운 일이 아니었다. 설악산과 지리산은 요즘 고속도로처럼 길이 잘 나 있다. 그러나 불암산과 수락산은 작은 돌을 밟으며 심야에 산행하는 매우 힘든 과정이었다. 특히 하산길은 더욱 위험하고 험난했다. 초여름의 날씨가 좋았지만 불암산, 수락산, 사패산까지는 심야에 강풍이 불었고, 마지막 도봉산 신선대에서 북한산 영봉으로 가는 길에서는 우리를 축복해주는 비가 내려 비를 맞으며 산행을 마무리했다.

다른 사람들은 남산만큼 튀어나온 '만삭의 배'를 보며 산을 어떻게 타느냐고 항상 걱정스러워하지만, 나는 "배받이 30kg, 배낭 30kg의 밸런스가 잘 맞는다"고 항상 웃으며 대답한다. 나는 항상 산행할 때 배낭을 습관처럼 가득 채우는 것을 좋아한다. 이번에는 10명이 함께했기 때문에 10명 분의 식사와 간식 30kg을 메고 시작했기에 초반부터 힘들었다. 불암산과 수락산 산행을 마치고 사패산을 오르기 전에 배낭을 풀어놓았을 때 함께한 동료들이 다들 놀라서 기겁했다. 꼬마김밥과 생밤, 굴전, 육전, 미나리전, 과일 세트, 두릅 등의 풍성한 잔치가 펼쳐졌다. 다들 '이것을 먹고 올라갈 수 있을까' 하며 한마디씩 거들었다.

그럼에도 불구하고 간식을 주식처럼 채우고 날이 밝기 시작하자 사패산부터 종주를 계속했다. 다들 선수들이었다. 배낭을 가볍게 해놓았지만, 후미로 뒤처져 끊임없이 쫓아갔다. 도봉산의 포대능선과 Y계곡을 넘어 마지막 종착지인 백운대로 갈지, 영봉에서 마무리할지 결정하기 위해 스탠딩 미팅을 했다. 하늘에 먹구름이 몰려왔기에 해가 떠오르면서 영봉으로 가기로 결정했고, 가는 도중 비가 쏟아졌다.

우리의 한국등산학교 50주년 기념 불수사도북 종주는 무박 18시간, 약 60km, 8만보의 걸음으로 끝났다. 산은 항상 순수하고 정직하다. 우리도 산에 가면서 위선과 가식이 배제된 순수한 산악인으로 남기를 바란다. "두려움을 건너야 자유로운 것, 나는 산에서 바다를 꿈꾸고 바다에서 산을 꿈꾼다." 나의 산행 좌우명이다.

마지막으로 후배들을 격려하기 위해 뒤풀이를 준비해 준 90기 김영은 회장, 김의식 동문선배님께 고맙고 감사한 마음 전한다. 감사합니다~

불암산 정상.

수락산 정상.

다들 이것을 먹고 올라갈 수 있을까? 하며
한 마디씩 거들었다.
사패산 올라가기 전 간식타임.

오산종주의 묘미 중에 하나는
멋지게 펼쳐지는 서울시내 야경이다.

오르막길과 내리막길이 끝도 없이
반복되는 고된 산행이다.

넓직한 사패산 정상.

한국등산학교가 위치한 도봉산의 신선대 정상.

지친 몸을 넓은 바위가
품어주었다.

비가 내려 산행을 인수봉이 바라보이는
북한산의 영봉에서 마무리했다.

무박 18시간 약 60km의 산행을
마치고 우리를 반겨준 끈끈한
한국등산학교 동문들께
감사드린다.

나의 등반 이력에 투영된
〈바윗길〉의 위상

글. 권오환 (동계반 15회)

1990년 호주 Mt.Arapiles에서 등반 중인 필자.

'인수와 선인의 암벽 루트들'이란 부제가 붙은 〈바윗길〉이라는 책자는 1990년 4월에 발행되었다. '한국등산학교동창회'(과거 명칭 그대로 표기) 학술편집 위원회에서 기획하고 등반기술위원회에서 실무를 맡아 한국의 첫 암벽루트 가이드북으로 탄생하였다.

그 무렵 한국등산학교동창회에서는 〈산학(山學)〉 회보를 학술편집위원 회 주관으로 발행하고 있었던바 한국 등산교육을 위한 헌신으로 박규동 동창 회장을 필두로 공용현 학술편집이사, 홍옥선 등반기술이사 등이 주축이 되어 회보에 게재 후 단행본으로 탄생하였다. 볼트와 하켄을 박고 슬링을 이용해 오르던 루트들이 1980년대 초 도입된 자유등반으로 정착되기 시작하였고, 새 로운 등급표기의 필요성을 절감하고 있었던 과도기적 상황에서 자유등반에 의한 '요세미티 십진법 난이도 체계(YDS: Yosemite Decimal System)'의 적용 기준을 마련하고자 하는 시도였다.

인공확보물을 배척하는 프리클라이밍은 미국 요세미티 인근을 중심으로 시작, 일본을 거쳐 우리나라에도 도입되었고 국내에서는 일부 전위적인 클라 이머들에 의해 자유등반이 성행되기 시작된 때문이기도 하였다. 하지만 프리 클라이밍에 기초를 둔 선구자적 길잡이로서 그레이드북의 출현을 절실히 원 한 결과였고, 머메리즘을 뿌리로 한 자유등반, 즉 프리클라이밍의 가치와 올 바른 등반용어를 정립하고 자유등반을 확산시키고자 하는 염원을 담아낸 결 과물이었다.

한국등산학교 한필석 교장에게 '바윗길 뒷이야기'의 원고 청탁을 받은 이 후 많은 고민과 갈등을 했다. 오랫동안 등반을 떠나 있었던 까닭에 정확한 연 도와 등반 이력이 생각나지 않았기 때문이기도 했지만, 원대한 포부와 위대 한 발상에서 이루어진 〈바윗길〉 제작 당시에 겨우 행동대장 역이었던 내가 평가하고 언급할 수 있는 범위를 벗어났다고 여겼기 때문이다.

1985년 등산에 입문한 나는 곧 암벽등반에 매료되었다. 등반기술보다는 위계질서를 더 중요시하던 대학산악부를 떠나 부산 대륙등산학교를 4기로 수료하면서 알피니즘의 세계에 발을 들였지만, 흰 고산보다는 바위가 더 체 질임을 깨닫기까지는 오래 걸리지 않았다. 슬랩이 암벽등반의 전부로 알았 던 짧은 대학산악부 시절 영남알프스의 천태산 슬랩에서 시작한 암벽등반은 대륙산악회 입회 후 부산 금정산으로 이어졌고, 모암으로 여기는 부채바위의 크랙으로 그 영역을 넓혀나갔다.

1986년 포항에서 직장생활을 시작하면서 포항 보경사 관음폭포 암벽이 제2의 모암이 되었다. 포항을 연고로 하는 고룡산악회와 포철산악회 회원들과 어울려 등반할 무렵 전국 암벽등반대회가 포항 관음폭포에서 열린다는 소식을 들었다.

인수와 선인 번갈아 다니는 山거지 생활

1987년 봄, 제7회 전국 암벽등반대회에 참가한 나는 지방 출신 산악인으로는 처음으로 2위에 입상하였다. 부상으로 그해 가을에 일본 오가와야마(小川山)에서 열리는 일본 암벽등반대회에 한국 대표 자격으로 출전하는 기회를 잡았지만 처음 경험해 보는 온사이트 리딩 방식의 대회에서 예선탈락의 고배를 마시며 일본과의 수준 차이만 절감했다.

다만 사전 전지훈련으로 방문한 조가사키 해벽(城ヶ崎海岸)에서 생소한 현무암 오버행 벽에서 자유등반의 진수를 경험하여 내 등반의 정체성을 고민하게 하는 시발점이 된 것이 성과였을 뿐이었다.

귀국 후 일본 클라이머들에게서 귀동냥으로 배운 트레이닝 이론을 독학하면서 인수나 선인의 슬랩이나 부채바위의 크랙에서 탈피하여 긴 등반거리의 오버행 벽만이 한국의 등반 수준이 세계화되는 지름길임을 굳게 믿고 그런 루트를 개척할 수 있는 새로운 등반 벽을 찾아다녔다.

당시 일본은 이미 5.13+급에 진입하였고 세계 최고 수준은 5.14a였다. 한국은 '남측 오버행 1p'(1987년 김동칠 초등 당시 5.11c)에 머물러 있어 5.12a를 여는 것을 숙제로 삼고 있었으며 그러기 위해서는 화강암 크랙이 아닌 오버행 페이스 루트가 절실했다.

1987년 고민 끝에 포항의 직장을 그만두고 풀타임 클라이머를 선언하였다. 등반에만 전념하며 5.12의 등반세계를 열겠다는 욕구의 발현이자

1987년 일본 조가사키 '펌핑아이언(5.11c)'을 시도 중인 필자.

'클라이밍을 직업 삼겠다'는 젊은 시절의 혈기였다.

인수의 백운산장 아래와 선인의 구조대 앞쪽의 텐트를 오가며 등반에만 전념하다 가끔 부산을 다녀오는 캠프 생활이 시작되었다. 말이 좋아 풀타임 클라이머였지 속칭 山거지 생활이었다.

그 후 1988년 심재홍이 한국의 첫 5.12a 루트인 '빌라길 2p'를 처음으로 자유등반하였고, 나는 1988~89년 '빌라길 2p'의 2등과 선인봉 '스페셜 룩 (5.12a/b)', 부산 금정산 무명암 남벽 '시지프스2(5.12a)'와 금정산 은벽의 '대륙의 혼(5.12c)' 등을 개척 초등하고 〈월간 산〉을 통해 소개하여 5.12 선두 그룹에 속하게 되면서 전국으로 인지도를 높여갔다.

그 기간은 한국등산학교 및 코오롱등산학교 암벽반 강사와 〈월간 산〉에 자유등반에 관련된 글을 기고하여 등반에 필요한 비용을 충당하고 있었다. 어느 날 한국등산학교 강사이자 등산학교동창회 기술분과이사인 홍옥선 형 으로부터 인수와 선인 그레이드 조사 참여를 권유받았다. 그 의의를 적극 공 감하였으므로 거절할 이유가 없었지만 사실은 조사비 마련이 더 절실했다.

1988년 도봉산 짱구바위 '강적 크랙(5.12c)'을 핑크 포인트로 등반중인 필자.

1990년 은벽 '대륙의 혼(5.12c)'을 마스터로 등반 중인 필자.

1989년 4월부터 〈바윗길〉 조사작업에 돌입하여 거의 4개월 동안 북한산 일대의 암벽을 비롯하여 인수와 선인 전 루트를 등반한 후 크럭스 난이도 조사, 실측, 촬영, 개념도 스케치, 난이도 평가 등의 작업을 주도적으로 수행하였다.

조사 작업을 끝내고 얼마 지나지 않아 당시 국내 최고 난이도의 핑거 크랙 루트로 알려진 도봉산 짱구바위의 '강적 크랙' 초등자에게 등산용품회사 '와일드스포츠'의 박규동 사장께서 한국 프리클라이밍의 수준을 끌어올리려는 방안으로 포상금 100만 원을 쾌척했다는 소식을 들었다.

나중에 알게 되었지만 조사 작업에 크게 기여한 내가 가장 먼저 올라 보상을 받기를 원했던 공용현, 홍옥선 이사의 바람과 〈바윗길〉 인연으로 만난 박규동 동창회장의 배려로, 구조대 앞에서 짱구바위로 옮겨 살면서 무브를 거의 다 풀어간다는 사실이 전해진 직후였다.

'강적 크랙' 시도 중에 항간에서는 현상금을 노리고 시도한다는 비아냥이 들리기도 하였지만, 당시 방한한 미국의 러스 클룬(Russ Clune)의 톱로핑에 고무되어 그가 말한 5.12c라는 등급 향상이 내게는 전부였다.

인공등반의 흔적인 앵글 조각들을 모두 제거하여 손가락이 들어갈 자리를 확보하고, 석 달간의 시도 끝에 1988년 10월 캠을 설치해두고 오르는 핑크 포인트에는 최초로 성공했지만, 포상금을 타기 위한 공개적인 레드 포인트 시도는 마지막 부분에서 떨어지며 실패로 끝나고 말았다.

그 무렵 구상하던 것이 있었다. 전 세계 5대륙의 유명 프리클라이밍 암장을 찾아 등반하는 '세계암장순례'라는 초유의 계획이었다.

미국 〈클라이밍〉, 프랑스 〈버티컬〉 등의 해외 등반전문지를 구독하던 중에 멋진 등반 그림을 모아둔 것에서 시작해, 점차 등반지의 베스트 시즌, 암장의 규모와 난이도 분포, 인기도, 어프로치 방법 등을 번역하여 세밀히 분석하고 비교하기 시작한 결과였다. 물론 국내에서는 처음 듣는 이름들이 대부분이었다.

이 자료를 기초로 영국, 체코, 독일, 프랑스, 이탈리아, 스페인, 미국, 호주, 일본의 25여 곳 암장을 대상지로 선정하였고 그곳을 2년에 걸쳐 월드 등반투어를 하겠다는 생각이었다. 국내에는 존재하지 않는 5.13a 루트를 올라 한국의 첫 13급 클라이머가 되겠다는 야심 찬 생각의 발현으로 거의 3년 동안 틈틈이 자료수집에 공을 들였지만 문제는 막대한 비용이었다.

〈바윗길〉작업이 끝나자 그 계획을 담은 작은 책자를 만들어 평소 알고 지내던 〈월간 산〉의 김승진 기자에게 건네면서 독점 게재 대가로 스폰서를 구해 달라고 제안하면서 본격적으로 추진하기 시작하였다. 김승진 기자는 국내의 유수 제조 수입 등산용품업체를 찾아다녔지만 모두 거절하자 친구인 홍옥선에게 그 계획을 알렸고 그의 주선으로 'RF'를 찾게 되었다. 'RF'는 '레드훼이스'의 영문 이니셜이다. 현재 아웃도어 의류업체의 원조브랜드로 당시에 'K2'와 더불어 등산화와 암벽화를 생산하던 독보적인 제조기업이었다.

강적크랙의 초등에 실패한 직후 이런 과정을 거쳐 'RF' 장경신 사장님의 전폭적인 후원이 성사되었으며 동시에 '(주)레드훼이스' 개발부에 '필드테스터'라는 전업 클라이머로 특채되었다.

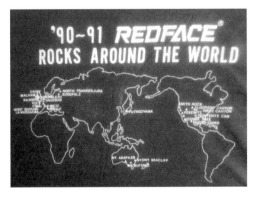

'90~91
REDFACE Rocks
Around The World'
티셔츠.

재출발의 램프는 〈바윗길〉

우리나라 등반사에 전무한 '원피치 암벽등반을 위한 세계일주'라는 계획의 완성과 더불어 풀타임클라이밍 선언 3년 만에 전업 클라이머라는 꿈까지 동시에 이뤘다. 등반 비용은 물론이고 급여와 클라이머로서 미래를 보장받으며 진행될 2년간의 투어 준비가 급물살을 타기 시작하였다.

단행본 발간을 앞둔 1989년 겨울, 공용현 편집이사가 가장 결정적인 역할의 조사위원인 나에게 동창회원 이력의 필요성을 언급했다. 동창회원 자격의 취득을 위해 정규반, 암벽반 어느 과정에도 입교하기가 곤란한 수준이니 궁여지책으로 동계반을 제안하였다. 이미 수년 전에 빙벽과 흰 산을 포기하였음을 강하게 피력하며 거절했지만, 겨울 휴가 삼은 설악행 '기차표'를 끝내 내

1990년 스페인 La Musara에서.

1991년 미국 Smith Rock 'Chain Reaction(5.12c)'을 마스터로 등반중인 필자.

1991년 미국 Smith Rock 'Rude Boys(5.13b)'를 시도 중인 필자.

2023년 3월 사천 진널해벽 '부산갈매기(5.12a)'를 온사이트 등반 중인 필자.

손에 쥐어줬다. 이렇게 1990년 겨울, 동계반 15기로 동창이 되었다.

1990년 5월부터 시작된 '90~91 REDFACE Rocks Around The World' 중 90년 10월 스페인 La Musara에서 'Kiki(스페인 등급7c, 프랑스 등급7c+, 미국 등급 5.13a)'를 성공하고, 91년 6월 미국 City of Rock의 'Kipper(5.13a)', 'Flipper(5.13b/c)'를 성공했지만 한국의 첫 5.13 클라이머라는 자평은 묻어두기로 하였다.

세계 일주가 끝나고 귀국하자 이듬해 '(주)레드훼이스'가 도산하고 말았다. 청춘을 바쳐 애써 이룬 성과가 한 방울의 물거품으로 변해 허무하게 터져버렸으니 '공든 탑이 무너졌다'는 속담에 담긴 아픔을 절감하면서 혼란과 고통과 방황의 나날을 보냈다.

미래가 보장되어 생활이 안정되자 결혼을 하였고 첫 아이가 태어나자마자 맞닥뜨린 부양 의무를 다하면서도 톱클라이머로 살아남기 위해 '권오환의 서울등반교실', '스파이더 하네스와 퀵드로 제조' 등 안간힘을 써보았으나, 1993년 결국 더 이상의 등반을 포기할 수밖에 없었고 모든 등반 흔적을 상자에 담아 봉인하였다. 그 상자에는 등반서적, 등반사진, 장비뿐만 아니라 가장의 책임과 의무를 다한 뒤에 반드시 풀타임 클라이밍 세계로 다시 돌아오리라는 결심도 같이 담아 두었고, 그 충분조건을 달성하기 위해 산과 등반과 일체의 운동을 완전히 끊은 채 30년 동안 오로지 사업에만 전념하였다.

지난 2020년 6월, 상자 속의 묵은 장비를 꺼내는 순간 함께 묻혀 있던 속마음이 다시 세상으로 나와 '젊은 시절의 등반능력 회복'이라는 목표를 향해 한 발 한 발 나아가고 있다. 예순을 넘긴 나이에 클라이밍을 처음부터 다시 시작한 이 험난한 길에 발밑의 돌부리를 비춰주는 유일한 불빛이 있다.

그 램프가 〈바윗길〉임은 말할 것도 없다.

최고의 전통, 지원조 문화

글. 김은솔 (정규반 98회)

한국등산학교가 다른 등산학교들과 가장 크게 구분되는 문화 중 하나는 단연 '지원조' 문화라고 할 수 있다.

지원조는 직전 기수 선배 수료생들이 후배 기수 교육 중에 강사들 식사와 각종 비품, 교육장 환경개선 등을 지원해주는 문화다. 지원조는 각 기수의 회장, 총무 등의 임원진이 주축이 되어 교육 주차마다 자발적으로 신청을 받아 이루어진다. 지원조는 교육이 시작되기 전(前) 주(0주차)부터 도봉산장에 올라가 교장(敎場) 앞의 여름 혹은 겨울동안 무성하게 자란 잡초를 정리하는 것으로 시작한다. 온화한 날씨의 봄 · 가을 교육이 끝나고 습한 여름과 추운 겨울을 보내고 나면 교장에는 자연의 흔적이 가득 쌓인다. 계절이 지나고 사뭇 달라진 산장의 모습에 교육을 받던 때와는 또 다른 느낌을 받게 된다.

데크를 뒤덮은 잡초를 뽑고, 5주간 사용할 식기류를 정리하고, 곰팡이 핀 교장 구석구석을 닦고 나면 새 교육생들을 받을 준비가 완료된다.

데크 앞을 정리한 직후 도봉산장의 모습.

수료식 날 '도봉산장 잔치국수'로 마무리

1주차에는 후배들을 만난다는 설레는 마음과 함께 교육생들에게 지급할 협찬물품과 교재 등을 산장까지 운반한다. 5주 동안 사용할 각종 식재료들과 필요 비품도 함께 올리기 때문에 올라가는 길이 배로 힘겹지만 오랜만에 만나는 동기들, 강사들과 수다도 떨고 으쌰으쌰 하다 보면 금세 산장에 도착한다.

입학식을 마치고 본격적으로 교육이 시작되면 지원조는 강사들의 저녁식사를 준비한다. 지원조는 보통 토요일 석식, 일요일 조식과 행동식을 준비한다. 교육생들이 교육장에서 두 시간 떨어진 오봉으로 실기교육을 나갈 때에는 두 기수 전 선배들이 오봉까지 햄버거 지원을 하여 기존의 지원조에게 조기퇴근의 기회가 주어진다.

짧다면 짧고, 길다면 긴 5주 교육의 마무리인 선인봉 졸업등반을 하는 날에는 눈코 뜰 새 없이 바쁘다. 졸업등반을 마치고 산장에 도착하는 교육생들과 강사들, 그리고 수료식에 참석하는 외부 인사들에게 잔치국수를 대접해야 하기 때문이다. 지원조는 소규모 공장처럼 역할을 분담해 가장 효율적인 방법으로 빠르게 국수 100그릇 이상을 만들어낸다. 모두가 잊지 못할 '도봉산장

정규반 95기 교육 당시의 94기 지원조.

'잔치국수'를 먹고 나면 설거지팀은 설거지를 하고, 나머지는 주방과 쓰레기를 정리한다. 모든 짐을 챙겨 내려와 산악박물관 앞에 모여 수료생들에게 축하와 격려의 박수를 보내고 나면 지원조의 일은 끝이 난다.

　　매 교육마다 시간과 열정을 바쳐 교육생들을 가르치는 강사들 못지않게 지원조의 역할은 막중하다. 지원조의 높은 희생정신이 있기에 강사들이 더더욱 질 높은 교육을 할 수 있고, 교육생들이 더 좋은 환경에서 교육받을 수 있을 거라고 생각한다. 이렇게 한국등산학교에서 빼놓을 수 없는 지원조 문화는 언제부터, 어떻게 생겼으며, 지원조가 있기 전에는 어떻게 식사를 해결했을까? 자세하고 현장감 있는 이야기를 듣기 위해 정규반 18기 조희덕 선배님을 만나 뵈었다.

　　1983년 정규반 18기를 수료한 조희덕 선배님은 바로 같은 해에 한국등산학교 강사 활동을 시작했으며, 지원조 문화가 생기기 이전까지 강사들의 식사를 도맡아 준비하셨다고 한다. 한국등산학교 교장이 도봉산 중턱에 있기에 산 아래 식당에서 매식할 수 있는 다른 등산학교들과 달리 식사를 산에서 해결해야 했던 것을 지원조 문화가 생기게 된 근본적인 이유로 꼽았다. 그 당시

99기 수료식날 잔치국수를 준비하는 98기 지원조.

토요일 석식 배식 후 자유시간을 즐기는 98기 지원조.

모든 강사들을 위한 1박 2일 식대는 총 3만 원이었다고 한다. 옛 물가를 고려하더라도, 3만 원으로 스무 명 가까이 되는 강사들의 세끼 식사와 택시비, 그리고 담뱃값까지 충당하기는 쉽지 않았을 것이다.

조희덕 선배님은 제한적인 비용 때문에 매번 같은 메뉴를 준비하는 것이 미안했지만 "다들 웃으면서 이빨 다 드러내놓고 다녔지. 성질부리는 사람 한 명 없었다"고 그때 분위기를 전했다. 또한 한국등산학교 출신이 아닌 서울산악회 선배님도 지나가다 된장국을 끓여 주시고, 누구라도 여유가 되면 사비를 들여 음식을 사오는 등 정 넘치던 시절이었다고 말씀 하셨다.

"다들 내 입에 들어가는 것보다 남의 입에 넣어주는 게 더 행복하고,
그 시절에는 그런 게 그냥 즐거움이고 기쁨이었어."

당시 일명 '쫄병강사'였던 전영래 강사님은 선배 강사들이 교육을 준비할 동안 설거지를 하고, 교육이 끝나기 전에 주방에 돌아와 배식준비를 했다고 전했다. 그러다가 점차 한국등산학교에 입교하는 교육생의 숫자가 늘어

나면서 강사들이 직접 식사준비를 하는 것이 불가능해졌다고 한다. 그리하여 이인정 전 교장선생님 부임 즈음에는 졸업생들이 등반하러 가는 길에 지나며 도와줬던 것이 전 기수 졸업생들이 와서 식사를 준비하는 현재의 지원조 문화로 자리잡았다고 한다.

강사·동기들과 깊은 유대관계 쌓는 시간

교육생 때도 물론 힘든 교육을 받으며 동기들과의 즐거운 추억을 쌓지만, 더 깊고 진한 동기애를 쌓는 것은 지원조를 할 때가 아닌가 생각한다. 매주 모여서 장을 보고, 저녁식사가 끝나면 다 함께 야영하며 달빛을 바라보다가 누구보다도 늦게 잠에 들고, 다음날 아침에는 또 누구보다도 일찍 일어나서 아침 준비를 하고, 하산 후에는 즐거운 뒤풀이까지.

비록 주방에 틀어박혀 있다가 모두가 교육에 들어가고 나면 설거지를 하고 휴식시간을 가질 수 있지만, 교육생들은 모르는 지원조의 재미가 있다. 강사들과도 교육 때보다 더 깊은 대화를 나누며 유대관계를 쌓을 수 있고, 남는 시간에 동기끼리 등반을 통해 관계를 단단하게 다질 수 있다. 무엇보다 한국 등산학교의 동문으로서 소속감을 더욱 강하게 느끼게 되는 활동으로, 여타 등산학교가 가지고 있는 전통 중에 한등이 최고의 전통이라 말할 수 있지 않을까?

재미등산학교

글. 오석환 (재미대한산악연맹 회장)

재미등산학교 20회 수료식.

재미대한산악연맹(Korean Alpine Federation in America, KAFA)은 1988년 서울시산악연맹의 미주연락사무소로 시작되었고, 1990년 대한산악연맹의 첫 해외지부로 승인받아 정식으로 태동되었다. 초대 김기환 회장은 재미산악연맹을 설립하고 10년간 그 직책을 맡아 이끌어왔다. 그후 제2대(2001-2004) 재미연맹회장을 역임하신 故 고수명 회장 임기 동안 당시 조용식 전무이사(제4대 회장, 전 한국등산학교 강사·사무국장)의 제안으로 등산학교운영위원회를 만들고 등산학교정관을 준비하면서 본격적으로 등산학교 설립을 위한 활동을 시작하게 되었다.

2003년 6월 첫 교육을 시작할 수 있도록 추진한다는 목표 하에 2002년 재미연맹에 새로 합류한 오석환 교수부장(현 재미대한산악연맹 회장, 전 한국등산학교 강사)과 전 서울시산악연맹 구조대 총무였던 유영용 대표강사에게 등산학교 설립을 위한 권한을 위임하여 제반사항을 추진하기 시작하였다.

1.5~2세대에게 한국인의 精문화 나누기에 초점

재미연맹을 발족할 때부터 이곳 산악인 선배들이 미주한인사회의 산악문화 발전을 위해 가장 역점을 두었던 부분이 등산교육을 통한 산악인 발굴과 육성이었고, 이를 위해 몇 차례 등산학교를 운영하려 했으나 여러 사정으로 진행시키지 못했다고 한다. 그렇게 수년간 논의되고 추진하려던 등산학교가 드디어 2003년 5월 17일 오리엔테이션을 시작으로 1주차 교육은 5월 23일부터 26일까지(3박4일), 그리고 2주차 교육은 5월 30일부터 6월 1일까지 실시한 후 17명의 첫 졸업생을 배출하였다.

매년 실시되는 재미등산학교의 교육비는 1기 때 100달러로 시작했고, 현재는 350달러이다. 일반적으로 미국에서 등산교육을 받으려면 1,000달러가 넘는 수강료와 장비 대여비를 따로 내해야 한다. KAFA등산학교는 교육생들의 부담을 덜어주려 낮은 교육비를 유지하고, 장비와 로프 등을 무상으로 대여하고 있다. 이에 멀리는 동부의 뉴욕, 시카고, 애틀랜타, 워싱턴 D.C. 버지니아, 메릴랜드, 유타, 시애틀 등지부터 가까운 캘리포니아, LA에서까지 꾸준히 한인들이 참가하고 있다. 동부에서 LA에 위치한 KAFA까지는 비행기로 6시간이 걸리며, 이후에도 3시간 동안 자동차로 이동해야하는 먼 거리이다.

한국에서는 각 개인의 등산 능력을 향상시키기 위해 등산학교에 오는 반면, 재미등산학교의 교육생들은 절반 가까이 가족단위로 입학한다. 한국등산학교의 교육목표가 알피니즘과 등반인 반면에 KAFA등산학교는 등산교육을 통한 한인들간의 단합, 한국인으로서의 자부심, 한국인 특유의 정(情) 문화를 이민 1.5세대나 2세대들에게 느끼고 나누게 하는 것에 보다 초점을 맞추고 있다.

20년 전 이곳 미국에서 교민들을 대상으로 한 등산학교를 시작할 때에는 과연 몇 명이나 등록할 것인가 우려가 있었지만, 현재 재미등산학교는 단지 등산지식과 기술을 가르쳐주는 등산학교를 넘어서 미국 내 동부와 서부의 한국 산악인들을 하나로 연결시켜주는 만남과 교육의 장을 제공하는 매우 특별한 교육기관으로 자리를 잡고 있다.

비록 4박 7일의 짧은 시간이지만 참가자들이 KAFA등산학교에서 산에 대해 함께 배우면서 남을 배려하는 마음과 새로운 자신감을 발견하게 된다면 더 이상 바랄 것이 없겠다. 그들은 KAFA등산학교를 졸업한 후 미국 내 소속된 가정, 직장, 학교로 되돌아가 분명 달라진 모습으로 귀하고 값진 인생을 살아갈 것이라 믿어 의심치않는다.

그런 사람들을 만날 수 있는 매우 특별한 학교가 되길 바라는 마음이다.

오리엔테이션

KAFA등산학교는 매년 20명을 정원으로 주말 2박3일씩 총 4박6일 실시하며, 입학등록을 마친 학생들을 대상으로 개강 1주일 전 토요일에 오리엔테이션을 한다. 따라서 오리엔테이션을 포함 4박7일의 교육이다. 대부분의 교육생들이 암벽등반장비를 처음 대하는 경우가 많아 3~4시간 동안 장비착용과 매듭법 그리고 등산학교의 전반적인 안전교육에 관해 교육한다.

재미등산학교 오리엔테이션.

1주차 교육

1기 때부터 교육 장소로 사용하고 있는 허키 크릭(Hurkey Creek) 그룹 캠프 그라운드는 LA에서 약 3시간 거리에 있다. 많은 인원이 함께 야영 및 캠핑을 할 수 있는 그룹 사이트를 매년 이용하고 있다. 공간이 아주 넓어서 한꺼번에 100명 이상이 동시에 텐트를 치고 캠핑을 할 수 있는 곳이다.

첫째 주 교육은 아이들와일드(Idyllwild)에 위치한 위핑 월(Weeping Wall)에서 실시한다. 캠프장에서 차량으로 30분 정도 산에 접근한 뒤 40분 정도를 걸어 올라가야한다. 새벽 5시 30분에 일어나 6시경 아침식사를 하고 7시에 캠프를 출발하면 보통 8시 30분경 교육장에 닿는다. 도착 즉시 장비 착용을 하고 다시 한 번 매듭법 강의를 들은 뒤 각자가 매듭한 확보줄을 착용하는 것으로 교육이 시작된다.

첫날 교육 코스는 4개. A코스는 기본 슬랩 등반, B코스는 그와 비슷하나 조금 다른 슬랩 등반, 그리고 C코스는 슬랩과 약간의 크랙이 섞인 코스이다. A, B, C 코스는 모두 톱로핑 방식으로 등반을 하고 D코스에서는 하강 연습만 한다. 초보자에겐 그리 쉽지 않은 코스들이다.

교육생들은 강사 설명을 듣고 동작을 따라 하면서 하강을 배운다. 하강은 반드시 2인 1조로 한다. 서로 확보줄을 연결한 뒤 하강하면 처음 하강하는 학생들에게 두려움을 덜어주고 혹시라도 혼자 하강하다 뒷줄을 놓치는 학생이 있더라도 안전하게 옆 사람이 확보하는 방식이다. 그런 믿음을 심어주면서 안전하다는 확신을 서로가 갖게 되는 것이다. 첫날부터 이런 하강을 반복해서 연습하게 되면 졸업 등반 시 50m가 넘는 오버행 하강을 두려움 없이 거뜬하게 해낼 수 있게 된다.

캠프 생활에서 가장 중요한 것 중에 하나가 식사 문제이다. 1기를 시작할 때는 한국에서처럼 조별 식사를 해보았지만, 쉽게 준비하고 해결할 수 있는 일이 아니라는 사실을 깨닫고 1기 교육 후 모든 임원과 강사가 모여 식사 문제에 대해 심도 깊은 논의를 거친 결과 본부에서 준비해주기로 결론 내렸다. 식사 문제도 훈련의 일부로 생각하고 직접 하도록 해보았으나 한국에서와 달

리 이동 거리가 멀고 환경 자체가 너무나 다르기 때문에 기초 암벽반에서는 그 짧은 시간에 식사 문제를 스스로 해결하고 이동하는 것은 쉽지 않다는 결론을 내린 것이다. 그래서 지금은 본부에서 일괄식단을 짜고 음식을 준비해 주어 학생, 임원, 강사가 함께 식사를 하고 교육을 나가게 되었다. 이렇듯 생업을 뒤로 미룬 채 헌신적으로 봉사하는 많은 강사들과 자원봉사자들 덕분에 KAFA등산학교가 운영되고 있는 것이다.

2주차 교육과 졸업 등반

본부에서 챙겨준 행동식으로 점심식사를 하고 오후 교육까지 무사히 마친 뒤 캠프장으로 돌아온다. 캠프장에는 25센트 동전 2개를 넣으면 4분 동안 따뜻한 물이 나오는 샤워시설이 있다. 저녁 식사 전 대부분 샤워를 마치고 휴식을 취하도록 한다.

이제 졸업 등반만 남겨놓고 있다. 학생들에게는 이미 몇 차례 졸업 등반에 대해 설명을 했지만 학생들은 감이 잡히지 않을 것이다. 어제까지 기본 교육을 실시하던 교육장 건너편 멀리 위치한 타키즈락(Tahquitz Rock)은 높이가 2,696m이고, 제일 긴 등반 코스가 'who done it'으로 난이도 5.8의 8피치이며 바위 높이만 300m가량 된다. 타키즈락은 오래 전부터 미서부 지역의 많은 클라이머들이 등반해온 역사 깊은 암장이다. 'Open Book' 같은 클래식 코스는 난이도가 5.8로 표시돼 있지만 지금의 5.10과 비교해도 별 차이가 없을 정도로 까다롭다. 어프로치 구간 또한 상당히 가파르며 험한 편이다. 거의 1시간 가까이 올라와야 등반 출발지점에 도착할 수 있다. 학생들은 걸어올라오는 동안 체력이 많이 소모되어 지친다. 그러나 졸업 등반 후 능선을 따라 정상까지 오르면 날씨가 좋을 때는 약 50마일 이상 떨어진 태평양을 볼 수도 있어 충분한 보상이 된다.

출발 지점에 도착한 모든 학생들이 호출 순서에 따라 3개 코스로 나뉘어 쉽지 않은 코스를 열심히 오른다. 60m가량이지만 출발 지점에서는 상단이 전혀 보이지 않고 1/2 정도를 올라야 확보를 보고 있는 강사를 볼 수 있다. 어려운 곳은 5.10 슬랩을 형성하고 있다.

1피치 종료 지점에서는 학생들 대신 강사들이 확보를 본다. 60m 길이 로프 2동을 연결해서 등반하고 나면, 로프를 밑으로 내린다. 등반을 끝낸 학생들이 확보 보기에는 줄 처리가 어려워 시간이 많이 걸리기 때문이다. 마지막 학생이 출발하면 하단의 각각 코스를 맡고 있던 강사들이 모두 오른다. 그러면 피치 등반을 끝내고 한곳에 모여 있는 모든 학생들이 고정로프를 설치한 강사를 선두로 리지를 따라 정상까지 오른다.

정상에는 미리 올라 기다리고 있는 교장선생님과 본부 임원들이 학생들 각각에게 스카프를 목에 걸어주고 축하 박수를 보낸다. 정상에 올랐다는 기쁨과 스스로 해냈다는 성취감이 그 모든 힘든 시간을 잊게 만드는 순간이다. 특히 온 가족이 함께 참여한 학생들은 그 기쁨이 배가될 것이다.

본부에서 준비해준 행동식으로 점심식사한 뒤 사진 촬영을 마치곤 곧바로 하산을 시작한다. 가장 신경 쓰이고 조심스러운 시간이다. 마지막 학생이 하강을 마치고 하산할 때까지 긴장을 놓을 수 없다. 올랐던 코스 거의 60m를 각자가 스스로 하강해야 하는데 마찬가지로 1/2을 내려가면 상단에선 하강자를 볼 수 없다. 교육 때와 마찬가지로 학생들은 강사가 짝 지어준 2명이 확보줄로 서로를 연결한 뒤 지시하는 방향으로 하강을 시작한다. 이렇게 모두가 하강을 마무리한 뒤 다시 캠프장으로 돌아와 수료식을 한다.

내 마음의 고향

글. 윤재학 (정규반 18회, 암벽반 12회, 동계반 9회, 現 코오롱등산학교장)

최종학력은 한국등산학교, 전공과목은 알피니즘.

한국등산학교는 내게 산의 자유를 누리도록 이끌어준 내 마음의 고향이다. 나는 6.25 직전에 태어나 젖먹이로 전쟁을 겪으면서 인천시 외곽에 있는 보육원에 들어가 어린 시절을 세상에 대한 원망과 내 처지를 한탄하며 힘들게 보내야만 했다. 사전적 의미로 보면 힘든 세월을 보낸 그 보육원이 나의 고향인 것이다.

그 시절은 지금처럼 '어린이놀이터'라는 것이 없었고 들과 산이 나의 놀이터였으니 어려서부터 들판과 뒷산을 뛰어놀며 자란 나는 등산에 필요한 기초체력은 어쩌면 어려서부터 어느 정도 단련이 되어 있었다.

성인이 되어 빈손으로 시설에서 나와 치열한 생존경쟁 사회에 뛰어들었지만 당장 의식주 문제를 해결하는 것조차 만만치 않았으며 그렇게 쪼들린 생활 속에서 등산을 하며 인생을 즐겁게 살아갈 취미생활 같은 희망은 애초부터 꿈도 꾸지 못했다. 그 시절 삶의 고난과 역경은 비단 나뿐만이 아니라 6.25를 겪은 수많은 국민 모두 함께 겪은 시대적 고통이었을 것이다.

1975년 군 복무를 마치고 대기업에 입사하여 시간과 경제적 여유가 조금 생기면서 어린 시절부터 산자락에 뛰어놀며 자라 활동적인 운동을 좋아하던 내겐 큰돈이 없어도 쉽게 선택할 수 있는 취미생활이 바로 초보적인 등산활동이었다. 그래서 주말이면 직장동료들과 함께 서울 근교의 산을 찾아다니며 산에 가서 코펠에 밥 지어 먹고 삼겹살에 소주 한 잔하고 집에 돌아오는 것이 나의 등산의 첫걸음이었다.

직장에선 내가 주도하여 사원들을 모아 산악회를 창립하고 회칙도 만들어 총무부에 취미서클로 등록해서 회사로부터 서클활동에 후원하는 복리후생비를 지원받아 매월 한 차례씩 관광버스를 대절하여 멀리 설악산 지리산 등 전국으로 명산순례를 나서기도 하였다. 연말에는 남는 지원비 예산으로 사내에서 산악인의 밤 행사도 열어 회원들에게 등산용품 선물도 나눠주며 리더십 있는 사원으로 능력을 인정받아 직장생활도 항상 즐거웠다.

1980년대 중반엔 우리나라 대기업마다 중견관리직 사원과 임원들을 대상으로 산악 극기훈련 열풍이 불었다. 본사와 전국 4개 공장의 관리직과 임원 400여 명을 대상으로 10여 회에 걸쳐 실시한 산악 극기훈련을 내가 맡아 성공적으로 완수하였다. 훈련을 마치고 회사에서 일 잘하는 사원으로 표창장까지 받고 사내에서 유명인사가 되었다. 그렇게 취미로 시작한 등산은 내 인생을 꽃피는 운명으로 바꾼 것이었다.

직장생활도 충실히 하면서 그렇게 여가 시간 대부분을 등산에 투자하며 보내던 중 1977년 10월에 매달 발행되는 회사 사보의 표지모델로 실린 '77 한국 에베레스트 원정대원으로 히말라야를 다녀온 직장 선배의 멋진 등반 사진을 보는 순간 뜨거운 피가 거꾸로 머리끝까지 솟구치는 큰 충격을 느꼈다.

그동안 내가 하던 등산은 등산이 아닌 들놀이였다는 부끄러운 생각과 함께 나도 괴나리봇짐 둘러메고 명산순례만 다닐 것이 아니라 바로 이런 것을 해야겠다고 속으로 다짐하며 벅찬 마음에 가슴이 쿵덕쿵덕 뛰었다.

당장 회사 직원 중에 대학산악부 출신을 찾아서 암벽등반에 대해 이것저것 물어봤지만 시원한 결과는 얻지 못했다. 그나마 소득이라면 구둣방에서 꿰맨 낡은 허리벨트와 무겁고 녹슨 US 스틸 카라비너를 몇 개 얻었고 토막 로프도 얻어서 필요한 매듭법도 몇 가지는 배웠다.

지금은 사라진 퇴계로 남대문시장의 등산장비점 '설악산장'에서 제작한 국산 빨간색 자일을 하나 사 들고 회사 산악회 친구들과 주말마다 이른바 전문등반을 한다고 깝죽거리며 서울 근교의 이곳저곳 암벽등반 연습바위를 찾아다녔다. 지금은 인터넷에 들어가면 등반기술에 관한 정보도 넘쳐나고 장비점엔 유명브랜드의 최신 등반장비들이 풍족하지만 내가 암벽등반에 입문하던 그때는 등반기술은 헌책방에서 구입한 취미백과사전에 나오는 오래된 기술자료에 확보장비는 풀세트가 아닌 낱개로 한두 개씩 장비점 벽에 걸려있는 중고장비가 대부분이었다. 암벽등반의 기본기술을 제대로 가르쳐주는 선배도 없이 그냥 귀동냥과 헌책에서 보고 배운 암벽등반 기술로는 등반실력이라 할 것도 없이 맨날 병아리 수준에 머물러 있었다.

한국등산학교는 내 마음의 고향

암벽등반을 한다고 껄떡대며 다니는 내 모습이 한심해 보였는지 같은 부서에 경력사원으로 새로 입사한 옛 서울 우석대학교 산악부 출신 직장선배가 암벽등반을 한 수 가르쳐 주겠다며 1978년 삼일절날(3.1절은 내 생일날임) 아침 우이동 종점에서 단둘이 만나기로 약속하였다.

지금은 원통사로 이름이 바뀐 옛 보문사 뒤에 솟아 있는 우이암을 자일에 매달려 끌려 올라갔는데 쌀쌀한 날씨에 북쪽 응달에는 아직도 흰 눈이 여기저기 남아있고 크랙 곳곳엔 얼음도 박혀있어 손가락에 감각이 마비되도록 얼어가며 죽을 둥 살 둥 정신없이 끌려 올라가서 나는 그날 올라간 루트가 어딘지를 지금까지도 모르면서 산에 다니고 있다.

그날을 생각하면 지금도 웃음 나는 에피소드가 하나 있다. 점심은 선배가 산에서 맛있는 통닭 바비큐를 해줄 테니 점심식사를 준비하지 말라며 삼양시장에서 생닭 한 마리를 사서 싸들고 왔다.

힘들게 등반을 끝내고 내려와 바위 밑에 땅을 파서 낙엽을 깔고 생닭을 낙엽과 흙으로 살짝 덮은 뒤 그 위에 모닥불을 피우려는데 봄눈이 녹아들어 눅눅한 나뭇잎과 잔가지들은 불이 붙지도 않고 불씨가 자꾸만 사그라져 불을 활활 피울 수가 없었다. 입이 아프도록 바람을 후후 불어줘도 잔가지는 좀처럼 타지도 않고 매운 연기만 내뿜는 바람에 한참 동안 눈물 콧물만 실컷 흘리고 기대하던 통닭 바비큐는 포기하고 말았다.

결국 익지도 않고 겉만 군데군데 까맣게 그을린 생닭을 멀리 수풀 속으로 던져버리고 쫄쫄이 굶은 채로 우이동으로 내려와 짜장면을 한 그릇씩 사 먹고 집으로 돌아왔다. 그래도 새로 시작한 암벽등반의 세계는 마약에 취하듯 너무도 감미로웠고 어린 시절을 들과 산에서 잡초처럼 거칠게 자라 몸으로 때우는 것을 잘하며 활동적인 내 취향에 딱 맞는 취미활동으로서 너무나 즐겁고 행복하여 암벽등반에 더욱 집중하였다.

1982년 6월 말 초여름 같은 어느 토요일, 오전 근무를 마치고 퇴근하여 이따금 들러 커피도 얻어 마시는 영등포시장에 있는 등산장비점에 구경을 나갔는데 쇼윈도에 붙어 있는 한국등산학교 암벽반 교육생 모집공고가 눈에 띄었다.

곧바로 수강 신청하여 설악산 권금성산장에서 암벽반 제12기 교육을 수료하고 그해 가을 도봉산장에서 정규반 18기, 다음 해 1월에 죽음의 계곡 동계반 제9기 등 3개 과정을 모두 마쳤다. 나이 서른둘에 나의 최종학력은 한국등산학교 졸업이 되었고 전공과목은 알피니즘이었다.

그동안 암벽등반을 하겠다고 깝죽대면서도 내가 왜 일찍이 등산학교에 들어가 교육 한번 받아볼 생각도 하지 않고 지냈었는지, 새벽밥 먹고 좀 더 일찍 왔더라면 좋았을 걸 생각하며 후회하였다.

어려운 시절에 환경도 열악한 도봉산장에서 올바른 등산문화와 기술을 가르치겠다는 봉사 정신으로 헌신하던 한국등산학교 강사님들로부터 교육을 받으면서 너무도 멋져 보여 나도 등반 능력을 열심히 갈고닦아 인정받는 산악인이 되고 싶었고 또한 기회가 된다면 한국등산학교 강사들처럼 멋진 강

내 인생에서 가장
잘 한 선택이
등산이었다.

사도 해보고 싶다는 생각도 하였었다.

한국등산학교 3개 과정을 연달아 마치고 난 뒤 암벽등반 재미에 더 깊이 빠져 주말마다 동기생들과 선인봉 석굴암 아래에서 야영을 하며 별빛 아래 잠을 자고 아침 일찍 일어나서 바위에 한판 붙고 내려와 아침을 먹고 또 바위에 붙을 정도로 등반에 열중하였다.

'인생은 추억을 먹고 산다'고 했던가 한국등산학교의 교육 때 즐거웠던 시절이 그리워서 지금도 선인봉 쪽으로 등반을 갈 때면 도봉산장에 꼭 들러 커피도 한잔 마시며 당시를 추억해 본다.

타이어바위, 바둑판바위, 부엉이바위, 병풍바위 등을 바라보면 교육받던 그 시절이 아직도 엊그제 일처럼 그리워진다. 도봉산장 바로 뒤에 바짝 붙어 있는 산장만 한 바위를 지금은 뭐라 부르는지 모르지만, 우리 때는 바위에서 로프에 타이어를 매달아 허공으로 던지며 어깨 빌레이 교육을 받아 우리는 그 바위를 '타이어바위'라 불렀었다. 그리고 바둑판바위는 '인절미바위'라고 이름도 바꿔 관리공단에서 안내판까지 설치하였다.

예전에 한동안 수도권 암벽등반가들 사이엔 인수파와 선인파를 구분하여 평가하는 시절이 있었는데 아직도 그런 풍조가 조금 남아있어 선인봉이든 인수봉이든 한쪽만 즐겨 찾는 사람들로 일부 나뉘어 있는 편이다. 나는 한국등산학교를 수료하여 당연한 선인파였는데 공부를 못해서 훗날 코오롱등산학교에서 재수를 하는 바람에 지금은 본의 아니게 인수파로 변절하게 되었지만 아직도 한국등산학교는 내 마음속에 고향처럼 추억으로 남아있다.

등산은 행복의 세계로 들어가는 패스포트

지금은 등산장비점이 종로5가 골목으로 모두 몰려 있지만, 내가 한국등산학교를 수료하고 한참 암벽등반에 빠져 지낼 무렵에는 장비점이 퇴계로 남대문시장을 중심으로 더 많이 집중되어 있었으며 가까운 회현지하상가, 명동지하상가까지도 흩어져 있었다.

그 시절 내가 근무하는 직장은 남대문시장 가까운 서울역 맞은편에 있어서 퇴근 후에는 수시로 장비점 이곳저곳에 들러서 구경도 하고 커피도 한잔하면서 장비점 사장님들과 인사를 나누며 얼굴도 익히고 지내는 편이었다.

1985년 어느 봄날 좀 더 각별하게 지내던 명동지하상가의 등반장비 전문점인 '하프돔' 사장님으로부터 전화를 받았는데 퇴근 후 서울시청 뒤에 있는 코오롱빌딩에서 한번 만나자는 연락이었다. 그 사장님은 용산고등학교 산악부를 거쳐 연세대 산악부 캡틴까지 지낸 분으로 우리나라 산악 발전에 많은 공헌을 하였고 지금도 산악계에 명성을 유지하고 있는 대단한 산악인이었다.

코오롱스포츠에서 등산학교를 설립한다는 소식과 본인이 교무를 맡아 운영을 총괄하게 되었다는 말을 듣고 등산학교 운영에 대한 이런저런 이야기를 나누며 함께 저녁을 먹고 술도 한잔하고 헤어졌다.

며칠 후 직장 친구 한 명을 수강신청시키려 끌고 갔는데 그 자리에서 내게는 등록금을 면제해 준다는 꼬임에 넘어가 정규반 제1기로 입교하여 학생장을 맡아 등산학교를 다시 한번 재수하게 되었다.

그렇게 코오롱과 인연되어 훗날 나는 코오롱등산학교 강사로 참여하게 되었고 대표강사를 거쳐 현재는 교장을 맡고 있으니 한국등산학교 시절 마음에 품었던 꿈이 현실로 이루어진 셈이다.

동기생 중에는 나보다 10년 연배로서 경희중고 체육교사인 이재하 선생님이 한국등산학교 강사를 10여 년 역임하셨고, 현재 서울등산학교를 이끌고 있는 서성식 부교장은 20년간 한국등산학교 교무를 역임할 정도로 정규반 18기 동기들은 유별나게 열심이었다.

사람들은 선택에 따라 운명이 결정되는데 내 인생에서 가장 잘한 선택이 등산이었고 더 잘한 선택은 바로 한국등산학교 입교였다. 등산은 내 삶을 송두리째 바꿔 인생을 행복의 세계로 들어가게 한 패스포트였으며, 그 패스포트를 처음 내 손에 쥐어준 곳이 바로 한국등산학교였다.

변화의 반세기,
미래로의 도전

글. 서성식 (서울등산학교 교감, 前 강사·사무국장)

80년대 천축사암장에서.
왼쪽부터 고 문남길, 고 최창민, 고 김종욱, 김경배,
고 강호기, 이종범, 최태현, 서성식 강사

저는 1982년 한국등산학교 졸업생으로 첫발을 내디뎠습니다. 당시에도 우리 학교는 등산이라는 스포츠에 대한 새로운 시각과 방법을 제시하는 곳이었습니다. 당시의 시설과 장비는 제한적이었지만, 강한 열정과 도전 정신이 우리의 든든한 버팀목이 되었습니다. 더불어 불가능을 가능으로 바꾸는 법을 배웠고, 이는 제 삶의 모든 영역에 긍정적인 영향을 미쳤습니다.

강사로서의 여정: 수많은 학생과의 교감

1983년부터 강사로서의 경험은 제 인생의 매우 중요한 전환점이었습니다. 학생들과의 상호작용은 끊임없는 영감의 원천이었고, 학생들 각자의 독특한 도전과 성취는 저에게 큰 가르침을 주었습니다. 강사로서 저는 기술적 지식을 전달하는 것뿐만 아니라, 인생에 대한 중요한 교훈과 가치를 나누고자 했습니다. 이러한 교감은 학생들에게도, 저에게도 큰 성장을 가져다주었습니다. 저에게 있어 "한국등산학교"의 강사로서의 경험은 제 등산 인생의 사명과도 같습니다.

시간이 흐르며 우리 '한국등산학교'는 교육방식에 혁신을 가져왔습니다. 기술적인 교육은 물론, 교육생들의 정신적, 심리적 측면까지도 고려하게 되었습니다. 이런 통합적인 접근은 학생들이 자신을 발견하고, 더 큰 자신감을 얻는 데 도움을 주었습니다. 더불어 등산이 단순한 스포츠가 아닌, 삶의 한 부분이라는 점도 강조할 수 있게 되었습니다.

지속 가능한 등산 문화의 창조: 환경과의 조화

1990년대와 2000년대에 들어서며, 우리 한국등산학교는 국제적인 교류를 더욱 확대하였습니다. 이를 통해 다양한 문화와 기술의 교류가 이루어졌으며, 더불어 학교의 교육 수준도 한층 더 높이는 계기가 되었습니다. 아울러 더 넓은 시야와 다양한 경험은 물론, 전 세계의 등산 교육 전문 단체들과 커뮤니티도 강화되었습니다. 이 과정에서 우리 한국등산학교는 다양한 국제 프로젝트의 경험과 지속적인 성장을 이루었습니다.

우리 한국등산학교는 지속 가능한 등산 문화를 창조하는 데 앞장서고 있습니다. 이는 등산이 단순한 스포츠를 넘어, 지구와 조화를 이루는 활동임을 의미합니다. 환경 보호와 자연과의 공존에 대한 교육을 강화함으로써, 학생들에게는 책임감 있는 등반가로 성장할 수 있는 기반을 제공할 수 있습니다.

강사로서의 경험은 내 인생의
매우 중요한 전환점이었다.

지속 가능한 등산 문화의 창조는 미래 세대를 위한 중요한 유산을 남기는 것입니다. 환경과의 조화를 중시하는 이 접근법은 학생들에게 자연에 대한 깊은 존중과 이해를 심어주고 있습니다.

앞으로의 50년은 더 큰 기술적 혁신과 인간의 한계를 넘어서는 도전의 시대가 될 것입니다. 우리 한국등산학교는 이러한 변화를 선도하며, 새로운 세대의 등산가들에게 더 넓은 가능성을 열어줄 것입니다. 학교는 새로운 도전에 맞서는 등산가들을 양성하기 위해 계속해서 진화하고 있습니다. 혁신적인 교육과 연구는 학생들이 등산 분야에서의 리더가 될 수 있도록 돕고 있습니다. 이러한 교육방식은 기술과 전통이 조화를 이루는 중요한 등산 문화라는 것을 확신하고 있습니다.

50주년을 맞이하며: 축하와 기대를 담아

50주년을 맞이하는 오늘, 저는 우리 한국등산학교의 모든 식구들께 진심 어린 축하의 말을 전합니다. 더불어 '우리 학교'가 앞으로도 계속해서 발전하고, 더 많은 사람에게 영감을 주기를 진심으로 바랍니다. 앞으로의 여정은 더 높은 곳으로, 더 멀리까지 이어질 것이라 확신합니다. 우리 한국등산학교와 함께한 세월과 경험은 저에게 평생의 보물이며, 앞으로도 그러할 것입니다.

50년의 역사는 단순한 시간의 흐름이 아닌, 변화와 성장의 증거입니다. 우리 한국등산학교는 지난 수십 년 동안 등산 문화와 교육에 큰 기여를 해왔습니다. 이러한 업적을 축하하며, 앞으로의 발전을 기대합니다. 학교의 장래는 밝고, 그 안에서 성장할 새로운 세대의 동문들을 통해 새로운 희망을 봅니다. 감사합니다.

서성식 서울등산학교 교감은 평생 산악교육을
업으로 이어가고 있다.

나의 등산학교 34년

글. 전영래 (강사, 전 교무, 서울시산악연맹 등산교육위원장)

1980년초 백운산장을 배경으로
고등학교 3학년 당시.
가장 왼쪽이 전영래 강사이다.

성북동 1999년.

내 집은 성북동, 서울시산악연맹은 대학로 가톨릭학생회관 2층. 집에서 혜화동고개만 넘으면 되는 가까운 거리였다. 산악회 선배들의 해외원정 추천서 심부름 때문만이 아니라 사랑방같이 들락거렸다. 비유하자면 풀방구리 생쥐 드나들듯 한 셈. 조용식 형이 사무국장으로 지내던 시절이었다.

그러던 어느 날, 연맹 사무실을 흥사단으로 이전하면서 운명의 신은 내 인생 방향을 뒤틀어 놓았다. 교무 담당 에코클럽 김정호 형이 재취업하면서 공석이 된 자리에 권효섭 회장님께서 나를 대타로 불러주셨다.

"이봐, 자넨 요즘 어떤가?"

"네, 잘 지내고 있습니다."

"그래 그럼 자네 여기서 봉사 좀 하게."

취업준비 시기였지만 얼떨결에 1990년 1월 제15회 동계반 막내강사로 등산학교에 발을 담갔다. 당시 산악회 형들은 해외원정 준비나 대원 선발 등 히말라야 원정에 거의 목숨을 거는 수준이었다. 나도 덩달아 원정 가는 형들 틈에 껴서 장비 구입, 포장 등 준비과정을 함께하며 신났다.

몸이 열 개라도 해내기 힘든 바쁜 일상

당시 히말라야 원정은 변기태 형(현 한국산악회 회장)이 김포공항에 열 번만 배웅 나가면 갈 수 있다고 이야기할 정도로 매우 어려운 등반이었다. 원정 갈 때면 필요한 추천서와 여권을 발급받는 것조차 매우 어려웠고, 대부분 쟁쟁한 클라이머들끼리 선발전을 치러야 하는 대한산악연맹 원정대였다.

동계반 막내여서 선배 강사들이 잘 챙겨주었지만 전임자에게 본격적으로 업무인수를 받아 공문을 작성하거나 각종 안을 만들고, 결산을 한 다음 보고서를 작성하는 등 일이 끊이지 않았다. 그 하나하나 권회장님께서 꼼꼼하게 살펴보시고 연필로 체크해주셨다. 그러다가 이상하면 "이봐 젊은 사람이 왜이래, 머리 좀 써"하시곤 했다. 그땐 도망가고 싶은 마음이 들 만큼 버거웠지만 지금은 그 목소리가 그립다. 1년간의 교무 업무를 마치고 건설회사에 취업했다. 다행히 친척이 운영하는 회사라 산에 가는 데는 편의를 많이 봐주었다. 그러기에 항상 주말이면 도봉산장으로. 설악산으로 몸과 마음이 갔다.

한국등산학교 학사(學舍)인 도봉산장은 시설이 열악하기 그지없었다.

1층 커피 홀에는 백열등 하나, 혼다 1kw 발전기, 석유스토브(음식점용), 가스 레인지, 양초들과 압력밥솥, 군대용 식판, 스테인리스스틸 그릇 등으로 어수선했다. 3층 옥상을 오르내리는 철사다리 1개, 옥상 면적 절반 크기의 앵글로 만든 천막, 낡은 의자, 칠판 하나와 백묵.

토요일 홍사단은 무척 바빴다. 혜화동로터리에 있는 농심가 슈퍼마켓에서 조희덕 누나와 시장보고 파리크라상에서 식빵을 산 다음 버스나 택시를 타고 도봉동으로 향했다. 나중에 합류한 김남일 강사의 프라이드 승용차가 수송에 큰 도움이 되었다.

혼다 소형발전기에 휘발유를 넣고 해질 무렵 저녁 준비 완료하면 식사시간은 오후 6시. 메뉴는 주방장 마음대로 오징어국, 동태국, 된장국. 팬케이크, 토스트에 우유 등으로 아침 식사를 준비했지만, 결국엔 전날 먹다 남은 국에 밥 말아 먹든 라면을 먹든 했다.

그 후 발전기를 돌려서 강의장에 60와트 백열등 세 개 정도 켜고, 교무실도 전등 하나 켰다. 도중에 연료가 떨어지며 푸드득 소리가 나면 발전기에 휘발유를 보충했다. 밤 10시 교육종료 후 소등하면 양초 2개에 불을 붙여 회의를 했다. 회의 종료 후 권 교장님이 야전침대에 누우시면 강사들은 1층 여학생 방 뒤쪽 침상으로 이동했다.

새벽 4시 50분 기상, 학교 뒤편 공터에 모여 서원터로 이동해 망월사 입구까지 구보, 돌아오는 길에 인터벌트레이닝, 서원터에 모여 PT체조 후 오전 일과를 시작했다. 아침운동하고 아침식사 준비, 설거지, 교육장 투입. 점심식사 준비. 설거지 후 교육장 투입…. 지금 생각하면 34년 전 일들이 꿈만 같고, 몸이 몇 개라도 다 하지 못할 만큼 바쁜 일상이었다 싶다.

이런 생활로 이어지는 암벽반과 동계반을 몇 년 겪고 나니 후배강사들이 들어오기 시작했다. 모두 학교 졸업생이자 제자들. 이때부터 내 고단함이 다소 풀리기 시작했다고나 할까.

암벽반 숙소는 권금성, 청운정, 여관으로 변천

권금성 암벽반 교육. 더위와 몸에서 나는 쉰내-. 교육기간 전에 비가 오면 그나마 씻을 수 있지만 가뭄이 오면 상황이 어려워졌다. 소공원에서 출발하는 관광케이블카를 이용해 매일 저녁 물통에 물을 길어 올렸고, 물 긷는 어려움을 고려해 1개 조당 1말로 하루 사용량을 제한했다. 물 운반조로 차출되는 수강생들은 처음에는 교육받고 지쳐서 싫어했지만 두 번째부터는 서로 다녀오겠다며 아우성이었다. 계곡에서 샤워하고 올라와 바른 스킨 냄새가 왜 그리 좋았던지.

한국등산학교 암벽반 때만 갈 수 있는 봉화대, 집선봉, 죽순봉, 토끼봉 때문에 오는 학생들도 많았다. 천화대, 울산암, 적벽, 장군봉 등은 평소에도 갈 수 있는 등반지였다. 나중에는 교육생들의 요청사항이 있어 새벽에 출발해 울산암을 등반하고 권금성으로 돌아오기도 했다.

권금성산장 철거에 맞물려 소공원으로 내려와 청운정에서 암벽반을 운영했지만 이곳 또한 철거되면서 C지구 여관촌으로 내려왔다. 천화대로 등반하러 가는 날은 와선대 부근에서 비박 후 등반교육을 하는 등 그간의 단조로움을 벗어나기도 했다.

추억의 동계반을 떠올릴 때면 정규반 때처럼 새벽 5시 기상해 동산장여관에서 소공원매표소를 거쳐 목우재 고갯마루를 찍고 돌아와 숙소 앞에서 체조한 기억이 새롭다. 이 대목에서 빠뜨릴 수 없는 분이 있다. 눈이 와도 어김없이 출동하는 서성식 형은 정말 대단한 강사였다.

눈이 많이 내린 해에는 소공원 개울가 경사면에서 프렌치 테크닉 설상 기본교육과 보행을 진행한 적도 있고, 소토왕골에선 눈이 오면 오는 대로 얼음만 있으면 있는 대로 그때그때 상황에 맞게 교육을 진행하였다. 권 교장님은 때마다 빠지지 않고 참여하셨다.

점심은 선배 강사 중 자칭 '주방장과 부주방장'인 최태현·마운락 선배가 들통과 석유버너를 지게에 지고 올라와 조리한 떡만둣국을 단골 메뉴로 내놓곤 했다. 형들의 헌신이 우리 학교 강사들에게는 큰 힘이 되었다.

아침식사 후 공깃밥을 우모복에 넣고 가기도 했다. 권 교장님과 식사하는데 내가 먼저 숟가락을 떴다고 혼난 적도 있다. 교육 후 동산장에서 먹는 백반 메뉴는 평범했지만 빨간 열기와 임연수어는 단골 반찬이었다. 뜨거운 밥공기 뚜껑에 소주 한 잔씩 따라 마시면 금세 얼굴이 빨갛게 달아오르고, 낄낄대면서 교육이야기도 하다가 방에 들어가자마자 졸음이 밀려와 쓰러졌다. 양폭산장으로 진출하는 날은 강사들 배낭 안에 일용할 양식들을 가득 채우고, 포터를 한 명 고용해 연료를 옮기기도 했다.

나는 '25도 4홉 미사일' 몇 발을 받곤 했지만 피로 회복제를 가져간다는 즐거운 마음으로 올라갔던 기억이 난다. 양폭산장에는 우리가 쓸 주방기구들을 이미 준비해놓았기에 올라가자마자 바로 사용할 수 있었다. 이런 시스템이 이루어질 수 있었음은 설악산적십자구조대원과 현지 강사분들 도움이 가장 크게 작용하였다.

또한 설악산적십자구조대에서 양폭산장을 위탁 운영하였기에 가능하였다. 그 누구보다도 설악산을 손금 보듯 하는 분들이기에 우리는 항상 든든했다. 이들은 암벽반과 동계반 교육계획 수립과정에서 교육장소, 적설량, 루트 공작 등등 정확하게 알려주곤 했다.

양폭산장의 밤은 길었다. 그 긴 시간 동안 1층 골방에 모여 선배들의 무용담을 들었다. 구들장이 뜨겁게 달구어질 때까지 장작을 때다가 매트리스가 방바닥에 눌어붙어 이를 식히려고 급히 눈을 떠다가 뿌리기도 했다. 양폭산장 뒤편으로 계속 올라가면 용소골 중단부가 나오는데, 1993년에 이곳에서 동계반 교육 중 눈사태가 일어나 산장을 뒤덮고 사망자도 발생하였지만 폭설로 하산하지 못해 시신하고 같이 자기도 했다.

1995년 동계반 때 건폭골 상단에서 골짜기를 거슬러 대청봉에 올라섰다가 백두대간을 따라 희운각산장을 거쳐 양폭산장으로 내려온 등반로는 한동안 졸업등반 코스가 되었다.

등반을 위해 음폭골로 가던 중 계곡 소에 발이 빠지는 바람에 꽁꽁 얼어붙은 발을 녹이기 위해 양폭산장으로 돌아오기도 했다. 깊고 깊은 밤은 시원한 김치말이국수와 지짐이가 허기를 달래 주었다. "반찬 투정을 하면 5천 원 줄 테니 알아서 해"라는 엄포에 찍소리 못하고 주는 대로 먹고는 했다. 몰래 매점에 가서 끼리끼리 모여 소주 한 잔으로 즐거움을 만끽하기도 했다. 이른 새벽 양폭산장은 자연 속 하나의 풍경을 자아낸다. 그곳에서 만난, 폐를 차갑게 하는 찬 공기와 반짝이는 별이 그립다.

건폭에서 설상교육 건폭등반 그리고 대청봉까지 등반 후 양폭으로 귀환. 2012년 이후 양폭산장이 두 번의 화재로 소실되어 진출이 어려워졌고, 금강산 동계반이 두 차례 진행되면서 산중교육은 더욱 곤란해졌다.

우리에게 금강산 동계반이라는 교육과정은 분단 이후 말로만 듣고 노래로만 부르던 그곳에 간다는 마음에 가슴 설레었다. 우리는 차를 몰고 휴전선을 넘어 관폭정, 구룡폭포, 상팔담, 비봉폭포 등반과 동석동계곡의 집선봉을 보면서 세존봉을 올랐다. 다음에는 내금강의 비로봉을 갈수 있겠다는 희망을 가지기도 했다. 교육 때 강사들이 화장실용 간이 텐트와 두꺼운 김장비닐 봉투, 변기 뚜껑. 플라스틱통을 지게에 지고 오르내리기도 하였고, 북측 요원들과는 사석에서 형, 동생하며 눈 속 계곡에서 술도 한 잔하는 사이가 되었다.

그러나 국내 등반 상황은 예상치 못한 방향으로 흘러갔다. 다시 돌아온 설악산은 국립공원공단의 관리체제가 확고히 구축되어 있었다. 양폭산장 수용인원은 축소됐고, 교육 장소나 허가 과정 등 여러 어려움이 곳곳에서 고개를 쳐들었다. 또한 인공빙장에 대한 수요가 많아졌다. 차에서 내려 바로 등반할 수 있는 곳을 찾게 되다보니 매바위나 실폭 등을 교육장에 포함시켰다.

이젠 볼 수 없어 더욱 그리운 얼굴들

이렇듯 수많은 사연 속에 세월은 흘러 초대 교장님부터 7대까지 일곱 분의 교장님들과 같이 한국등산학교라는 울타리 속에서 등산교육을 이어나갔다. 설립자이신 권효섭 초대 교장님은 등산교육 불모지에 씨를 뿌리고 싹을 내 성장할 수 있도록 헌신하신 분이며 주위에 함께한 선배 강사님들 또한 자신들의 청춘을 다 바쳤다고 하지 않을 수 없다. 권 교장님은, 어려운 재정 속에서도 강사들은 견문을 넓혀야 한다며 해외연수 및 등반을 추진하셨고 강사들의 품위에 대해서 자주 말씀하셨다.

학교 스무돌과 사반세기를 이끌어 오면서 온화하지만 말씀 한마디에 힘이 있고 옳고 그름이 분명하셨다. 선배님들의 후일담을 들어보면 알 수가 있고 내가 10여 년간을 학교에서 함께 뵈면서 느낀 점이다. 34년의 시간 동안 좋은 일, 즐거운 일, 슬픈 일, 괴로운 일은 헤아릴 수 없이 많았다.

졸업생 동기, 선후배 간의 결혼과 그 후 돌잔치 초대, 히말라야 원정 등반 성공해서 검게 그을린 얼굴로 귀국할 때, 샤모니 ENSA 광장에서 학교 모자로 서로 알아보는 졸업생도 만나고, 파리공항, 미국에서도 우연을 가장한 만남이 있었다.

시간은 흘렀고 졸업생들은 서울시연맹 구조대원으로도 활약하고, 학교에서 강사로 같이 활동해왔다. 10년에서 20년 이상 같이 지내면서 동지라는 공동체 의식도 생겼다. 하지만 인생은 늘 우여곡절이 있기 마련. 즐거움 속에서도 날 슬프게 하는 일이 가끔 생겼다. 등반 중 사고를 당한 졸업생의 유골을 인수봉이 잘 보이는 쪽두리봉 능선에 묻어두던 날, 문남길 김성태 윤주호 강사를 추모공원 나무 아래 묻어주던 날, 난 하염없이 눈물을 흘리기도 했다. 지금도 그 시절 같이 활동했던 OB강사들이 해마다 추모행사를 치루고 있다. 이번 정규반 100회에는 당시 초등학생이었던 故 윤주호 강사의 딸이 자라서 아버지가 활동했던 등산학교에 입학을 신청했다. 감개무량하다.

나의 일상도 많은 변화를 겪었다. 2005년 히말라야 원정을 다녀온 후 혈압관리에 소홀하여 신장투석이라는 고질병으로 7년간 투병생활을 하다가 2012년에 신장이식을 받는데 성공했다. 이후 투석 기간의 아까운 시간 공백을 메우기 위해 해마다 유럽알프스로 등반을 나갔다.

다시 한 번 졸업생들과 히말라야 등반을 가고 싶다는 생각은 지금도 내게 여전히 유효하다. 신장투석 중에도 보여준 동료 강사들의 도움은 내가 등산학교 활동을 꾸준히 할 수 있게 한 원동력이었다. 이들은 내가 장시간 비행기를 타고 갈수 없기에 가까운 일본으로 스키와 산행을 갈 때도 든든한 지원군이었다. 그래서인지 동료보다는 동지라는 느낌이 더욱 강하다.

무심히 흘러간 시간이지만 지금도 〈스무돌〉 책자에서 밝힌 대로 교육생을 바라보며 초심을 잊지 말자는, 그들의 눈을 보며 교육에 임하자는 마음은 변치 않고 가지고 있다. 하지만 선배들이 늘 하던 '세월 앞에 장사 없다'는 말한 마디에 실기 교육은 후배들에게 물려주고 어떻게 하면 우리 한국등산학교가 좀 더 앞으로 나갈 수 있는지 교육프로그램과 재정 확충 등 개선점들을 곰곰이 생각하고 있다.

어디 나만 그러겠냐마는 지면을 빌려 이 말을 꼭 전하고 싶다. 나는 내 인생의 절반 이상을 보낸 한국등산학교를 사랑하지 않을 수 없다고. 그 34년, 내겐 정말이지 눈물겨운 시간이었다.

아마다블람 Camp 1을 향해서.

메라피크 BC에서.

메라피크 정상에서.
좌로부터 김정근, 전영래, 이진성.

천왕봉 결혼식

글. 조용준 (정규반 74회)

방송국까지 소문 난 천왕봉 결혼식.

2023년 어느 봄날 저녁, 울산에 사시는 작은아버지께서 어머니에게 전화를 하셨다.

"형수님, 용준이 도둑장가 보내셨수? 아니 TV를 보고 있는데 어느 희한한 사람들이 지리산 꼭대기 천왕봉에서 결혼식을 하는 게 나오더라고요. 어! 근데 가만 보니 신랑이 용준인 거라~ 그거 용준이 맞지요?"

"아이고 서방님 그거 보셨어요? 도둑장가는 아니고 생전 등산이라곤 안 해봤는데 우리가 거길 갈 수가 있어야지요. 우리도 방송으로 봤어요."

방송의 힘은 크다. 이후로 우리는 반 유명인사가 되었다.

1974년 설립된 한국등산학교에 난 정규반 74기로 입학했다. 주옥같은 6주 교육을 마치고 졸업 후 다음 기수 교육지원을 하는 아름다운 관례 때문에 75기인 아내를 만났다. 이 관례 덕으로 나 이후로 수혜를 입은 사람이 많이 나왔다.

천왕봉에서의 결혼은 아내가 원해서였다. 둘이서 단출하게 하자고 했다가 그래도 사진 찍어 줄 한 사람은 있어야지 했던 것이 어찌어찌 일이 커져버려 방송국까지 소문이 났던 것이다.

가족들은 이해해 주셨고 주례를 서주신 이종범 전 교장선생님을 비롯해서 무려 60여 명의 하객이 새벽부터 등산을 시작해 우리를 축하해 주기 위해 천왕봉에 올랐다. 뭐라 형언할 수 없을 만큼의 고마움과 가슴 뭉클함이었다.

동기 중 1만 번째 입학생 탄생

우리 74기는 졸업 후 매월 꾸준히 정기산행을 했다. 암벽도 하고 일 년에 한 번쯤은 설악산, 지리산 종주산행을 하고 여름철에는 가족들을 초대하여 캠핑, 래프팅도 했다. 다들 즐겁고 행복했다. 남편은 부인을 다음 기수로 입학시키고 아내 따라 놀러 왔던 남편은 자진해서 다음 기수로 등록하고, 후배 입학시키고 친구도 입학 시키고…. 그래서인지 74, 75, 76, 77 기수는 부부도 많고 친구, 선후배도 많다.

우리 동기 중에 한국등산학교 1만 번째 입학생이 나왔다. 우리 동문이 1만 명이 넘는다는 얘기였다. 누군가 "이제 여러분의 최종학력은 한국등산학교입니다"라고 했던 말이 생각났다. 일반 중·고등학교 동문에는 못 미치지만 대단한 동문 수이다.

우리 동기들만 해도 나이, 직업 등 다양한데 총동문회 산행을 같이 하면

많은 손님들이 천왕봉까지 찾아주셨다.
천왕봉 아래 통천문 앞 단체사진.

서 각계각층의 많은 선배님들을 만났다. 과거 비행기를 대절해서 단체로 산행을 한 기록적인 일들도 들었고 그렇지 못한 암울했던 시기가 있었다는 이야기도 들었다. 그러나 그분들의 공통점이 있었다.

산을 좋아한다는 것, 한국등산학교 졸업생으로서 긍지를 가지고 있다는 것, 그리고 한국등산학교를 사랑한다는 것이다. 같이 산행을 하고 뒤풀이하면서 그분들의 생각에 심취(?)되어 언제부터인지 한국등산학교 총동문회 운영진이 되어 일을 하고 있는 나를 발견할 수 있었다.

당시 총동문회장님의 한국등산학교에 대한 극진한 애정 때문에 일을 제법 많이 했던 것 같다. 차후에 서울시산악연맹 이사로 추천되어 일을 하게 된 것도 이 때문이 아니었나 생각한다.

"저 지리산에 늘 있을 거예요"

천왕봉에서 결혼을 하며 아내에게 "우리 언젠가 여기 와서 살자"라고 이야기했다. 결혼 후 5년, 서울에 살던 집에서 이사를 해야 했다. "여보 이참에 그냥 지리산으로 이사 갈까?" 내가 한 이 말에 기다리기라도 한 듯이, "정말?"

우리는 아무 연고도 없는 이 지리산 둘레길 3구간, 지리산 천왕봉, 중봉, 제석봉, 장터목 대피소가 바로 보이는 이 자리에 정착했다.

"시골 가서 뭘 해 먹고 살려고? 농사지을 줄도 모르면서" 하시는 어머님 말씀에 "뭐 세상일 다 처음이죠 뭐~" 하고 당당하게 대답했지만 6년 차인 지금도 어리숙한 농부이다.

일 년에 두세 차례 다니던 지리산 천왕봉을 여기 와서는 한 번도 오른 적이 없다. 아침에 일하러 가면서 매일매일 다른 모습의 천왕봉을 감상하고 땀 식히려 고개 들면 그 능선들이 보인다. 저 지리산은 늘 항상 저기에 있어서 난 언제든 갈 수가 있어. 그것으로 마음을 채운다.

그동안 지인들이 꽤 다녀갔지만 모처럼 전화 통화한 선배님이 "사는 것도 보고 한 번 가야 하는데 영 시간이 안 맞네~". 나는 대답한다. "나중에 시간 되면 오세요 천천히~ 저 여기에 늘 있을 거예요."

나도 지리산한테 배웠다.

봄날 동기들과
인수봉 오를 생각에 가슴 뛰어

글. 추혜경 (정규반 86회)

도전하는 등반은 그 자체가 큰 행복이다.

2009년 7월 11일 토요일은 내가 처음으로 북한산을 찾은 날이다. 지금은 주 5일제가 당연한 시대가 되었지만 처음 도입 단계일 때는 둘째, 네째 주 토요일만 쉴 수 있었다. 그때 학교에 근무했던 나는 그날 이후 한 달에 두 번의 토요일은 특별한 일이 없는 한 북한산을 가는 날이 되었다.

기억 속에 처음 북한산을 올랐던 코스는 나 홀로 국민대 입구에서 대성문을 통과한 후 대남문을 지나 문수봉에 올랐고, 문수봉에서 비봉능선을 따라 향로봉까지 이어지는 코스를 혼자서도 갈 수 있다는 용기에 그다음부터는 혼자서도 오르고 친구, 제자, 직장동료 등과 북한산을 주로 등산하기 시작했다.

그렇게 주 5일제가 정착되고, 대부분의 토요일에 북한산을 다니다가 우연한 기회에 2014년 아웃도어 활동 프로그램에 참여할 기회가 생겼다. 그때의 활동이 서울둘레길이 생길 무렵이었고, 그 뒤에 북한산 둘레길도 완성이 되던 때이다.

서울 살면서 걷기 프로그램을 통해 서울 한 바퀴를 산길따라 물길따라 걸어보며 나의 발바닥 투어가 시작되었다. 그때 아웃도어 활동(GORE-TEX 마스터클래스)을 통해 만났던 다섯 명이 의기투합해서 2015년부터 전국의 100대 명산을 2년 동안 매주 토요일과 공휴일이면 대부분을 함께 도전했다. 그렇게 전국의 100대 명산 완주가 끝난 뒤, 좀 더 산에 대해 공부해 보라고 등산학교 교육과정을 권유했던 분이 바로 100대 명산을 함께 도전했던 한등 68회 졸업생 김윤희 선배님이셨다.

등산학교에 입학할 때가 50세로 등반을 배우기에는 늦었다면 늦은 나이였지만 100대 명산을 함께했던 동갑내기 친구 부부도 함께 입학을 하는 거라 그 과정이 두렵지만은 않았던 것 같다. 6주의 과정을 통해 만났던 86회 동기들도 주말마다 도봉산장에서 함께 보내면서 정이 쌓여 갔고, 무거운 배낭을 메고 도봉산장을 오르내리고, 늦은 밤 헤드랜턴을 켜고 동기들과 오봉에 새벽에 도착해서 비박을 하고, 인수봉 등반을 위해 백운산장에서 하룻밤을 자고, 인생에서 처음으로 인수봉에 올랐던 추억과 졸업등반으로 도봉산 만장봉을 오르면서 나도 모르게 여전사의 길을 가는 느낌이 들었다.

2017년 봄날 주말마다 6주의 교육과정은 힘들었지만 그래도 뿌듯한 추억이었고, 그 과정이 끝이 아니고, 동기들 아홉 명이 의기투합해서 그해 여름날 설악산에서 암벽반 46회 과정을 밟으며 '한편의 시를 위한 길'을 4조와 함께 능선 따라 등반을 무사히 마칠 수 있었다.

거기서 끝난 것이 아니라 그해 겨울 42회 동계반에도 86회 동기들 일곱 명이 함께 건폭골 '죽음의 계곡'에서 빙벽화를 신고 이틀이나 희운각 대피소에 머물며 훈련을 받았다. 그때 아팠던 발가락은 결국 양쪽 엄지발톱이 빠지는 일까지….

정규반 동기 중 청맥산악회 회원이었던 동기들과 동계반을 함께했던 산악회 선배님들이 계신 덕에 우연찮게 2018년 3월부터 산악회에 입회하여 암벽등반을 지금까지 이어가고 있다. 청맥산악회는 한등 15회 선배님들이 주축이 되어 1981년 창립, 지금까지 40년이 넘는 역사인데, 한등의 전통과 함께 열심히 암벽등반과 빙벽등반 그리고 해외 원정등반을 이어가고 있다.

산 옆에 두고, 후배들 도전 지켜보는 것은 최고 행복

북한산이 그냥 좋아서 다니던 내가 어느 날 전국의 산을 찾아다니기 시작했고, 그 뒤에는 다시 클라이머의 꿈을 가지는 등반세계에 빠지기 시작했다. 나는 최고의 실력있는 클라이머를 꿈꾸는 것이 아니다. 그냥 동기들과 산악회 선후배들과 줄을 묶고, 인수봉과 설악의 그 어느 바위에 함께 도전하는 그 자체가 좋은 것이다.

작년 불의의 사고로 고인이 되신 고 홍옥선 선생님(전 한등 교감). 5년간 산악회에서 자일을 함께 묶고, 인수봉 인수 A코스를 오를 때 발디딤, 바위를 잡는 모든 순간을 매의 눈으로 지켜봐 주셨던 선생님의 그 모습이 무척 그리워지는 순간이다.

나는 아직까지 원정을 가본 적도 없고, 겨우 네팔의 안나푸르나 베이스캠프 정도까지만 트레킹으로 가본 게 전부지만, 기회가 주어진다면 동기들과 함께 그리고 선후배 동료들과 꼭 한번은 짐을 꾸려 어디든 원정을 가고 싶은 작은 소망이 있다.

50년동안 한국등산학교를 졸업한 수많은 선후배님들. 그 속에 어느덧 나또한 졸업생이 된 지도 7년이 지났다. 태어나 반백 년 만에 내게 주어진 미션이라 할 수 있는 한등 정규반 86회에 등산학교를 가고, 또 암벽반과 동계반까지 함께했다. 지금은 없어졌지만 산악스키반 과정도 동기들과 함께 마칠 수 있었다.

등산학교 과정에서 만났던 많은 스승과 선후배님들, 그리고 늘 옆에서 함께 했던 동기들이 있었기에 지금 나의 삶이 더욱더 아름다운 것 같다.

등산학교를 10년만 더 일찍 들어왔었더라면 하는 아쉬움보다는 더 나이 먹기 전에 그때라도 도전할 수 있었던 것이 감사할 뿐이다. 지금보다 더 나이가 들면 분명 암벽등반이나 빙벽등반을 못할 수도 있지만, 산을 늘 옆에 두고라도 볼 수 있고, 멋진 후배들이 도전하는 것을 지켜볼 수 있다면 그것이 최고의 행복인 것이다.

나는 선등을 꿈꾸지도 않고, 외벽에서 난이도 5.11을 도전할 마음으로 클라이밍센터를 다니지도 않는다. 그저 동기나 동료가 끌어주는 자일에 뒤를 따라 올라가며, 또 동료를 끌어올리며, 내 옆으로 펼쳐진 진달래가 어우러지고, 단풍이 곱게 물든 능선을 바라보며 그들과 함께 자일을 묶고 바위 위에 서 있다는 게 좋은 것이다. 살면서 내가 정한 선택 중에 참 잘한 일이 무엇이냐고 누군가 묻는다면, 그중에서 한국등산학교에 입학해서 등반세계에 입문하게 된 것을 자신있게 말할 수 있다.

이제 북한산을 다닌 지 16년차가 되었고, 백운대에서 바라만 보았던 인수봉을, 이제는 백운대의 휘날리는 태극기를 맞은편에서 바라보며 인수봉에서 하강하고 있는 나를 발견한다. 반백년을 맞이하는 한국등산학교의 50주년! 나는 진달래가 흐드러지게 피어 있는 봄날 동기들과 함께 인수봉을 오를 생각에 벌써부터 가슴이 뛴다.

인수봉 등반은 여전사의 길을 가는 느낌이 들었다.

한국 알피니스트의 메카이자 요람
한국등산학교와 나의 산세계

글. 이은희 (정규반 92회, 암벽반 52회, 동계반 48회)

나의 발걸음은 늘 산으로 향한다.
무모한 도전을 이어가고 있다.

시간은 흘러 어느덧 인생의 가을로 접어든 시간. 지난 30여년, 철마처럼 앞만 보고 달려온 인생. 뒤돌아보니 '나'라는 존재와 삶의 여백이 없었던 삶. 미로 같은 삶 속에서 꿈 하나 품고, 진정한 삶을 추구하기 위해 하늘로 오르는 그 바윗길을 오르고자 한국 알피니스트의 메카이며 요람인 한국등산학교의 문을 두드리게 된다. 무슨 말이 더 필요할까?

백운대 정상에서 늘 설렘 가득한 눈으로 인수봉을 오르는 클라이머들을 볼 때마다 그들은 나의 동경의 대상이 되었다. 그렇게 생애 첫 등반 인수봉을 올랐고, 암벽등반의 꿈이 이루어진 날을 잊을 수 없다. 꿈의 실현이 한국등산학교를 통해서 이루어진 것이다.

산은 詩이자 音樂 같은 안식처
한 피치 오를 때마다 손가락과 발가락에 느껴지는 통증은 충만한 행복함으로, 정상에 섰을 땐 세상을 다 얻은 것처럼 말로는 다 표현할 수 없는 뭉클함이 솟구치고 그동안 연민에 쌓였던 마음을 다독여 보기도 했다. 산은 나에게 시(詩)이며 음악 같은 안식처가 되어가고 있었다.

등산학교 졸업 후 이렇다 할 등반활동을 하지 못하고 예전처럼 이방인으로 해외근무를 하면서 뼈에 사무치도록 외로움에 젖어도 봤고, 산에서 고독감도 맛보았지만 무슨 그리움 때문인지 발걸음은 늘 산으로 향했다. 외롭고 힘든 그 길을 왜 가고 싶은 것일까? 산을 진정 사랑하는가? 현실세계와 추구하고 싶었던 흰 산(山)으로의 세계에서 방황도 했었다.

그렇게 산은 나에게는 떼려야 뗄 수 없는 존재가 되었고 그 마음이 통해서인지 드디어 알프스와 일본 북알프스 등반까지 하게 된다. 처음으로 접해보는 유럽 알프스나 일본 북알프스 등반은 나에겐 두려움과 설렘의 대상이 되었다.

꿈을 꾸지도 않는 나는 오죽하면 등반 전날 '내 영혼이 설풍(雪風)을 타고 하늘로 오르는 꿈'을 꾸기까지 하면서도 등반에 대한 주저함과 두려움은 무언가 가슴 속에 가득 차는 느낌, 온 몸의 세포가 살아 움직이는 열정으로 바뀌게 된다.

흡사 황천길 같고 길고 긴 너덜지대와 크레바스가 입을 벌리고 있는 알프스 마터호른과 몽블랑을 등정하고, 눈보라 치는 일본 북알프스 설벽 등반까지, 그리고 알프스 당뒤제앙 등반까지 마치면서 이 정도면 됐다 싶을 줄 알았는데 또 다시 꿈을 꾸게 된다. 데날리, 히말라야 신 루트 개척등반까지. 무모한 도전일지 모르겠으나 막연히 가고 싶은 열병을 앓는다.

알피니스트의 길로 인도하는 한국등산학교

얼마 전 한국 최초로 알프스 3대 북벽을 등반하셨던 산 선배님이 소주 한 잔하면서 하셨던 말씀이 아직까지 귓가를 맴돈다.

"은희야, 산은 말이지 산 넘어 산이야. 그게 산이야."

나의 산에 대한 그리움은 언제나 끝날까. 故 김창호 대장이 했던 "나도 몰랐는데 가보니까 내가 여기(山)에 어울리는 사람이었더라"는 말처럼 정작 내 자신이 산에 어울리는 사람이 될 때 산에 그리움이 끝날 것인지. 나의 등반에 대한 꿈은 여전히 종유석처럼 서서히 커져가고 있다. 알프스의 마터호른과 몽블랑을 지나 히말라야로.

한국등산학교는 진정 나를 알피니스트의 길로 인도하고 있는지 모른다.

'나의 사랑 한국등산학교-.'

산(山)

이은희

나의 세상은 너
너의 세상은 나

지쳤을 때
돌아갈 수 있는 곳
바로 너라는 세상

그래서 더 버텨보는 세상
너라는 산 때문에.

한국등산학교,
고맙습니다!

글. 박성민 (정규반 93회)

새로운 도전을 생각하고 그 꿈을 위해 노력하고 있다.

봄이면 연무가 자욱한 산능선 여기저기 연분홍빛 진달래의 향연에 취해 기어이 일출 전 산정에 올랐다. 홍시처럼 퍼져가는 아침햇살이 저 아랫동네 세상 사연들과 굽이굽이 녹아내렸다. 여름이면 짙은 녹음 사이로 골짜기마다 차올라 흐르는 새벽 대운해가 일품이었다. 가을이면 오색단풍이 절색이라 괜히 마음만 동동거려 바지런히 산속을 헤매고 다녔고 매서운 칼바람이 휘젓는 겨울에도 한땀한땀 수를 놓듯 퍼져가는 상고대 보는 재미에 산행을 마다하지 않았다. DSLR 카메라 바디와 광각렌즈와 망원렌즈, 거친 산바람에도 끄덕없이 견뎌줄 삼각대와 다양한 렌즈필터가 그득 담긴 배낭을 메고서 그렇게 전국 산을 휘젓고 돌아다니는 취미사진가로 푹 빠져 살았다. 일출 빛에 물드는 산을 보고 있노라면 세상 온갖 시름은 없고 삶의 의욕이 넘쳐났다.

바위는 까끌까끌, 손끝은 따끔따끔, 발끝은 욱신욱신

그중에서도 집에서 가까운 북한산과 도봉산은 새벽산행의 단골이었다. 일출 시간이 빨라지는 시절이 오면 새벽 산을 카메라에 담고서 출근하는 것은 다반사여서 아내의 지청구를 듣기 일쑤였다. 무거운 배낭에 한바가지 땀은 그리 중요치 않았다. 그러다 걸어서는 엄두가 안 나는 인수봉이며 선인봉 정상에서 바라보는 아침 산정의 맛은 어떨지 심히 궁금해지기 시작했다. 다양한 곳에서 바라보는 산야의 모습을 담고자 하는 호기심이 일었다. 이곳저곳 찾아보고 알아보기 시작했다. 평범하게 걸어서는 오를 수 없는 인수봉이며 선인봉을 갈 수 있는 방법이 뭘지.

그렇게 한국등산학교와 나와의 인연은 시작되어 당당하게 2020년 10월 정규 93기로 입교했다. 당시만 해도 코로나바이러스가 성행하던 때라 모임을 갖는 게 쉽지 않았는데 다행스럽게도 교육은 진행되었다. 카라비너가 뭔지 코드슬링은 또 뭐고 퀵드로는 뭐에 쓰는 물건인지 까막눈인 때라 입교해서는 어리버리 학생이었다. 나름 체력에는 자신하던 맘이 있어 자만했던 나는 쉬운 슬랩에서도 주욱~주욱~ 미끄러지기는 게 일상이었고 크랙에 손이며 발이 너무 아파 재밍하기가 녹록치 않았다. 매듭은 왜 이리 헷갈리는지, 바위에도 길이 있다는데 발자리를 찾지 못해 교육기간 내내 힘들어했던 기억이 난다.

숙제를 풀지 못한 마음을 안고 한국등산학교 정규반 93기를 수료하게 되었고 암벽등반에 대한 도전의식이 커져갔다. 해낼 수 없을 것 같은 도전을 조금씩 해결할 때의 희열이 차츰 일상을 변화시켰다. 산 사진을 찍으러 다니던 시절에는 산이 주는 아름다움에 취해 주말마다 구슬땀을 흘리며 산정에서의 평화로움을 찾아다녔다면 한국등산학교라는 구심점 덕분에 건강한 몸을 다지고 그 바탕으로 새로운 도전과 성취를 이뤄가는 일상으로의 변화가 일어났던 것이다.

눈에 보이기만 하면 턱걸이를 하고 꾸준하게 실내암장을 다니면서 매주 새로운 도전에 활력이 샘솟았다. 매주 바윗길을 오르기 시작했고 그때마다 부족한 나를 알아채고 그 과제를 해결하기 위해 최선을 다하는 신나는 일상이 시작되었다. 이제는 카메라는 뒷전이 되어 버렸다. 사진을 찍기 위해 시작했던 암벽등반이 일상의 큰 가치로 자리매김하게 되었다.

하늘은 파랑파랑, 구름은 너울너울, 바람은 살랑살랑, 햇살은 간질간질, 바위는 까끌까끌, 손끝은 따끔따끔, 발끝은 욱신욱신. 사람들과 같은 자일을 매고서 함께 등반하고 있으면 말할 수 없는 뿌듯함과 눈물겨움, 그리고 한없이 사소하게 서로를 챙겨주는 정겨움에 산다는 데 이런 행복이 있구나 싶었다. 시나브로 바위에 물들어가는 나를 느낄 수 있었다.

새로운 도전을 생각하고 그 꿈을 위해 노력한다.

그 과정에서 큰 도움도 있었고, 슬픔도 그리고 고통도 있었다. 무엇 하나 스스로 할 수 없던 풋내기 시절에 은사님 같은 소중한 분들을 만나 매주 바위랑 친해지는 법을 하나하나 배울 수 있었고, 조금씩 익숙해지며 겁이 없어지기 시작하던 때 평생 바위를 함께할 것만 같았던 좋은 형님을 먼저 떠나보내는 슬픔을 겪기도 했다. 그때는 정말 자책감에 많이도 힘들어했다. 그 힘든 시기 다시 바위 앞으로 설 수 있게 다독여 주던 선물 같은 좋은 분들이 있어 평생 빚을 진 기분이다. 고맙고도 소중한 분들! 한 번의 큰 추락으로 발목인대가 파열되는 큰 사고도 있었다. 열정만으로는 되지 않는 게 바위 오름짓이라는 소중한 경험도 얻게 되었다.

바위는 힘들 땐 옆사람에 기대면서 살라 가르쳐

암벽등반은 먼 나라 일로만 알고 계시는 분들은 그리 위험한 걸 왜 하느냐 종종 묻곤 한다. 평지를 걷는 것에 비하면 당연히 위험하고 불편하고 힘든 일이다, 바위를 오른다는 건. 그런데도 왜 암벽등반을 계속 하냐면, 등반을 하면서부터 나를 좀 더 시작하는 초심으로 돌아가게 한다. 좀 더 괜찮은 사람으로 살도록 만들어준다. 대충대충 무사안일에 묻어가지 말고 사소한 일부터 깨끗하게 정리하고 준비하고, 함께하는 사람들 도와주고, 세상일 혼자 하는 일 없으니 늘 같이하는 사람 소중하게 생각하라고, 위만 보지 말고 때로는 머물기도 할 줄 알아야 하고 억척같이 혼자 하려고 하지 말고 힘들면 옆에 있는 사람 어깨에 기대면서 세상을 살라고 바위가 가르쳐준다.

한국등산학교를 알게 되어 나에게는 많은 변화가 있었다. 학교 선생님들이 한 분 한 분 떠오른다. 평생 안고 가게 될 소중한 분들이 나에게 거름이 되어 바위 앞에서만이 사는 게 아니고 일상에서도 피하지 말고 새로운 도전을 생각하고 그 꿈을 위해 노력하라는 큰 가르침을 얻게 된 한국등산학교가 이제 반백 년을 맞는다 한다. 언제까지나 대한민국이라는 나라에서 무궁하게 이어져 새로운 도전을 꿈꾸는 청춘들에게 등불이 되기를 소원한다. 한국등산학교 파이팅입니다!!

성실 인내 안전
그리고 사랑

글. 구윤모 (정규반 98회, 암벽반 48회, 동계반 52회)

한국등산학교 정규반 98회 선인봉 졸업 등반 이후 다시는 바위를 안 하겠다고 다짐했다. 하지만 으레 그렇듯 시간이 지날수록 힘들고 괴로웠던 기억은 옅어지고, 처음 확보줄에 매달려 녹음 우거진 초여름의 풍경을 눈에 안았던 설렘만 차올랐다.

그렇게 한국등산학교 암벽반 52회 설악으로 들어갔다. 암벽반을 통해 설악산을 처음 접했고 설악의 풍경은 지금껏 보지 못한 아름다움 그 자체였다. 그곳에서 주먹밥을 와구와구 먹는 시늉을 아주 귀엽게 하고 있던 암벽반 2조 안은주와의 인연이 시작되었다. 산을 좋아하고 지치지 않는 체력과 정신을 가진 그녀는 95기로 나보다 먼저 정규반에 입문했고 다른 일정 때문에 한 해를 건너뛰고 나와 같은 암벽반 52기로 들어오게 되었다.

암벽반 5일 내내 잠이 많고 게으르고 덤벙대는 나에게 그녀는 웃음 한 번 잃지 않고 잘 챙겨주었다. 그때 '이 여자랑 살면 든든하겠다'라는 생각은 잠깐 들었던 것 같다. 지금 그녀에게 몇 번을 다시 물어봐도 그녀는 원래 부족한 사람을 챙기는 게 습관이라 한다. 내게 관심이 있어서가 절대 아니었다고 한다. 나도 물론 그때 그녀에게 관심이 있던 건 아니었다!

이후 우리는 암벽반 2조로 실내 클라이밍 및 대둔산 바위를 함께 다니며 가까워졌고 우리는 결국 한국등산학교가 맺어준 인연으로 올해 2월 25일 평생을 함께할 약속을 하게 되었다. 성격이 활발하지 못하고 체력도 좋지 못해 부족함 많은 사람이라 정규반 암벽반 동계반 졸업 내내 학교에서 상 한번 받지 못했지만, 더할 나위 없이 '안은주'라는 최고의 상을 준 한국등산학교가 참 고맙고 소중하다. 종례시 항상 외쳤던 한국등산학교의 교훈 '성실, 인내, 안전!' 나에게 그 끝은 '사랑'이었으니, '성실', '인내', '안전'에 '사랑' 한 스푼 추가하여 마음속 구호를 외쳐야겠다. 나아가 한국등산학교 100주년 커플의 탄생을 기원하며 둘의 청첩장 인사말로 끝맺음하려 합니다.

"설악의 암벽에서 시작된 둘의 인연
이제, 한번도 가보지 못한 봉우리를 함께 오르고자 합니다."
"삶이 가파르다 불평하지 않고, 서로 아끼고 사랑하며 살겠습니다."
감사합니다, 나의 한국등산학교.

사진. 주민욱

1974

5월	한국등산학교 설립위원회 구성(권효섭, 안광옥, 강호기, 김경배, 김인섭).
	연락처: 서울특별시 종로구 세종로 204번지 뉴광화사 내. 전화: 74-5934
6.15	제1회 초급반 개강
	(정원 30명, 33명 입교, 수강료 4,000원)
7.3~7.5	여성을 위한 등산 강좌
	(장소: 결혼회관, 연인원 150여 명 수강)
8.4	제1회 초급반 종강 및 수료식(26명 수료)
8.11~8.13	이화여대 체육학과 2학년 수탁교육
	(장소: 대성리, 인원: 47명)
8.15~8.21	제1회 암벽반 교육(35명 수료).
	시내 사무소: 종로구 신문로 1가 153-2,
	전화: 73-8977
8.21	일간스포츠에 '등산교실' 연재 시작
9.21	제2회 초급반 개강
9.23~9.28	제2회 암벽반 교육(장소: 도봉산장,
	대상: 대한적십자사 각 시도지사 안전과장 12명)
11.10	제2회 초급반 종강 및 수료식(36명 수료)
11.26	동창회 결성(초대 회장: 박세웅)
12.4	학교사무실 이전(중구 삼각동 21-1 雪山莊 2F)

1975

1.4~1.12	제1회 동계반 교육(56명 수료)
3.27	제3회 초급반 개강
5.18	제3회 초급반 종강 및 수료식(22명 수료)
6.29	단위산악회를 위한 조난방지대책에 관한 세미나 개최(일시: 매주 일요일. 장소: 도봉산장)
7.7~7.9	제1회 전수반 교육(한국등산그룹연합회 회원수탁교육)
7.27	단위산악회를 위한 조난방지대책에 관한 세미나 종료(참가산악회: 성북, 민중, 한국일보, 국회산악회)
8.15~8.21	제3회 암벽반 교육(33명 수료)
10.11	제4회 (초급반) 개강
	*학생모집 안내장에 '초급반' 표기 삭제
11.16	제4회 (초급반) 종강 및 수료식(22명 수료)
11.18	일간스포츠 '등산교실' 연재 종료(제49회 연재)

1976

1.5~1.13	제2회 동계반 교육(30명 수료)
5.22	제5회 (초급반) 개강: 여성 입교 허용
6.1	학교사무실 이전(중구 다동 162-1 대웅B/D)
6.27	개교 2주년 기념식(도봉산장)
7.11	제5회 (초급반) 종강 및 수료식(36명 수료)
8.15~8.21	제4회 암벽반 교육(19명 수료)
9.25	제6회 (초급반) 개강
10.11~10.16	제5회 암벽반 교육(장소: 도봉산장, 대상: 대한적십자사 각 시도 안전과장 12명)
11.21	제6회 (초급반) 종강 및 수료식(27명 수료)

1977

1.4~1.12	제3회 동계반 교육(31명 수료)
3.30	이화여자대학 사범대학 산악부 수탁교육 시작
5.1	이화여자대학 사범대학 산악부 수탁교육 종료
5.14	제7회 (초급반) 개강
7.3	제7회 (초급반) 종강 및 수료식(39명 수료)
8.14~8.20	제6회 암벽반 교육(29명 수료)
9.24	제8회 (초급반) 개강
11.13	제8회 (초급반) 종강 및 수료식(18명 수료)

1978

1.7~1.15	제4회 동계반 교육(34명 수료)
5.13	제9회 (초급반) 개강
7.2	제9회 (초급반) 종강 및 수료식(32명 수료)
8.13~1.19	제7회 암벽반 교육(32명 수료)
	*학생모집 안내장에 후원업체 광고 시작
9.23	제10회 (초급반) 개강
11.12	제10회 (초급반) 종강 및 수료식(30명 수료)

1979

1.13~1.21	제5회 동계반 교육(32명 수료)
5.12	제11회 (초급반) 개강
6.5~6.6	전국등산연합회 산하단체 리더 자질향상 수탁 교육
7.26	제11회 (초급반) 종강 및 수료식(41명 수료)
8.12~8.18	제8회 암벽반 교육(29명 수료)
9.22	제12회 (초급반) 개강
11.11	제12회 (초급반) 종강 및 수료식(38명 수료)

1980

1.12~1.20	제6회 동계반 교육(40명 수료)
	*지원자격 40세 이하로 제한
5.10	제13회 (초급반) 개강
6.29	제13회 (초급반) 종강 및 수료식 (43명 수료)
7.1~7.7	제9회 암벽반 교육
	(설악산 등반안내원 1차 교육, 22명 수료)
8.1~8.7	제2회 특별반 교육
	(설악산 등반안내원 2차 교육. 8명 수료)
8.10~8.16	제10회 암벽반 교육(30명 수료) 서약서
	작성 시작
9.20	제14회 (초급반) 개강
11.9	제14회 (초급반) 종강 및 수료식(24명 수료)

1981

1.17~1.25	제7회 동계반 교육(63명 수료)
5.30	제5회 정규반 개강
	*학생모집 안내장에 '정규반' 표기 시작
7.5	제15회 정규반 종강 및 수료식(49명 수료)
8.9~8.15	제11회 암벽반 교육(28명 수료)
9.16	제16회 정규반 개강
11.18	제16회 정규반 종강 및 수료식(26명 수료)

1982

1.9~1.27	제8회 동계반 교육(79명 수료)
	자유중국(현 대만) 건행등행회(健行登行會)
	회원 8명 수료
3.28	사무실 이전(중구 태평로 2가 68-7
	서신B/D 602호)
5.8	제17회 정규반 개강
6.27	제17회 정규반 종강 및 수료식(53명 수료)
8.8~8.14	제12회 암벽반 교육(40명 수료)
9.11	제18회 정규반 개강
	*학생모집 안내장에 '백운대 진출' 표기
10.31	제18회 정규반 종강 및 수료식(52명 수료)

1983

1.8~1.16	제9회 동계반 교육(61명 수료)
4.23	제19회 정규반 개강
5.3~5.19	경찰산악구조대 교육
	(장소: 북한산, 도봉산 일원. 인원: 12명)
6.12	제19회 정규반 종강 및 수료식(49명 수료)
8.9~8.15	제13회 암벽반 교육(22명 수료)
	북한산 백운산장에서 실시
9.10	제20회 정규반 개강
10.24	경찰특공대 교육(1차)
10.30	제20회 정규반 종강 및 수료식(51명 수료)

1984

1.7~1.14	제10회 동계반 교육(37명 수료)
	*교육기간 하루 단축(이때부터 8일간 교육)
3.16	경찰특공대 교육(2차)
4.14	제21회 정규반 개강
6.12	제21회 정규반 종강 및 수료식(52명 수료)

1985

4월	서울특별시산악연맹 교육기관으로 개편,
	한국등산학교 설치규정 제정(4월 3일)
	*사무실 이전(종로구 명륜동 4가 29-1
	가톨릭학생회관 202호. 전화: 763-3785)
5월	자문위원회 구성
5.4	제22회 정규반 개강
	*4주차 아침체조 대신 백운대 교장 진출
5.6	조용식 교무주임 임명
6.15	경찰산악구조대 2차 교육
6.30	제22회 정규반 종강 및 수료식(51명 수료)
8.10~8.16	제14회 암벽반 교육(21명 수료)
9.1	경찰산악구조대 3차 교육
9.7	제23회 정규반 개강
	*모집인원 50명으로 증원
	'교가' 제정, 교재 제작(정규, 암벽, 동계)
	본교(도봉산장) 옥상에 천막교실 설치
10.27	제23회 정규반 종강 및 수료(59명 수료)

1986

1.11~1.18	제11회 동계반 교육(52명 수료)
2.15~2.16	제1회 스키강습회
5.3	제24회 정규반 개강
6.22	제24회 정규반 종강 및 수료식(57명 수료)
7.19~7.31	일본 북알프스, 묘부이와, 후지산, 문부성등산연수소 방문(권효섭, 이재하, 서성식)
8.9~8.16	제15회 암벽반 교육(34명 수료)
9.13	제25회 정규반 개강
	*등산체력관리 과목 신설
11.2	제25회 정규반 종강 및 수료식(53명 수료)
11.16	한국등산학교 후원회 발족(회장 김용성)
12.8	사무실 이전(종로구 동숭동 1-28 흥사단회관 405호. 전화: 763-3785)

1987

1.10~1.17	제12회 동계반 교육(44명 수료)
2.22~2.23	제2회 스키강습회
4.20	경찰특공대 교육(3차)
5.9	제26회 정규반 개강
	*4주차 백운대 교장 진출 야간 실시 시작
6.28	제26회 정규반 종강 및 수료식(52명 수료)
8.10~8.16	제16회 암벽반 교육(40명 수료)
	*단체보험가입 실시(대상: 강사, 학생)
9.7	경찰산악구조대 4차 교육
9.12	제27회 정규반 개강
11.1	제27회 정규반 종강 및 수료식(57명 수료)

1988

1.9~1.16	제13회 동계반 교육(45명 수료)
4.16	제28회 정규반 개강
5.29	제28회 정규반 종강 및 수료식 (61명 수료)
8.9~8.15	제17회 암벽반 교육(42명 수료)
9.10	제29회 정규반 개강
10.30	제29회 정규반 수료(59명 수료)

1989

1.7~1.14	제14회 동계반 교육(44명 수료)
4.22	제30회 정규반 개강
6.11	제30회 정규반 종강 및 수료식(59명 수료)
8.12~8.18	제18회 암벽반 교육(38명 수료)
9.9	제31회 정규반 개강
10.22	제31회 정규반 종강 및 수료(59명 수료)

1990

1.7~1.14	제15회 동계반 교육(61명 수료)
4.28	제23회 정규반 개강
	*지원자격 35세 이하로 제한
5.3~5.5	해외연수교장 정찰
	*대상지: 일본 다니가와다케, 파견강사: 이재하, 서성식
6.10	제32회 정규반 종강 및 수료식(60명 수료)
7.12~7.17	해외연수(대상지: 일본 다니가와다케, 파견강사: 서성식, 전영래, 연수인원: 7명)
8.12~8.18	제19회 암벽반 교육(51명 수료)
9.8	제33회 정규반 개강
10.28	제33회 정규반 종강 및 수료식(57명 수료)

1991

1.13~1.20	제16회 동계반 교육(49명 수료)
4.27	제34회 정규반 개강
6.16	제34회 정규반 종강 및 수료식(61명 수료)
6.1	서성식 본교 주무 임명
8.1~8.17	제20회 암벽반 교육(32명 수료)
9.7	제35회 정규반 개강
10.21~10.26	경찰산악구조대 교육
11.3	제35회 정규반 종강 및 수료식(55명 수료)

1992

1.12~1.19	제17회 동계반 교육(65명 수료)
3.4	이종범 교육이사 추대(서울시산악연맹 제3차 정기이사회)
4.18	제36회 정규반 개강
6.7	제36회 정규반 종강 및 수료식(63명 수료)
7.16~7.19	해외연수교장 2차 정찰(일본 다니가와다케). 파견강사: 이종범, 이재하, 문남길, 김상기, 최태현, 김법모, 최철호, 김정호, 김경호, 남동건, 박찬민, 마운락
8.9~8.15	제21회 암벽반 교육(51명 수료)
9.19	제37회 정규반 개강
11.1	제37회 정규반 종강 및 수료식(61명 수료)

1993

1.10~1.17	제18회 동계반 교육(42명 수료)
4.17	제38회 정규반 개강
4.19~4.24	경찰산악구조대 교육 (장소: 북한산, 도봉산 일원, 인원: 10명)
6.6	제38회 정규반 종강 및 수료식(58명 수료)
7.16~7.21	일본 문부성등산연수소 연수. 참가강사: 이종범, 문남길, 서성식, 김상기, 최철호, 이상록, 김남일, 전영래. 전서화
8.8~8.14	제22회 암벽반 교육(37명 수료)
9.18	제39회 정규반 개강
11.7	제39회 정규반 종강 및 수료식(61명 수료)
11.7~11.12	국립공원공단 직원교육(41명 수료)

1994

1.9~1.16	제19회 동계반 교육(55명 수료)
4.31	제40회 정규반 개강
6.15	개교 20주년 기념행사 개최(시간: 오후 6시 30분, 장소: 강남구 역삼동 소재 반도아카데미) *〈스무돌〉 발행
6.20	제40회 정규반 종강 및 수료식(59명 수료)
8.7~8.13	제23회 암벽반 교육(36명 수료)
9.24	제41회 정규반 개강
10.23~10.29	경찰산악구조대 교육(12명 수료)
11.6	제41회 정규반 종강 및 수료식(59명 수료)
11.14~19	국립공원공단 직원교육(39명 수료)

1995

1.8~1.15	제20회 동계반 교육(32명 수료)
4.15	제42회 정규반 개강
5.22~5.26	한국방송촬영인연합회(KTCA) 암벽등반 기초과정 교육(15명 수료)
6.4	제42회 정규반 종강 및 수료식(61명 수료)
8.6~8.12	제24회 암벽반 교육(52명 수료) *5일차 울산암 진출 암벽등반 시작
9.16	제43회 정규반 개강 및 본교(도봉산장 3층) 강의실 증축기념 현판 제막식 *본교(도봉산장) 전화가설 02-3491-5584
11.5	제43회 정규반 종강 및 수료식(58명 수료)

1996

1.7~1.14	제21회 동계반 교육(57명 수료)
4.13	제44회 정규반 개강
4.22~4.27	삼성 3119구조단 교육(16명 수료)
6.2	제44회 정규반 종강 및 수료식(57명 수료)
8.4~8.10	제25회 암벽반 교육(41명 수료)
9.14	제45회 정규반 개강
10.28~11.1	중앙소방학교 제9기 소방간부후보생 교육 (56명 수료)
11.10	제45회 정규반 종강 및 수료식(52명 수료)

1997

1.12~1.19	제22회 동계반 교육(54명 수료)
4.12	제46회 정규반 개강
	*입교연령 제한(40세 미만) 폐지
4.1	수료생 답사모음집 〈둥지를 떠나며 남긴 사연〉 발간
5.7	서울특별시산악연맹 이사회에서 한국등산학교 설치 규정 개정
5.13~16	서울특별시소방학교 산악인명구조교육 출강(강사: 권효섭, 서성식. 대상: 30명)
6.1	제46회 정규반 종강 및 수료식(64명 수료)
6.9~14	국립공원공단 직원교육(1차: 40명)
6.16~18	서울특별시소방학교 산악인명구조교육 출강(강사: 권효섭. 서성식. 대상: 30명)
6.19~20	임업연수원 산악구조훈련 교육(대상 39명)
6.23~28	국립공원공단 직원교육(2차 43명)
7.12~24	미국 워싱턴주 레이니어(4,392m)와 유타주 캐넌랜드와 아치스 국립공원 등반. 참가강사: 이재하, 마운락, 최태현, 최철호, 서성식, 오석판, 최연북, 전서화, 소홍섭, 유창서, 장봉완 강사를 자문위원으로 위촉
8.8	
8.10~8.16	제26회 암벽반 교육(55명 수료)
9.1	이인정, 강호기, 최석모, 김영기(북한산 관리소장) 운영위원 추대. 이종범 교무위원, 문남길 실기위원, 서성식 서무위원 위원으로 위촉
9.20	제47회 정규반 개강
11.9	제47회 정규반 종강 및 수료식(63명 수료)

1998

1.11~1.18	제23회 동계반 교육(35명 수료)
4.11	제48회 정규반 개강
5.31	제48회 정규반 종강 및 수료식(62명 수료)
8.9~8.15	제27회 암벽 반 교육(24명 수료)
9.12	제49회 정규반 개강
11.8	제49회 정규반 종강 및 수료식(33명 수료)
11.30	사무실 이전(송파구 잠실1동 10번지 잠실올림픽 주경기장 312호, 전화 02-423-3785)

1999

1.10~1.17	제24회 동계반 교육(27명 수료)
5.1	제50회 정규반 개강
6.15	개교25주년 기념식
8.8~8.14	제28회 암벽반 교육(26명 수료)
9.11	제51회 정규반 개강
10.3~10.9	경찰산악구조대 11기 교육(7명 수료)
11.1~11.6	경기소방 119구조대 산악인명구조교육(26명 수료)
11.7	제51회 정규반 종강 및 수료식(38명 수료)
12.1	2대 이인정 교장 취임

2000

1.9~1.16	제25회 동계반 교육(23명 수료)
2.2	인수인계, 정규반 교육과정 개편 8주에서 6주로 단축
4.10~4.15	경찰산악구조대 12기 교육(13명 수료)
4.18	강남LG타워 이·취임식
4.12~5.21	제52회 정규반 6주 교육(42명 수료)
8.6~8.12	제29회 암벽반 교육(15명 수료)
9.23~10.29	제53회 정규반 교육(37명 수료)

2001

1.7~1.14	제26회 동계반 교육(22명 수료)
	학교 홈페이지 제작
4.21~5.27	제54회 정규반 교육
8.5~8.11	제30회 암벽반 교육(18명 수료)
9.15~10.28	제55회 정규반 교육

2002

1.13~1.20	제27회 동계반 교육(33명 수료)
	역삼동 한국산악문회관으로 등산학교 사무실이전
4.21~5.27	제56회 정규반 교육(35명 수료)
6.17~6.22	국립공원공단 직원 산악훈련교육(30명 수료)
8.11~8.17	제31회 암벽반 교육(21명 수료)
9.9~9.14	제주도한라산국립공원 조난자구조 전문교육과정(5명 수료)
9.7~10.20	제57회 정규반 교육(33명 수료)
12.4~12.25	네팔 히말라야 임자체 해외등반 (강사 2명, 졸업생 5명)

2003

1.12~1.19	제28회 동계반 교육(17명 수료)
2.19	한국등산학교 후원회 결성(37명)
4.19~5.25	제58회 정규반 교육(63명 수료)
7.16~8.13	30주년 기념 코뮤니즘 원정등반
	(강사 8명: 이종범, 장봉완, 마운락, 전서화,
	최철호, 조재형, 임만재, 최태현)
8.17~8.23	제32회 암벽반 교육(28명 수료),
	교육장소: 북한산 인수봉
8.27~8.28	에스원 요인경호 신입사원 직무교육(8명 수료)
9.8~9.9	경기도소방학교 인명구조반 교육(40명 수료)
9.13~10.19	제59회 정규반 교육(51명 수료)
9.24~9.26	인천광역시소방본부 119구조대원 교육
	(20명 수료)
9.29~10.24	국립공원공단 직원 산악훈련교육(31명 수료)

2004

1월	강사 5명과 졸업생 20명 금강산 동계합동등반
1.11~1.18	제29회 동계반 교육(21명 수료)
4.17~5.23	제60회 정규반
8.8~8.14	제33회 암벽반(36명 수료).
	교육장소: 북한산 백운대, 만경대, 인수봉
9.11~10.24	제61회 정규반
10.15	개교30주년 기념식

2005

1.10~1.15	공군항공구조대 교육
1.23-1.29	제30회 동계반 교육(58명 수료).
	분단 이후 최초로 금강산에서 실시,
	옥류동 계곡(설상교육훈련)
4.16~5.22	제62회 정규반 교육(63명 수료)
5.2~5.6	부안군청 산악안전도우미(5명 수료)
5.9~5.13	대한적십자사 특별반(40명 수료)
8.7~8.13	제34회 암벽반 북한산, 도봉산 일원(36명 수료)
9.10~10.23	제63회 정규반 교육(63명 수료)
10.11~10.15	남북산악구급봉사대 공동연수 이인정 교장 외
	9명
11.16~12.7	네팔 히말라야 메라피크 등반
	(강사 2명, 졸업생 5명)

2006

1.15~1.21	제31회 동계반 교육(설악산, 20명 수료)
4.15~5.21	제64회 정규반 교육(59명 수료)
8.13~8.19	제35회 암벽반 교육(21명 수료)
9.5~9.8	경기도소방학교 특별반(30명 수료)
9.16~10.29	제65회 정규반 교육(65명 수료)
10.9~10.13	국립공원공단 특별반(25명 수료)

2007

1.13~1.18	제32회 동계반(금강산) 교육(35명 수료)
4.14~5.20	제66회 정규반 교육(61명 수료)
8.11~8.17	제36회 암벽반(설악산) 교육
9.8~10.21	제67회 정규반 교육(63명 수료)

2008

1.20~1.26	제33회 동계반 교육
4.7~4.11	특전사 산악교관 양성교육(85명 수료)
4.12~5.18	제68회 정규반 교육(64명 수료)
6.3~6.5	경기도소방학교 제13기 인명구조반 교육
	(40명 수료)
6.16~6.20	경기도소방방재본부 119산악구조 교육
	(35명 수료)
	제3대 이종범 교장 취임
	서울시체육회 207호 서울시산악연맹으로
	사무실 이전
8.9~8.15	제37회 암벽반 교육
8.17~8.20	재미뉴욕산악회 교육(29명 수료)
8.25~8.29	강원도 소방방재본부 산악구조반 교육
	(30명 수료)
9.20~10.26	제69회 정규반 교육.
	재미뉴욕산악회 지원금 300만 원 입금

2009

1.29~30	㈜에스원 특별반 교육(12명 수료)
2.8~2.14	제34회 동계반 교육
4.12~5.18	제70회 정규반 교육(64명 수료)
8.8~8.14	제38회 암벽반 교육(41명 수료)
8.31~9.4	강원도 소방방재본부 특별반(28명 수료)
9.12~10.25	제71회 정규반 교육(52명 수료)

2010

1.23~1.29	제35회 동계반 교육
4.10~5.16	제72회 정규반 교육(66명 수료)
8.7~8.13	제39회 암벽반 교육
9.11~10.24	제73회 정규반 교육(55명 수료)
	한국등산지원센터 교육지원(외부강사강사비
	지원, 〈등산〉 교재지원)

2011

1.22~1.28	제36회 동계반 교육
4.9~5.15	제74회 정규반 교육(71명 수료)
8.6~8.12	제40회 암벽반 교육(31명 수료)
9.17~10.23	제75회 정규반 교육(43명 수료).
	정규반 75회 사무국장 교체(김재운에서 이종석)
10.9~10.11	제92회 울릉산악구조대 특별반 교육
	(10명 수료)
10.20~10.22	제93회 서정대 응급구조학과 특별반 교육
	(19명 수료)
10.24~10.29	제94회 특별반 교육(16명 수료)

2012

2.4~2.10	제37회 동계반 교육
	제4대 장봉완 교장 취임
4.14~5.20	제76회 정규반 교육(65명 수료)
8.11~8.17	제41회 암벽반 교육(24명 수료)
9.8~10.21	제77회 정규반 교육(39명 수료)

2013

1.26~2.1	제38회 동계반 교육(13명 수료)
3.8~3.23	제95회 특별반 교육(31명 수료)
4.13~5.19	제78회 정규반 교육(38명 수료)
5.31~6.16	제96회 특별반 교육(27명 수료)
8.10~8.16	제42회 암벽반 교육(24명 수료)
9.7~10.20	제79회 정규반 교육(24명 수료)
10.25~11.3	제97회 특별반 교육(13명 수료)

2014

1.11~1.17	제39회 동계반 교육(15명 수료)
4.24	㈜네파 서울시산악연맹, 한국등산학교
	업무협약. 현금 5천만 원, 용품 5천만 원(5년간
	현금은 14, 15, 16년, 물품은 14, 15, 16, 17, 18년)
6.20~6.29	제98회 특별반 교육(15명 수료)
4.12~5.25	제80회 정규반 교육(57명 수료)
8.9~8.15	제43회 암벽반 교육(18명 수료)
9.13~10.26	제81회 정규반 교육(23명 수료)
11.28	한국등산학교 40주년 기념행사(킹콩빌딩
	설악홀). 공로상 이종범, 마운락, 최태현, 전영래

2015

1.31~2.6	제40회 동계반 교육(6명 수료)
4.11~5.17	제82회 정규반 교육(24명 수료)
7.15~7.19	강사 해외등반(중국 노산)
8.8~8.14	제44회 암벽반 교육(14명 수료)
9.12~10.25	제83회 정규반 교육(19명 수료)

2016

1.23~1.29	제41회 동계반 교육(9명 수료)
4.2~5.8	제84회 정규반 교육(23명 수료)
	도봉산장 2층 남자숙소 천정 리빙보드 설치 공사
7.30~8.5	제45회 암벽반 교육(11명 수료)
9.3~10.16	제85회 정규반 교육(11명 수료)
12.7	제5대 남선우 교장 취임

2017

1.11	제4대 장봉완 교장, 제5대 남선우 교장
	이·취임식 개최(서울 로얄호텔)
1.15	1차 강사 워크샵(도봉산 생태탐방연수원)
3.19~4.5	도봉산장 시설보수공사
4.8~5.21	제86회 정규반 교육(49명 수료)
8.2	홈페이지 리뉴얼 개통(VIA 비즈밸리)
8.10~8.15	제46회 암벽반 교육(34명 수료)
9.2~10.22	제87회 정규반 교육(32명 수료)

2018

1.7	강사 워크샵(42회 동계반 점검)
1.26~2.1	제42회 동계반 교육(19명 수료)
4.7~5.20	제88회 정규반 교육(37명 수료)
8.10~8.15	제47회 암벽반 교육(34명 수료)
9.8~10.21	제89회 정규반 교육(28명 수료)

2019

1.18~1.20	빙벽과정
1.25~1.28	설상과정 제43회 동계반(29명 수료)
4.6~5.19	제90회 정규반 교육(38명 수료)
8.10~8.15	제48회 암벽반 교육(42명 수료)
9.7~10.20	제91회 정규반 교육(22명 수료)

2020

1.7	신년하례 및 강사 임명장 수여(서울시연맹 회의실)
2.7~12	제44회 동계반 교육(19명 수료)
4.25~5.31	제92회 정규반 교육(31명 수료)
8.8~13	제49회 암벽반 교육(36명 수료)
10.9~11.8	제93회 정규반 교육(25명 수료)

2021

1.29	제6대 송정두 교장 취임
1.30~1.31, 2.6~2.7	빙벽과정 2.19~2.21 설상 과정 제45회 동계반 교육(12명 수료)
3.14	강사 워크샵, 교감, 사무국장 임명장 수여 (도봉산장)
4.10~5.16	제94회 정규반 교육(39명 수료)
8.7~8.12	제50회 암벽반 교육(39명 수료)
9.4~10.17	제95회 정규반 교육(31명 수료)

2022

1.14~1.16	빙벽과정, 2.4~2.6 설상과정 제46회 동계반(17명 수료)
3.13	강사 워크샵(도봉산장)
4.9~5.15	제96회 정규반 교육(41명 수료)
6.3~6	제1회 정규심화반 교육(9명 수료)
8.6~11	제51회 암벽반 교육(25명 수료)

2023

1월	제7대 한필석 교장 취임
1.7~1.8, 1.14~1.15	빙벽과정, 2.10~2.12 설상과정 제47회 동계반(14명 수료)
3.19	강사 워크샵 및 강사 임명장 수여(다락원)
4.15~5.21	98회 정규반 교육(37명 수료)
8.12~8.17	제52회 암벽반 교육(28명 수료)
9.9~10.15	제99회 정규반 교육(35명 수료)

2024

1.6~1.7, 1.13~1.14	빙벽과정, 2.2~2.4 설상과정 제48회 동계반(18명 수료)
3.17	강사 워크샵 및 강사 임명장 수여
4.13~5.19	제100회 정규반 교육

서울특별시산악연맹 규정
등산 교육기관 운영에 관한 규정

제정 1985년 04월 03일
개정 1997년 05월 07일
개정 2001년 05월 02일
개정 2008년 06월 04일
개정 2008년 10월 01일
개정 2012년 12월 05일
개정 2017년 11월 01일
개정 2020년 10월 07일
개정 2022년 12월 17일
개정 2023년 01월 11일

제1조(목적)
이 규정은 서울특별시산악연맹 규약 제4조 제5호 및 제48조
등산학교 및 산악연수원 설치 규정에 따라 등산에 관한
이론과 실기를 교육하여 건전한 산악문화 발전을 도모하고
우수한 산악인을 양성함을 목적으로 한다.

제2조(명칭)
① 학교는 한국등산학교라 한다. (이하 학교라 한다.)
② 외국에 대하여는 KOREAN ALPINE SCHOOL이라한다.

제3조(소속 및 사무소)
① 학교는 서울특별시산악연맹 부설로 한다.
② 사무소는 서울특별시산악연맹 사무국에 둔다.

제4조(학과) 본교에는 정규반, 암벽반, 동계반, 특별반을 둔다.

제5조(운영) 본교의 학급은 한 학급 정원 60명으로 하고
필요에 따라 증감할 수 있다.

제6조(과목 및 시간) 본교의 교육과목은 이론 실기 및
교양과목으로 하고 시간 배정은 따로 정한다.

제7조(교육기간) 본교의 정규반은 봄과 가을에 암벽반은
여름에 동계반은 겨울에 실시하며 그 기간과 시간은 별도로
정한다. 단 특별반은 필요에 따라 따로 정한다.

제8조(입학자격) 본교를 입학할 수 있는 자는 18세 이상을
원칙으로 한다.

제9조(입학허가)
① 본교에 입학하고자 하는 자는 입학원서와 기타 필요한
   서류를 제출하며 입학허가는 서류심사로 결정한다.
② 외국인이 교육받고자 할 때에는 교장이 따로 허가한다.
③ 교육을 허가받은 자는 학교에 서약서를 제출하여야 한다.
④ 학교에 제출한 서류는 일체 반환하지 아니한다.

제10조(수강료) 입학을 허가받은 자는 소정의 수강료를
납부하여야 한다.

제11조(조직)
① 교장 1인, 교감 1인, 학감 1인, 대표강사 1인, 교무 1인,
   사무국장 1인, 이론강사와 실기강사를 둘 수 있다.
② 교장은 연맹 이사회의 결의에 따라 회장이 임면한다.

③ 교감 및 학감, 대표강사, 교무, 사무국장은 교장이 임면한다.

④ 교장의 임기는 2년으로 하며, 연임을 할 수 있다.

⑤ 교장은 본 연맹 부회장·명예부회장 또는 자문위원으로 한다.

제12조(강사의 임명과 면직)

① 강사의 임명과 면직을 위해 인사위원회를 구성한다.

② 인사위원회는 교장, 교감, 학감, 대표강사, 교무, 연맹기획이사, 연맹등산교육이사로 하고 위원장은 교장으로 하며 강사의 임명과 면직은 인사위원회의 의결로 한다.

③ 실기강사는 한국등산학교 수료자, 공인기관 강사자격 취득자 중 인사위원회에서 심의를 거쳐 교장이 임명·면직한다.

④ 이론 및 초청강사는 해당 교육전문가로 교장이 위촉한다.

제13조(직무)

① 교장은 학교를 대표하며 그 업무를 총괄한다.

② 교감과 학감은 교장을 보좌하며 교장 유고시 학교 운영 전반을 담당한다.

③ 대표강사는 실기 전반을 담당한다.

④ 교무는 교육 전반을 담당한다.

⑤ 사무국장은 서무 기타 일반행정을 담당하고 사무국 규정을 따른다.

⑥ 강사는 등산에 관한 이론과 실기를 교습한다.

제14조(운영위원과 자문위원)

① 학교의 원활한 운영을 위하여 운영위원과 자문위원을 둔다.

② 운영위원은 학교 육성발전과 운영에 관한 각종 회의에 참여한다.

③ 자문위원은 학교의 자문에 응한다.

④ 자문위원과 자문위원장은 교장이 위촉한다.

⑤ 운영위원회 구성은 15명 이내로 하고 교장, 교감, 학감, 대표강사, 교무, 연맹산악연수원장, 연맹등산교육이사와 총동문회장을 당연직으로 하고 그 외의 위원은 교장이 위촉한다. 위원장은 위원회에서 선출한다.

제15조(시험) 100분의 90 이상의 교육을 받은 자에게 수료시험을 실시한다.

제16조(수료) 소정의 교육과목을 이수하고 수료시험에

합격한 자에게 수료증 및 수료기장을 수여한다.

제17조(시상)

① 품행이 방정하고 교육성적이 우수한 자에게 시상할 수 있다.

② 수료자 결정 및 시상자는 학교 사정회의에서 결정한다.

제18조(퇴학처분) 교육생으로서 다음 각항의 1에 해당할 때는 퇴학을 명할 수 있다.

① 품행이 불량하여 개전의 정이 없다고 인정된 자

② 정당한 사유없이 2일 이상 출석을 아니한 자

③ 교육 중 교육태도가 불량한 자

④ 학생본분에 어긋나는 집단행동을 주동 또는 교육을 방해한 자

제19조(재정)

① 학교의 재정은 수강료 및 후원금, 기부금으로 충당한다.

② 학교는 필요에 따라 후원금제도를 운영할 수 있다.

③ 수강료는 매 정규반, 암벽반, 동계반, 특별반으로 구분하며 금액은 운영위원회에서 정한다.

제20조(수당) 교사수당에 관한 사항은 교장이 따로 정한다.

제21조(후원회) 학교는 원활한 재정 및 기금 확보를 위하여 후원회를 둘 수 있다.

부칙

1. (시행일) 본 규정은 연맹 이사회에서 결의한 날로부터 시행한다.

2. (경과규정) 본 규정 시행전에 이루어진 업무는 이 규정에 따라 시행된 것으로 본다.

3. (폐지규정)

   1) 본 규정 시행과 동시에 한국등산학교 설치규정(1985. 4. 3. 재정)은 이를 폐지한다.

   2) 한국산악연수원 설치규정(1987. 5. 6. 재정)은 이를 폐지한다.

4. (분리규정) 한국등산학교 운영규정과 한국산악연수원 운영규정은 이사회 결의 후 분리한다.

5. 본 조 제11조 ④,⑤ 항은 2021년 1월 기준 시행한다.

현 강사

| 한필석 교장 | 이연희 교감 | 허선무 기술자문 | 김용태 사무국장 | 임현주 대표강사 | 전영래 | 전용학 | 최오순 |

| 류경수 | 강태원 | 박상천 | 이명희 | 차호은 | 임갑승 | 이병주 | 김영주 |

| 박명렬 | 박민구 | 주진형 | 정택현 | 황우식 | 조상일 | 이성혁 | 최승연 |

초빙강사

안치영 최석문 손정준 김미곤

역임 강사

김도섭	故김종욱	김호진	故문남길	박봉래	故백경호	故백동욱	故손경석
故신동간	故이우형	이원형	故전재운	조용식	최석모	故최창민	최태현
故허정식	홍건식	강홍수	권순호	김갑용	김경호	김남일	김명수
김명진	김법모	김병준	김상기	故김원모	김재운	김정호	김해출
남동건	故마운락	故박찬민	박동신	박진	배광식	백창수	서성식
안재용							

역임 강사

오석환 유성원 유창서 이규한 이봉우 이봉희 이상천 이영미

이의현 이재하 이종호 장경덕 조재형 조희덕 최철호 최희승

한우식 故홍옥선 김미정 故김성태 김종술 김주식 소흥섭 여병은

故윤주호 이명식 이범진 이상록 이승룡 임만재 정태훈 조재형

허한구 구은수 김성철 김영미 김장혁 김주형 故김창호 김현중
사무국장

남정아   박경이   박경희   박기성   이동석   이재용   이진아   임세훈

故임일진   장기헌   故장지명   정원조   조민수   조휘만   차병원   최원준

강정희   고경한   김윤희 사무국장   박미경   백옥미   신영철 교감   이진기   이호석

전진택   조대호   조진용   최봉준

정규반

정규반 1회
1974 봄
1. 박세웅
2. 이병호
3. 심광종
4. 권경섭
5. 황덕근
6. 명홍연
7. 박홍준
8. 장경신
9. 이성희
10. 정광의
11. 윤대표
12. 김정선
13. 박상철
14. 윤민의
15. 이영철
16. 김기철
17. 신기철
18. 김영식
19. 이종수
20. 김정건
21. 김윤기
22. 이명만
23. 맹찬영
24. 백승기
25. 유정수
26. 한필석

정규반 2회
1974 가을
1. 신동일
2. 박태훈
3. 이태호
4. 이종범
5. 이해진
6. 최준진
7. 하양배
8. 최승연
9. 김철수
10. 장준택
11. 손용택
12. 박우형

13. 김영철
14. 오환영
15. 김양수
16. 조영창
17. 안중국
18. 김주명
19. 최성인
20. 염규생
21. 김원석
22. 봉원표
23. 서세철
24. 박만춘
25. 김도수
26. 김진천
27. 이동현
28. 김삼일
29. 이재정
30. 권종욱
31. 박동광
32. 조영신
33. 최철규
34. 송정두
35. 한상원
36. 오태완

정규반 3회
1975 봄
1. 이필영
2. 김석주
3. 이철호
4. 김춘국
5. 최태환
6. 이병규
7. 박창훈
8. 박창규
9. 정대길
10. 홍 찬
11. 김기철
12. 강성균
13. 이민호
14. 김동근
15. 김영철
16. 한봉희

17. 강종권
18. 김태승
19. 안일수
20. 송호강
21. 신동욱
22. 양원호

정규반 4회
1975 가을
1. 이당철
2. 강학송
3. 윤승모
4. 김형철
5. 홍종화
6. 신재보
7. 박규동
8. 이재성
9. 신장교
10. 김한기
11. 이헌범
12. 최성호
13. 최윤섭
14. 박봉수
15. 김용일
16. 박기호
17. 우옥균
18. 강승수
19. 김덕종
20. 조영덕
21. 김태선
22. 박길원

정규반 5회
1976 봄
1. 최원주
2. 엄익진
3. 이상현
4. 강경훈
5. 김인하
6. 이성육
7. 김민기
8. 정상범
9. 배충식

10. 정기덕
11. 오윤식
12. 임성재
13. 황현
14. 김인호
15. 이정의
16. 송병민
17. 조한기
18. 소호영
19. 정용관
20. 김창복
21. 이상덕
22. 김경조
23. 지경표
24. 변상윤
25. 허인석
26. 이기홍
27. 안은수
28. 차예철
29. 허훈도
30. 박광주
31. 김길용
32. 이연숙
33. 전경자
34. 정옥성
35. 김정자
36. 송영란

정규반 6회
1976 가을
1. 양신의
2. 김용일
3. 최준서
4. 곽호중
5. 김평국
6. 유 건
7. 심원보
8. 박순필
9. 김동수
10. 박남수
11. 김종갑
12. 박준호
13. 홍정표

14. 윤창록
15. 김상문
16. 김성근
17. 이덕순
18. 송인환
19. 송석용
20. 이민영
21. 문수연
22. 김순란
23. 김희정
24. 이지영
25. 이순재
26. 황영애
27. 최진옥

정규반 7회
1977 봄
1. 임석환
2. 신종훈
3. 진진언
4. 이영구
5. 김원복
6. 이 형
7. 남강우
8. 조욱현
9. 한휘룡
10. 신희철
11. 피갑수
12. 김원태
13. 임형수
14. 허명욱
15. 이재식
16. 신상원
17. 전종윤
18. 우봉제
19. 권혁천
20. 박춘길
21. 윤광모
22. 윤왕준
23. 김현덕
24. 송기출
25. 민성기
26. 김형국

27. 이철원
28. 양희석
29. 김덕연
30. 송석범
31. 이인숙
32. 이금주
33. 이영숙
34. 한상숙
35. 김인자
36. 김동심
37. 이청수
38. 김춘화
39. 정희전

정규반 8회
1977 가을
1. 김종순
2. 안병호
3. 신상선
4. 김광복
5. 한무희
6. 이선호
7. 정용진
8. 정태섭
9. 김영일
10. 정두영
11. 이옥희
12. 김덕례
13. 김명숙
14. 이순실
15. 이재순
16. 노애경
17. 김경자
18. 정태석

정규반 9회
1978 봄
1. 최명길
2. 조병희
3. 안상록
4. 황희섭
5. 문지용
6. 박 기

7. 박종하
8. 김순용
9. 이규한
10. 전명철
11. 유충구
12. 김혜원
13. 주대식
14. 김기호
15. 이인준
16. 김영율
17. 구원복
18. 조경혁
19. 김충구
20. 홍세춘
21. 이정희
22. 정철연
23. 박춘신
24. 신홍순
25. 정미숙
26. 이영희
27. 전향숙
28. 김 연

정규반 10회
1978 가을
1. 여한구
2. 공영두
3. 김승남
4. 구종서
5. 김광기
6. 강인구
7. 강인철
8. 이재권
9. 정금도
10. 소재영
11. 박경환
12. 장기덕
13. 정재원
14. 권순호
15. 하영일
16. 허용철
17. 홍기용
18. 문도맹

19. 이영희
20. 김정두
21. 이명진
22. 이인상
23. 최태숙
24. 채영민
25. 이선희
26. 박명희
27. 기형희
28. 박찬혜
29. 정순자
30. 이영옥

정규반 11회
1979 봄
1. 오제호
2. 김정제
3. 차남철
4. 전종우
5. 신영균
6. 이세원
7. 최석태
8. 김종선
9. 박상복
10. 김여생
11. 정재영
12. 최태영
13. 조기상
14. 조용식
15. 유세환
16. 최용호
17. 안병관
18. 홍흥기
19. 백승근
20. 박형종
21. 김용기
22. 조송길
23. 이재하
24. 추건호
25. 안호찬
26. 정효순
27. 박인영
28. 정광철

29. 허성호
30. 이기헌
31. 장보길
32. 김하원
33. 최창익
34. 이옥순
36. 송춘실
37. 서영희
38. 김용미
39. 안미숙
40. 이숙영
41. 홍종화
42. 주용식

정규반 12회
1979 가을

1. 김시훈
2. 이규창
3. 나승진
4. 박영동
5. 유세종
6. 송인원
7. 이성몽
8. 이종수
9. 전대준
10. 이용성
11. 임창배
12. 박영철
13. 박용일
14. 박춘전
15. 유재일
16. 목영철
17. 김경섭
18. 김세진
19. 나승도
20. 황재덕
21. 김찬수
22. 양희선
23. 정길순
24. 이영옥
25. 오현옥
26. 우경순
27. 장동욱

28. 김세희
29. 황명희
30. 김종선
31. 이경란
32. 변옥희
33. 김경희
34. 채규준
35. 최영모
36. 김종한
37. 최용택
38. 정창규

정규반 13회
1980 봄

1. 이윤호
2. 박만선
3. 안재홍
4. 김종서
5. 임재윤
6. 윤호군
7. 지창식
8. 김승권
9. 박준태
10. 오 석
11. 이병만
12. 김인태
13. 강성룡
14. 예동해
15. 한성일
16. 정창우
17. 신성전
18. 유재송
19. 송병찬
20. 김민태
21. 황학성
22. 권호승
23. 나효동
24. 백형남
25. 조성철
26. 신명식
27. 김용식
28. 박수형
29. 조동철

30. 양해성
31. 김계환
32. 김성태
33. 박석열
34. 김정관
35. 이필윤
36. 박찬민
37. 박해숙
38. 이영미
39. 서미옥
40. 육금순
41. 윤현옥
42. 장혜경
43. 한정숙

정규반 14회
1980 가을

1. 황규완
2. 박대선
3. 정길용
4. 지규억
5. 유남섭
6. 김정국
7. 신남수
8. 김승환
9. 김상순
10. 강종인
11. 서원준
12. 소용현
13. 김학일
14. 장순환
15. 최주영
16. 김현숙
17. 이중남
18. 김귀희
19. 박교숙
20. 송운하
21. 이봉희
22. 김경희
23. 김 희
24. 서석순

정규반 15회
1981 봄

1. 김남제
2. 이상돈
3. 곽영두
4. 고영표
5. 이 웅
6. 박송웅
7. 염장환
8. 박희균
9. 이웅재
10. 조봉현
11. 강길현
12. 이성휘
13. 김원식
14. 이한출
15. 전병득
16. 서강석
17. 이경창
18. 임병수
19. 이국헌
20. 노동균
21. 박경운
22. 선형근
23. 박우진
24. 홍옥선
25. 박병곤
26. 최철호
27. 신상섭
28. 최근호
29. 이종원
30. 노춘근
31. 박찬헌
32. 최기철
33. 박정기
34. 위군호
35. 김병춘
36. 이의현
37. 김기현
38. 임진순
39. 구자온
40. 진소영
41. 이영숙

42. 백승완
43. 이후재
44. 박영환
45. 이혜숙
46. 정숙이
47. 이기우
48. 조화순
49. 이창숙

정규반 16회
1981 가을

1. 이희룡
2. 노수범
3. 최수길
4. 문석기
5. 홍기창
6. 송병구
7. 이경덕
8. 이광섭
9. 김홍윤
10. 윤규원
11. 김봉수
12. 김병만
13. 신광균
14. 정재성
15. 임성순
16. 박창표
17. 김원민
18. 이원우
19. 김윤재
20. 백승호
21. 박재옥
22. 남란희
23. 김정순
24. 소유미
25. 김영란
26. 박경자

정규반 17회
1982 봄

1. 천종수
2. 임부륜
3. 임응규

4. 허창웅
5. 이현구
6. 이주원
7. 조한익
8. 박태환
9. 이용희
11. 김양수
12. 김광수
13. 한규석
14. 공용현
15. 조광수
16. 황성기
17. 최기웅
18. 김계환
19. 차주일
20. 우명섭
21. 변계명
22. 양광조
23. 이백중
24. 양해복
25. 이성호
26. 하구범
27. 이영규
28. 김동한
29. 김종석
30. 김기용
31. 김경호
32. 허문도
33. 임병옥
34. 김범수
35. 김종수
36. 차현열
37. 정병헌
38. 허이영
39. 권혁도
40. 한충수
41. 배철영
42. 진윤식
43. 박순희
44. 이현숙
45. 조희덕
46. 김지희
47. 김순화

48. 곽용순
49. 한상미
50. 윤형옥
51. 김현주
52. 문순자
53. 박은정

정규반 18회
1982 가을

1. 이재하
2. 최인휘
3. 박동철
4. 이우영
5. 차영복
6. 김용빈
7. 김영일
8. 박상익
9. 윤재학
10. 강수환
11. 안현우
12. 황훈규
13. 김갑수
14. 김원철
15. 김대희
16. 권병철
17. 윤우로
18. 김진수
19. 서재완
20. 박범서
21. 김종철
22. 이현성
23. 정홍렬
24. 한정기
25. 이우준
26. 변진명
27. 정상기
28. 조두현
29. 이윤희
30. 김승규
31. 곽윤선
32. 한영록
33. 지병용
34. 전 온

35. 서성식
36. 최갑주
37. 유해연
38. 최재정
39. 조규갑
40. 정희욱
41. 김영만
42. 홍금표
43. 김상훈
44. 양승태
45. 유순근
46. 유정행
47. 이춘실
48. 서희재
49. 편명애
50. 고애화
51. 박복순
52. 이선민

정규반 19회
1983 봄

1. 장엽종
2. 심상춘
3. 박충남
4. 고지찬
5. 안상원
6. 김현권
7. 성기준
8. 이경구
9. 김대진
10. 허 탁
11. 김찬홍
12. 한영록
13. 정재수
14. 유일영
15. 진윤성
16. 홍기호
17. 강철호
18. 전창원
19. 정길상
20. 이인우
21. 김민수
22. 지성근

23. 한완일	14. 김성근	3. 황진태	47. 박화순	35. 문준필	24. 배광호	5. 김송효	48. 박양옥
24. 박찬영	15. 김 선	4. 김동형	48. 조윤자	36. 고인식	25. 경종훈	6. 성기봉	49. 신은옥
25. 김수항	16. 조기인	6. 윤병성	49. 이경애	37. 오세복	26. 국선호	7. 이교훈	50. 최경일
26. 김봉기	17. 강대인	7. 임익권	50. 설혜경	38. 한숙자	27. 박성용	8. 최명준	51. 이은희
27. 장규철	18. 김기태	8. 구대선	51. 고미애	39. 고영미	28. 최대근	9. 이창배	52. 김기숙
28. 이중호	19. 박송기	9. 김원명	52. 정명인	40. 정경희	29. 한상휘	10. 최명호	53. 고경희
29. 이중로	20. 손목헌	10. 김부선		41. 정태숙	30. 박종국	11. 주한철	54. 제유경
30. 한문기	21. 오상순	11. 김병희	**정규반 22회**	42. 박애숙	31. 신태수	12. 오영수	55. 황은옥
31. 한태균	22. 김장현	12. 박태석	**1985 봄**	43. 남숙희	32. 황인태	13. 권기홍	56. 김순옥
32. 김동천	23. 장낙준	13. 최혜영	1. 박영서	44. 김광희	33. 이용렬	14. 이원창	57. 조미경
33. 안희원	24. 박석우	14. 정기훈	2. 위용환	45. 임재숙	34. 최광현	15. 강돈희	
34. 이창식	25. 이윤복	15. 엄영준	3. 전승택	46. 김은숙	35. 박태석	16. 한상은	**정규반 25회**
35. 박안용	26. 박홍기	16. 김기욱	4. 이인환	47. 장영미	36. 서용묵	17. 박성연	**1986 가을**
36. 김창숙	27. 천성덕	17. 박형창	5. 김덕수	48. 조성일	37. 임옥기	18. 박헌일	1. 강종남
37. 강미숙	28. 김창호	18. 이승권	6. 김영기	49. 이은정	38. 이춘열	19. 김윤구	2. 김연수
38. 전순옥	29. 노경호	19. 조충호	7. 강성욱	50. 임현숙	39. 김문호	20. 김영찰	3. 강두희
39. 유미옥	30. 복상선	20. 남상준	8. 박성제	51. 이현옥	40. 원종민	21. 한기원	4. 임현용
40. 김은숙	31. 박현규	21. 지두환	9. 윤기삼		41. 김진형	22. 현천용	5. 이헌모
41. 김명숙	32. 최중영	22. 신상순	10. 김진수	**정규반 23회**	42. 조인섭	23. 신동욱	6. 임인선
42. 채인기	33. 나도준	23. 최금용	11. 김동수	**1985 가을**	43. 정찬재	24. 이대호	7. 안종호
43. 전명옥	34. 윤연수	24. 이선구	12. 장기철	1. 김정호	44. 남상원	25. 최돈인	8. 이재천
44. 김복순	35. 유오형	25. 김영태	13. 최의준	2. 유훈원	45. 신희진	26. 황기섭	9. 김원재
45. 안재선	36. 이명숙	26. 윤중현	14. 김승호	3. 이진재	46. 강현숙	27. 김승섭	10. 김상도
46. 최계남	37. 김상임	27. 김상욱	15. 노승장	4. 김덕환	47. 이은형	28. 박희선	11. 이왕수
47. 김경희	38. 유옥자	28. 장종덕	16. 조구경	5. 양한창	48. 강정임	29. 윤민수	12. 공주식
48. 박옥순	39. 최기매	29. 성인택	17. 사재식	6. 김 성	49. 김승미	30. 고인원	13. 반건호
49. 이해분	40. 오미숙	30. 채병린	18. 김태홍	7. 박상길	50. 정경순	31. 문병웅	14. 전병민
	41. 정은경	31. 이상철	19. 오상규	8. 오수현	51. 방계영	32. 서형복	15. 임남규
정규반 20회	42. 이경숙	32. 이상철	20. 김계만	9. 심민보	52. 최주옥	33. 최세진	16. 홍기두
1983 가을	43. 서경실	33. 이해운	21. 전재흠	10. 이광섭	53. 허경애	34. 최인수	17. 노덕호
1. 유병우	44. 이효열	34. 남동건	22. 노정철	11. 김연홍	54. 장경희	35. 김전수	18. 정환평
2. 어경룡	45. 윤연자	35. 허철호	23. 공현배	12. 차치영	55. 김정애	36. 심상곤	19. 한산희
3. 박상일	46. 강금옥	36. 김성환	24. 이동건	13. 최종명	56. 김한희	37. 김성환	20. 이인기
4. 권병호	47. 김미애	37. 조성래	25. 임춘식	14. 박민구	57. 유정희	38. 한상훈	21. 조치종
5. 한윤석	48. 임경옥	38. 김은각	26. 김영철	15. 이선규	58. 류희올리	39. 이인용	22. 조경영
6. 김장진	49. 박해경	39. 유해원	27. 박인석	16. 임채섭	59. 배경미	40. 이영호	23. 표성흠
7. 김철준	50. 류현옥	40. 김준희	28. 정환구	17. 이철규		41. 최문창	24. 이운재
8. 민안기	51. 남경미	41. 오영란	29. 김정호	18. 조문준	**정규반 24회**	42. 장진숙	25. 나승용
9. 김학규		42. 황미옥	30. 고재석	19. 이호현	**1986 봄**	43. 김봉진	26. 장욱정
10. 최종선	**정규반 21회**	43. 강선영	31. 김완석	20. 박형원	1. 이충호	44. 최향옥	27. 윤봉선
11. 구인상	**1984 봄**	44. 이혜우	32. 이종명	21. 이재용	2. 유동진	45. 박인숙	28. 류경훈
12. 김승호	1. 조청언	45. 최혜순	33. 이상천	22. 강우영	3. 서태균	46. 정애희	29. 손주섭
13. 최광기	2. 최홍국	46. 박영자	34. 정석원	23. 홍표창	4. 황금집	47. 이정숙	

30. 김성수
31. 이경한
32. 안강영
33. 천수연
34. 박진훈
35. 임종철
36. 류승영
37. 최원영
38. 이동일
39. 채거석
40. 김광오
41. 한석희
42. 권종순
43. 이정희
44. 문경애
45. 최옥희
46. 홍영희
47. 조영희
48. 조애련
49. 손애란
50. 유명옥
51. 이미경
52. 고춘자
53. 황경희

정규반 26회
1987 봄
1. 원종배
2. 이각종
3. 이순복
4. 신수일
5. 송인호
6. 박영종
7. 이종대
8. 정운식
9. 최상일
10. 손재영
11. 오동엽
12. 홍승표
13. 박현달
14. 원치덕
15. 이정득
16. 조동준

17. 부상호
18. 이문용
19. 강동노
20. 박민열
21. 최영재
22. 하영수
23. 서광수
24. 허완희
25. 정호은
26. 김동규
27. 김남일
28. 편용범
29. 유현무
30. 주현종
31. 채유석
32. 조형국
33. 강재성
34. 정훤근
34. 강창형
35. 최용희
36. 황세욱
37. 김 정
38. 김정덕
39. 장수자
40. 박혜숙
41. 김미숙
42. 최희숙
43. 김기영
44. 임미숙
45. 김옥희
46. 차선영
47. 김미숙
48. 이경실
49. 김연숙
50. 성금제
51. 고일순

정규반 27회
1987 가을
1. 김세식
2. 박수명
3. 정평교
4. 김승근

5. 이동희
6. 최광수
7. 배두일
8. 한명현
9. 김경호
10. 이항영
11. 윤광섭
12. 박한신
13. 서강원
14. 김홍섭
15. 윤철중
16. 오석환
17. 최준항
18. 남궁균
19. 정태식
20. 이병만
21. 오영석
22. 송기태
23. 전종협
24. 이병규
25. 윤봉길
26. 진정화
27. 김상일
28. 임상현
29. 송수상
30. 장기보
31. 이용하
32. 주영규
33. 김병도
34. 구기탁
35. 권희수
36. 윤정선
37. 김성철
38. 조인상
39. 박세현
40. 정재면
41. 이종수
42. 김대열
43. 형준혁
44. 김진일
45. 한승호
46. 이용남
47. 이필배

48. 윤향임
49. 목영희
50. 고춘분
51. 권기순
52. 양순옥
53. 박인숙
54. 이혜옥
55. 최영숙
56. 전미랑
57. 이수임

정규반 28회
1988 봄
1. 임은묵
2. 김춘엽
3. 권순양
4. 오형재
5. 정구창
6. 허윤석
7. 장승호
8. 노영철
9. 김성준
10. 신종국
11. 김인규
12. 최학경
13. 장병천
14. 주성규
15. 정승화
16. 배영복
17. 이강복
18. 최상태
19. 이주혁
20. 김찬호
21. 정원용
22. 최진홍
23. 양승천
24. 정충욱
25. 김성일
26. 김성재
27. 김기환
28. 천영언
29. 조강희
30. 이윤철

31. 오문석
32. 김태영
33. 유동욱
34. 이후범
35. 김동일
36. 이범일
37. 서종식
38. 김기철
39. 심광섭
40. 윤병근
41. 김지훈
42. 조진형
43. 윤승훈
44. 정승헌
45. 송석우
46. 임선애
47. 차애경
48. 이만숙
49. 최부홍
50. 백승화
51. 김재인
52. 노영미
53. 박연실
54. 문숙희
55. 안계선
56. 박순기
57. 김필녀
58. 전윤숙
59. 장순영
60. 유경옥
61. 이주복

정규반 29회
1988 가을
1. 조병태
2. 최원주
3. 김종국
4. 백중완
5. 홍재철
6. 한정수
7. 이중기
8. 김옥환
9. 정녹영

10. 장석정
11. 김국중
12. 이종삼
13. 신송균
14. 심종근
15. 이원재
16. 백운학
17. 배기룡
18. 김기성
19. 이한길
20. 박태순
21. 상준성
22. 김덕기
23. 안성구
24. 홍종현
25. 류용희
26. 이병선
27. 유희찬
28. 조규웅
29. 나승만
30. 이재희
31. 이재진
32. 박종선
33. 류성근
34. 고재희
35. 황화연
36. 김성득
37. 장한수
38. 류근양
39. 정광철
40. 송준용
41. 고철주
42. 이상동
43. 문준모
44. 오성희
45. 이규범
46. 강 연
47. 최춘숙
48. 이정숙
49. 함순화
50. 허영님
51. 김현정
52. 안정혜

53. 박선희
54. 황인숙
55. 전연숙
56. 조숙희
57. 권영미
58. 신영나
59. 박미경

정규반 30회
1989 봄
1. 오경석
2. 최연진
3. 김경수
4. 황규화
5. 고호종
6. 김창범
7. 김성규
8. 이상조
9. 우귀제
10. 이인규
11. 이근선
12. 최원호
13. 박은철
14. 이용헌
15. 임웅섭
16. 백기범
17. 선우인식
18. 윤태권
19. 한칠규
20. 도인학
21. 박진홍
22. 심재인
23. 정구환
24. 김철호
25. 류웅희
26. 전병화
27. 김진돈
28. 진기현
29. 김현식
30. 김익만
31. 최명환
32. 강태인
33. 이용해

34. 하헌조
35. 김영태
36. 박병환
37. 김창래
38. 박정철
39. 조진용
40. 김종희
41. 이현구
42. 심재연
43. 박주홍
44. 김용순
45. 정용순
46. 김선실
47. 문영미
48. 심정화
49. 박천순
50. 현현미
51. 이재숙
52. 문정님
53. 강순영
54. 이승연
55. 송수자
56. 최옥경
57. 김월성
58. 손충덕
59. 김대현

정규반 31회
1989 가을
1. 홍성백
2. 김윤성
3. 장성호
4. 조성신
5. 이혜석
6. 채춘석
7. 방순필
8. 김영민
9. 박찬호
10. 김교희
11. 장준철
12. 송대영
13. 성봉현
14. 노승태

15. 안기성
16. 김갑용
17. 현정구
18. 김종걸
19. 박찬준
20. 최영철
21. 이 묵
22. 양윤모
23. 문 헌
24. 송상봉
25. 주주성
26. 배진범
27. 서일원
28. 오성만
29. 오승준
30. 박수현
31. 정동익
32. 이합승
33. 박세용
34. 송규섭
35. 서창원
36. 강창효
37. 황정하
38. 이종명
39. 이을영
40. 곽호규
41. 백두현
42. 김종수
43. 이영제
44. 김성락
45. 서성수
46. 김승경
47. 이기호
48. 이찬호
49. 홍성호
50. 김정애
51. 정미자
52. 황진웅
53. 장정예
54. 김혜영
55. 이말란
56. 권경옥
57. 김정금

58. 김남곤
59. 홍상표

정규반 32회
1990 봄
1. 이용주
2. 김한영
3. 서정고
4. 최영일
5. 박연수
6. 유호성
7. 정세형
8. 김정도
9. 조남제
10. 최석화
11. 김종근
12. 오세경
13. 고성환
14. 정희구
15. 송오상
16. 홍성목
17. 이중근
18. 정상철
19. 최용수
20. 이재산
21. 한승희
22. 임형간
23. 조병수
24. 김명진
25. 이재열
26. 김승한
27. 장인행
28. 박희승
29. 김영윤
30. 박용준
31. 정내균
32. 문창식
33. 목윤근
34. 정종현
35. 김기철
36. 문봉현
37. 김수현
38. 이상기

39. 김종민
40. 박원식
41. 이웅열
42. 이연춘
43. 김진성
44. 이영규
45. 김영훈
46. 김철민
47. 정혁원
48. 윤애영
49. 이영희
50. 김향례
51. 한미영
52. 배미홍
53. 김명희
54. 엄미경
55. 최미용
56. 민성기
57. 류영임
58. 고미숙
59. 이용우
60. 최경진

정규반 33회
1990 가을
1. 박태서
2. 최혁재
3. 이봉교
4. 김수용
5. 양재섭
6. 강용기
7. 위성승
8. 조준일
9. 조규민
10. 홍인표
11. 조한욱
12. 박진철
13. 이준수
14. 황창규
15. 이영기
16. 유근복
17. 서정환
18. 권순영

19. 윤용원
20. 장인호
21. 이정묵
22. 이정철
23. 최인용
24. 최용환
25. 박승규
26. 김희성
27. 이순학
28. 권용현
29. 이동수
30. 구본홍
31. 곽정웅
32. 박정현
33. 강길표
34. 오창석
35. 박준흠
36. 노명균
37. 정영훈
38. 연기정
39. 원장영
40. 이성훈
41. 김태연
42. 김현규
43. 이정규
44. 윤기웅
45. 김숙희
46. 이정아
47. 황영희
48. 모선숙
49. 최옥선
50. 임윤수
51. 박신재
52. 조미연
53. 임은숙
54. 이혜자
55. 조은주
56. 신미경
57. 김경희

정규반 34회
1991 봄
1. 용은중

2. 최영익
3. 김광연
4. 이 용
5. 양호득
6. 박 찬
7. 김명수
8. 채희갑
9. 윤재윤
10. 홍두표
11. 박호준
12. 강신정
13. 권오규
14. 오세진
15. 심이식
16. 정도규
17. 송민규
18. 이상훈
19. 박종호
20. 주용규
21. 김영식
22. 임대빈
23. 이봉세
24. 조광래
25. 이자섭
26. 우창영
27. 오경석
28. 김정효
29. 박삼동
30. 진상규
31. 조충연
32. 김길봉
33. 김태완
34. 주영철
35. 김동영
36. 박주영
37. 김영식
38. 오정현
39. 이광일
40. 최호진
41. 홍재우
42. 정재훈
43. 양전명
44. 김주석

45. 배홍근
46. 박병일
47. 함영명
48. 조덕규
49. 박성현
50. 홍은용
51. 박옥선
52. 김유미
53. 김영화
54. 양선자
55. 이 현
56. 이경애
57. 경규태
58. 문희옥
59. 남미경
60. 박수연
61. 박영옥

정규반 35회
1991 가을
1. 박낙원
2. 이성호
3. 태범석
4. 이상섭
5. 김태일
6. 채혁병
7. 이재홍
8. 홍주화
9. 장해옥
10. 최명수
11. 나경채
12. 윤성구
13. 김상용
14. 이우상
15. 임한현
16. 이성형
17. 박경우
18. 이승철
19. 김승태
20. 위광현
21. 정종형
22. 배수한
23. 김은수

24. 김석호
25. 염규진
26. 강병삼
27. 곽노관
28. 조성민
29. 최경일
30. 유상근
31. 이우성
32. 김은해
33. 김민지
34. 한세정
35. 김현숙
36. 노유진
37. 최수공
38. 서정자
39. 진옥현
40. 이미자
41. 고한숙
42. 김미숙
43. 윤국희
44. 오권옥
45. 나숙희
46. 고정숙
47. 박명주
48. 이희정
49. 유미정
50. 이은희
51. 황정남
52. 박진아
53. 한미연
54. 이정림

정규반 36회
1992 봄
1. 권종렬
2. 박상묵
3. 서용원
4. 정무목
5. 김경천
6. 윤영진
7. 김사만
8. 홍종표
9. 김상찬

10. 이경진
11. 이용삼
12. 용환득
13. 김정성
14. 김양호
15. 김운호
16. 변용철
17. 길동수
18. 김형우
19. 이문세
20. 장평규
21. 이덕수
22. 이진구
23. 천용택
24. 이용안
25. 이동성
26. 김동현
27. 신용석
28. 한재금
29. 권충일
30. 윤선오
31. 김창용
32. 김휴태
33. 박종만
34. 배완수
35. 이원행
36. 이송우
37. 함명종
38. 강병춘
39. 임성민
40. 이문재
41. 이강식
42. 정종성
43. 윤문섭
44. 정 만
45. 신진호
46. 박민식
47. 우문배
48. 장병기
49. 전진윤
50. 맹경자
51. 이미경
52. 한성옥

53. 이경미	30. 엄형주	9. 양희선	52. 이정희	34. 유동호	13. 권영복	56. 권점희	37. 김동희
54. 유희숙	31. 김태운	10. 이경훈	53. 김현숙	35. 신현철	14. 허선무	57. 곽현선	38. 백기석
55. 박성진	32. 김양우	11. 신상구	54. 임미현	36. 백경훈	15. 최익회	58. 신현숙	39. 권숙현
56. 양소연	33. 육영수	12. 박진석	55. 양순영	37. 조대웅	16. 오영관	59. 김선아	40. 최현연
57. 윤연실	34. 김철성	13. 함홍각	56. 김연옥	38. 김이두	17. 유재근		41. 최옥희
58. 김현숙	35. 장용경	14. 김세균	57. 정현수	39. 강은호	18. 표승호	**정규반 41회**	42. 정미숙
59. 조경아	36. 박영석	15. 이갑구	58. 도연례	40. 임희철	19. 김준구	**1994 가을**	43. 이종숙
60. 곽은미	37. 유근홍	16. 정장균		41. 박우식	20. 김태일		44. 이경란
61. 김경연	38. 김신교	17. 문갑주	**정규반 39회**	42. 이동충	21. 길춘일	1. 박용기	45. 이은영
62. 유귀덕	39. 방정일	18. 구자광	**1993 가을**	43. 정원연	22. 이장세	2. 전장헌	46. 김연숙
63. 서효열	40. 김지영	19. 장두현		44. 김석환	23. 강병섭	3. 심재호	47. 유은이
	41. 박경진	20. 김인원	1. 최동규	45. 이정아	24. 김범수	4. 김동화	48. 전희숙
정규반 37회	42. 신인섭	21. 이정우	2. 윤칠현	46. 김현주	25. 정태욱	5. 김용수	49. 허남열
1992 가을	43. 정해록	22. 권영학	3. 이홍주	47. 이윤자	26. 김문기	6. 김봉태	50. 이숙경
	44. 최효숙	23. 박노황	4. 손갑주	48. 이연호	27. 서성우	7. 김병규	51. 최경희
1. 방봉철	45. 손현수	24. 윤재인	5. 이원수	49. 최은숙	28. 김근동	8. 김용훈	52. 고영숙
2. 한재표	46. 임미숙	25. 차운봉	6. 김명현	50. 양미정	29. 유영동	9. 이종길	53. 배영순
3. 이진만	47. 박연금	26. 김광수	7. 이용수	51. 이윤옥	30. 류정식	10. 김건용	54. 김은희
4. 최연묵	48. 김희순	27. 강희덕	8. 이종석	52. 김성희	31. 이 혁	11. 김성락	55. 홍신정
5. 박홍규	49. 이준현	28. 심용만	9. 이석연	53. 정영신	32. 김문섭	12. 손종영	56. 박남희
6. 이일규	50. 김재원	29. 송상헌	10. 김진국	54. 송미숙	33. 박현강	13. 전장규	57. 이용희
7. 이상범	51. 정복심	30. 구정욱	11. 구승서	55. 황규정	34. 최전수	14. 박동찬	58. 이경희
8. 김태수	52. 박수남	31. 박홍종	12. 이병국	56. 송민성	35. 이재하	15. 오수우	59. 신현삼
9. 양병현	53. 한갑순	32. 이명호	13. 박종화	57. 최윤정	36. 서명수	16. 명성환	
10. 이병철	54. 박희경	33. 박동신	14. 이상호	58. 김재인	37. 김재웅	17. 이태호	**정규반 42회**
11. 윤대호	55. 정지은	34. 박건규	15. 남중희	59. 김진희	38. 정종휘	18. 전성배	**1995 봄**
12. 조태동	56. 황미숙	35. 이 현	16. 길태남	60. 정은주	39. 김광섭	19. 신순식	
13. 김철호	57. 송홍순	36. 이욱진	17. 이용술	61. 김문섭	40. 마정욱	20. 최수동	1. 정성호
14. 금필종	58. 김순영	37. 윤명화	18. 지광석		41. 최진욱	21. 박혁목	2. 조연행
15. 김호극	58. 고미영	38. 김범수	19. 이용헌	**정규반 40회**	42. 김기중	22. 백은기	3. 장형석
16. 강희석	59. 김태정	39. 민성도	20. 방대익	**1994 봄**	43. 강재광	23. 김영창	4. 민종우
17. 남재종	60. 김화영	40. 김기태	21. 박덕환		44. 양영원	24. 조준제	5. 정순용
18. 장경상		41. 임종길	22. 주홍식	1. 신태진	45. 정찬용	25. 한승욱	6. 석영환
19. 이용태	**정규반 38회**	42. 김혁록	23. 박영달	2. 김석곤	46. 박병환	26. 조봉선	7. 이용진
20. 오상태	**1993 봄**	43. 김성일	24. 황창익	3. 김경일	47. 강순구	27. 곽용운	8. 이욱현
21. 임창배		44. 이상원	25. 이경래	4. 박상봉	48. 김재민	28. 정찬옥	9. 이창후
22. 전인서	1. 이기봉	45. 박영금	26. 김홍기	5. 이의린	49. 김석란	29. 박영호	10. 김재윤
23. 황의남	2. 전재득	46. 이진홍	27. 김재학	6. 이동만	50. 박미경	30. 민병열	11. 이명재
24. 김대광	3. 김교주	47. 신동숙	28. 김경남	7. 이승재	51. 백인영	31. 유명근	12. 안수현
25. 남진태	4. 권용일	48. 김순옥	29. 김재운	8. 최우진	52. 한윤희	32. 경무현	13. 남규호
26. 손석규	5. 한송교	49. 송미선	30. 정영상	9. 홍광표	53. 여서숙	33. 이종진	14. 고창호
27. 윤효중	6. 이기호	50. 전미숙	31. 이선일	10. 윤영철	54. 이미림	34. 이성철	15. 승종환
28. 오규하	7. 여익구	51. 진경남	32. 김재표	11. 하용민	55. 김숙자	35. 라경욱	16. 최한일
29. 이치형	8. 정동원		33. 신지현	12. 이원영		36. 신상기	17. 김일수

18. 임준기
19. 김태영
20. 이경화
21. 조순복
22. 임웅수
23. 정상태
24. 장문헌
25. 김영기
26. 조동수
27. 임연일
28. 최창길
29. 이 훈
30. 박기홍
31. 김덕회
32. 윤진현
33. 이상동
34. 송명주
35. 최필환
36. 유재영
37. 서성원
38. 윤주호
39. 김연승
40. 노현호
41. 장대순
42. 정구하
43. 권오윤
44. 정용문
45. 김인배
46. 류정학
47. 윤영준
48. 노재원
49. 김숙이
50. 김경민
51. 이혜옥
52. 서정희
53. 김수미
54. 안영미
55. 김경희
56. 유명균
57. 이정순
58. 오미이
59. 임은숙
60. 김성심

61. 임미진

정규반 43회
1994 가을
1. 고동수
2. 고두환
3. 박태선
4. 임창수
5. 이창호
6. 최중식
7. 박해욱
8. 최두열
9. 이상권
10. 권석우
11. 정복로
12. 손영준
13. 윤장근
14. 이상진
15. 주태근
16. 윤석기
17. 조종호
18. 최형경
19. 백용훈
20. 김근태
21. 박철석
22. 이동철
23. 허한구
24. 최의준
25. 최으준
25. 김남태
26. 안낙구
27. 이태호
28. 최경무
29. 이종열
30. 한선중
31. 김희선
32. 김성종
33. 조양현
34. 정용기
35. 남동현
36. 김기환
37. 강현구
38. 김경태

39. 강승훈
40. 이종민
41. 태광
42. 성희천
43. 양치현
44. 박천규
45. 김순희
46. 정지희
47. 김진옥
48. 송미향
49. 허미숙
50. 김소연
51. 장옥례
52. 현미향
53. 김은주
54. 김경숙
55. 최정숙
56. 김혜정
57. 김혜영
58. 서인애

정규반 44회
1996 봄
1. 최진섭
2. 신쌍수
3. 안동조
4. 윤봉석
5. 이덕형
6. 엄성영
7. 김병철
8. 박철호
9. 김종욱
10. 전호영
11. 유재욱
12. 정명구
13. 최관수
14. 박성주
15. 홍순호
16. 고윤호
17. 김재형
18. 전경복
19. 윤세웅
20. 김용석

21. 임대규
22. 이점구
23. 황재연
24. 윤석훈
25. 박노상
26. 임성용
27. 최상서
28. 김덕영
29. 백기영
30. 류승완
31. 백승재
32. 김대성
33. 이웅석
34. 김해룡
35. 소성문
36. 김정근
37. 박문교
38. 이현수
39. 이희선
40. 이서욱
41. 강윤성
42. 오현중
43. 권호원
44. 김홍배
45. 손병구
46. 이장형
47. 황성욱
48. 김진숙
49. 여명숙
50. 동현화
51. 황혀정
52. 이석란
53. 곽미영
54. 최수언
55. 이윤화
56. 이윤희
57. 최은아

정규반 45회
1996 가을
1. 김상범
2. 조재형
3. 박상호

4. 김종규
5. 박준식
6. 천명식
7. 김상화
8. 박정운
9. 권병환
10. 홍진태
11. 박상복
12. 이용관
13. 서민규
14. 박세락
15. 정현구
16. 최병근
17. 이창호
18. 박하성
19. 이상열
20. 전상구
21. 황재철
22. 최정규
23. 한혁수
24. 정민영
25. 여병은
26. 이재열
27. 한만군
28. 김상진
29. 차산봉
30. 최현두
31. 이재우
32. 남형기
33. 김부일
34. 이진환
35. 김미현
36. 김호순
37. 이경혜
38. 김정미
39. 박은미
40. 장정애
41. 이은진
42. 신현주
43. 김성아
44. 김종희
45. 이상하
46. 김수진

47. 김은정
48. 방주석
49. 김주철
50. 김구수
51. 강인성
52. 이오름

정규반 46회
1997 봄
1. 윤원로
2. 박명걸
3. 김정규
4. 정진옥
5. 한정희
6. 유지룡
7. 송기호
8. 문현업
9. 허남훈
10. 양홍석
11. 정봉진
12. 양상민
13. 한상섭
14. 유희상
15. 오병건
16. 이상호
17. 양병수
18. 최인복
19. 최운상
20. 서기준
21. 강신혁
22. 이재용
23. 이원근
24. 오장근
25. 이명규
26. 최동환
27. 최충혁
28. 한광민
29. 전영찬
30. 전귀홍
31. 허정일
32. 김상우
33. 김용화
34. 배정석

35. 조옥현
36. 박종윤
37. 고석문
38. 김일수
39. 김진철
40. 황봉환
41. 길도건
42. 안철근
43. 전승협
44. 정상길
45. 전정표
46. 안재민
47. 사찬일
48. 박진석
49. 조금랑
50. 고성희
51. 김향숙
52. 곽연이
53. 권외순
54. 조은희
55. 정명순
56. 양세미
57. 주경희
58. 최순자
59. 전현주
60. 곽희선
61. 전윤희
62. 하윤수
63. 구정숙
64. 이대현

정규반 47회
1997 가을
1. 서인석
2. 강치원
3. 김재형
4. 서동수
5. 최상묵
6. 박찬호
7. 정승훈
8. 김태형
9. 박한용
10. 진동선

11. 권 수
12. 허 정
13. 김해출
14. 강형완
15. 김선한
16. 이주홍
17. 조요한
18. 고창식
19. 김충호
20. 전영춘
21. 전형춘
22. 장영순
23. 박희태
24. 왕운용
25. 박찬열
26. 이명재
27. 조승원
28. 김학재
29. 임철재
30. 서덕일
31. 권오영
32. 이형빈
33. 최중구
34. 임병훈
35. 민병무
36. 장기수
37. 한기철
38. 김진문
39. 문인환
40. 한병규
41. 김희철
42. 김영주
43. 서대덕
44. 김정은
45. 김연수
46. 전순자
47. 고은아
48. 이명화
49. 염미정
50. 이소영
51. 이수원
52. 김동빈
53. 정미영

54. 김민희
55. 박해순
56. 노귀화
57. 민경주
58. 신선영
59. 방미영
60. 송명숙
61. 김성희
63. 박명숙

정규반 48회
1998 봄
1. 윤경섭
2. 정제영
3. 정찬행
4. 박후신
5. 임운경
6. 강영환
7. 박봉덕
8. 봉수근
9. 김 승
10. 최기두
11. 안정근
12. 권영복
13. 최용준
14. 예덕해
15. 송희석
16. 조재신
17. 한웅석
18. 윤영규
19. 한상관
20. 이정하
21. 임만재
22. 서보동
23. 정병남
24. 김영진
25. 김신호
26. 기창현
27. 편무욱
28. 우상경
29. 선동필
30. 윤홍능
31. 최병진

32. 최종학
33. 김영수
34. 박근배
35. 김윤선
36. 황보종우
37. 김효준
38. 안동진
39. 박연호
40. 이대성
41. 이우진
42. 김중환
43. 이광우
44. 나용주
45. 최장희
46. 양승로
47. 장윤석
48. 김휘순
49. 진미향
50. 허희선
51. 허희선
52. 이정아
53. 이호경
54. 조영숙
55. 제영희
56. 김정숙
57. 유숙영
58. 김경자
59. 위진아
60. 박문자
61. 이현숙
62. 박선영

정규반 49회
1998 가을
1. 김용준
2. 김연환
3. 박평수
4. 김경완
5. 신상렬
6. 김태형
7. 이재홍
8. 이주봉
9. 이효기

10. 이철민
11. 서정현
12. 최영석
13. 김웅식
14. 엄재용
15. 심동하
16. 권구태
17. 고종렬
18. 최재호
19. 송학현
20. 정동선
21. 손현경
22. 이종달
23. 정문영
24. 오상분
25. 백정원
26. 김은영
27. 장정숙
28. 안혜경
29. 백미나
30. 윤정애
31. 임양희
32. 지순금
33. 김지환

정규반 50회
1996 봄
1. 박지원
2. 윤달섭
3. 정인수
4. 안진환
5. 최학재
6. 김계수
7. 김기병
8. 김영남
9. 정우록
10. 송원호
11. 정상조
12. 정준호
13. 이재원
14. 김휘준
15. 김은범
16. 이광환

17. 박영민
18. 한창우
19. 서영태
20. 김두회
21. 황영진
22. 고재우
23. 김영민
24. 이상민
25. 유용철
26. 오삼영
27. 이승일
28. 김재신
29. 기준우
30. 양준영
31. 이기도
32. 하주형
33. 전웅길
34. 이진석
35. 송원철
36. 최익준
37. 김형수
38. 옥기상
39. 김기덕
40. 남권우
41. 황승현
42. 신희석
43. 이문선
44. 김팔봉
45. 윤강명
46. 강정애
47. 이명희
48. 최미숙
49. 박영미
50. 조은희
51. 이상미
52. 김은경
53. 김형렬
54. 이미숙
55. 김미영
56. 권지영
57. 정수정
58. 윤호숙
59. 문경희

60. 박병옥

정규반 51회
1999 가을
1. 전기룡
2. 김만석
3. 최영재
4. 곽성호
5. 임기호
6. 박성호
7. 임지순
8. 박병규
9. 안행구
10. 김진우
11. 박종원
12. 이일백
13. 안병권
14. 노신호
15. 김성중
16. 이준호
17. 정명회
18. 이진성
19. 배성민
20. 이상엽
21. 김광식
22. 신성균
23. 김춘수
24. 김영산
25. 윤정현
26. 정회천
27. 김수창
28. 정용숙
29. 최문정
30. 소해정
31. 소효순
32. 배남영
33. 최미숙
34. 이순정
35. 한현수
36. 오은선
37. 이용주
38. 양태국
39. 황윤국

40. 김태현
41. 노희선

정규반 52회
2000 봄
1. 성한표
2. 이종호
3. 김윤수
4. 손성복
5. 곽상훈
6. 최광남
7. 이범재
8. 박철호
9. 윤 왕
10. 송민섭
11. 박종철
12. 이태식
13. 사혜기
14. 김향진
15. 백영선
16. 김용길
17. 김두규
18. 박경호
19. 최종철
20. 류경수
21. 이호전
22. 홍동일
23. 정재균
24. 김민수
25. 차호은
26. 박 민
27. 이관호
28. 권기훈
29. 전창환
30. 이용욱
31. 양규서
32. 김영남
33. 임경자
34. 최순임
35. 윤영민
36. 조화자
37. 김효정
38. 김령수

39. 오혜경
40. 정종숙
41. 최상희
42. 정영희

정규반 53회
2000 가을
1. 이상준
2. 이준규
3. 황의윤
4. 구수회
5. 박수동
6. 강석주
7. 김영석
8. 김덕열
9. 이동오
10. 김구연
11. 권현재
12. 조진용
13. 피우일
14. 장지현
15. 김만수
16. 이기석
17. 이성학
18. 김성화
19. 박정대
20. 이영준
21. 김근태
22. 박호상
23. 황치영
24. 홍성훈
25. 김명수
26. 신재목
27. 강민성
28. 고용준
29. 권용식
30. 이용례
31. 서경림
32. 서은정
33. 김소연
34. 황미경
35. 안혜진
36. 전순자

37. 손은영

정규반 54회
2001 봄
1. 전병철
2. 박지현
3. 김재권
4. 김상기
5. 심규재
6. 정문종
7. 고재인
8. 박만규
9. 손부배
10. 한명철
11. 서국환
12. 임동빈
13. 이규창
14. 정춘호
15. 권병인
16. 현기석
17. 임정화
18. 김용규
19. 민영철
20. 김현수
21. 이홍일
22. 임종태
23. 이두형
24. 윤창진
25. 김진화
26. 최종필
27. 조웅태
28. 안재필
29. 박상태
30. 이관우
31. 손범진
32. 엄명회
33. 김상원
34. 윤종화
35. 원민호
36. 이동근
37. 김생기
38. 최영일
39. 박강우

40. 조억진
41. 박창민
42. 한태진
43. 방원식
44. 이종원
45. 김은옥
46. 정봉임
47. 김경남
48. 박미화
49. 김지연
50. 홍현영
51. 조인옥
52. 정화자
53. 김미옥
54. 박고은
55. 이민정
56. 이진향
57. 김나영
58. 천화진
59. 고원희
60. 김연정
61. 이은정
62. 임오승
63. 홍용기
64. 조정희

정규반 55회
2001 가을
1. 윤창원
2. 홍명표
3. 홍인철
4. 박동준
5. 최봉석
6. 유충규
7. 조성국
8. 이상훈
9. 장일원
10. 이병도
11. 김정국
12. 박진웅
13. 안형환
14. 한대섭
15. 정춘달

16. 최만식
17. 이철우
18. 천명권
19. 황문주
20. 최명식
21. 김길호
22. 박순채
23. 신영철
24. 이범진
25. 조구봉
26. 정우열
27. 이동기
28. 노영준
29. 이태형
30. 하성룡
31. 박정희
32. 박정철
33. 진경애
34. 이경용
35. 정은례
36. 박유희
37. 권혜리
38. 조윤정
39. 최현화
40. 이정신

정규반 56회
2002 봄
1. 정순배
2. 한성국
3. 신희원
4. 홍인철
5. 홍재근
6. 이원태
7. 장영진
8. 최홍선
9. 유병윤
10. 정세균
11. 안호근
12. 유종오
13. 이세은
14. 백성규
15. 정재호

16. 최진연
17. 임수남
18. 전지용
19. 양재훈
20. 장영민
21. 김종일
22. 황진용
23. 안량현
24. 채승문
25. 김영철
26. 이기연
27. 이주형
28. 김기상
29. 김종헌
30. 왕효천
31. 박문규
32. 차은석
33. 박성남
34. 강지홍
35. 김시규
36. 고경희
37. 김영수
38. 여옥경
39. 박유선
40. 정복희
41. 이선례
42. 권철희
43. 박정은
44. 김현숙
45. 김정숙
46. 장홍주
47. 박선진

정규반 57회
2002 가을
1. 김진섭
2. 송영찬
3. 나 민
4. 김종대
5. 김승환
6. 송기학
7. 이병헌
8. 유경철

9. 이건민
10. 임정운
11. 조문용
12. 이노영
13. 이성우
14. 이승룡
15. 이주현
16. 이상헌
17. 장윤서
18. 이재성
19. 김성준
20. 장동훈
21. 홍성열
22. 정진옥
23. 김명림
24. 김수영
25. 변보애
26. 박신옥
27. 조영미
28. 이재술
29. 권춘옥
30. 손미영
31. 김지숙
32. 박현주
33. 김미자

정규반 58회
2003 봄
1. 사공수영
2. 오태동
3. 김창록
4. 김특스
5. 손 선
6. 정기주
7. 김정국
8. 정기주
9. 김정국
10. 이차후
11. 강성길
12. 김희완
13. 항진상
14. 안병일
15. 추호용

16. 허순행
17. 양인석
18. 안상빈
19. 정홍석
20. 조철행
21. 이상준
22. 복태수
23. 이수일
24. 양동희
25. 김성호
26. 조성훈
27. 박정민
28. 이선준
29. 김권영
30. 김철희
31. 윤현진
32. 이승관

정규반 59회
2003 가을
1. 김승남
2. 한정상
3. 김창식
4. 이선준
5. 임병재
6. 이홍재
7. 안홍수
8. 박종인
9. 김진배
10. 이상호
11. 이현종
12. 김형욱
13. 이홍석
14. 이보창
15. 서재덕
16. 장성범
17. 임진기
18. 강현건
19. 최윤규
20. 이선동
21. 이재관
22. 임춘근
23. 서동진

24. 박광곤
25. 김지식
26. 강경종
27. 임영호
28. 김기선
29. 곽재영
30. 장지원
31. 구준수
32. 고광일
33. 이기동
34. 정승조
35. 박희우
36. 전종선
37. 이재균
38. 윤진혁
39. 한성진
40. 유 민
41. 유상범
42. 김숙임
43. 조홍어
44. 박은경
45. 안지영
46. 박미숙
47. 박미란
48. 김동희
49. 송수명
50. 이경은
51. 곽지숙
52. 오지영
53. 김영숙
54. 정지숙
55. 정연주

정규반 60회
2004 봄
1. 김성봉
2. 이영수
3. 이상윤
4. 김재민
5. 주경수
6. 김준상
7. 김대욱
8. 이창표

9. 조광현
10. 최수일
11. 신상식
12. 황지용
13. 이시형
14. 김태형
15. 김계수
16. 이성우
17. 최경학
18. 조평호
19. 아용호
20. 임명호
21. 김원식
22. 김치환
23. 유광신
24. 홍종호
25. 이명연
26. 고성은
27. 조원혁
28. 김동진
29. 이영민
30. 장기혁
31. 김동주
32. 김왕형
33. 염정훈
34. 조창묵
35. 김대원
36. 곽정용
37. 김경모
38. 김기삼
39. 박남규
40. 김일섭
41. 이희기
42. 김병재
43. 최승욱
44. 배제형
45. 반우형
46. 나성제
47. 김시훈
48. 조문상
49. 천영재
50. 강현찬
51. 강현찬
52. 구민수

53. 오한결
54. Rana
55. 문선자
56. 이영란
57. 임인순
58. 김혜경
59. 양애순
60. 이순옥
61. 최이순
62. 홍기화
63. 김명희
64. 유경희
65. 유경희
66. 전희경
67. 배지은
68. 채수경
69. 허미라
70. 이광영
71. 이은선
72. 지은실
73. 지주영
74. 오주영
75. 최미현
76. 김효연
77. 김희주
78. 최문선

정규반 61회
2004 가을
1. 심영식
2. 유철희
3. 박상진
4. 김기인
5. 정승원
6. 박종상
7. 김 현
8. 유병현
9. 이수인
10. 최동락
11. 김영철
12. 양연식
13. 허 철
14. 강권식

15. 박 혁
16. 박종영
17. 김행기
18. 송영근
19. 김재덕
20. 김주근
21. 김기복
22. 강병구
23. 엄경섭
24. 김영한
25. 이규진
26. 임재훈
27. 안영환
28. 윤광모
29. 남택진
30. 신우철
31. 정진훈
32. 김종술
33. 최득영
34. 허준규
35. 이용우
36. 김대수
37. 양조훈
38. 황평자
39. 최영희
40. 선희영
41. 오맹수
42. 이현숙
43. 김향숙
44. 이후덕
45. 김기옥
46. 손주연
47. 이순옥
48. 안미경
49. 하선희
50. 김희순
51. 조윤경
52. 유윤임
53. 황상희
54. 김선희
55. 김선화
56. 김미정
57. 김 향

58. 유미상
59. 금윤경
60. 김형선
61. 정명희
62. 유여경
63. 이상희
64. 공선영
65. 유지혜
66. 나옥미

정규반 62회
2005 봄
1. 조효선
2. 김일평
3. 김현대
4. 박감춘
5. 마종훈
6. 김남일
7. 이한성
8. 곽동철
9. 백옥현
10. 박우성
11. 김정연
12. 김태선
13. 김성일
14. 김종철
15. 김영복
16. 김천구
17. 김현욱
18. 박원구
19. 최규상
20. 김규일
21. 이기백
22. 김건하
23. 양명석
24. 이인수
25. 이동열
26. 우정일
27. 이종택
28. 신승철
29. 서병완
30. 김대수
31. 장석원

32. 이태영
33. 이기회
34. 박상목
35. 이주훈
36. 이주훈
37. 안수환
38. 정철환
39. 최현무
40. 백묵호
41. 심재운
42. 김민수
43. 임승택
44. 오정우
45. 나홍식
46. 이상희
47. 신철희
48. 김인숙
49. 김선숙
50. 이정은
51. 김성순
52. 동화진
53. 박해순
54. 정노라
55. 임경현
56. 장혜진
57. 조진희
58. 박현숙
59. 서진숙
60. 강현진
61. 김은아
62. 박선주
63. 이옥희
64. 황미정

정규반 63회
2005 가을
1. 강득수
2. 이영무
3. 한철호
4. 김두홍
5. 공명길
6. 임영만
7. 정명식

8. 김동운
9. 최효식
10. 정인택
11. 강준수
12. 김동근
13. 이무형
14. 원영찬
15. 김만수
16. 조형수
17. 김태원
18. 장일경
19. 장부중
20. 윤장균
21. 최경환
22. 황선태
23. 한영직
24. 차범준
25. 최언식
26. 박호병
27. 우진오
28. 이한영
29. 김은광
30. 서승룡
31. 김재민
32. 고재관
33. 민경수
34. 이승진
35. 한상윤
36. 안기석
37. 이수형
38. 조성국
39. 한기석
40. 송훈화
41. 허 웅
42. 이대범
43. 연영숙
44. 표현숙
45. 최현숙
46. 박혜숙
47. 이금례
48. 김경아
49. 김혜숙
50. 김영희

51. 장신미
52. 이화영
53. 허수민
54. 강지영
55. 김진경
56. 안혜란
57. 홍미정
58. 김정은
59. 홍승희
60. 이혜영
61. 안현주
62. 김애경
63. 배미나
64. 강지혜
65. 오순미
66. 배영미

정규반 64회
2006 봄
1. 박창선
2. 김종남
3. 김모수
4. 노일규
5. 최의학
6. 왕영호
7. 김현성
8. 이중화
9. 김만석
10. 김석상
11. 유재광
12. 김현국
13. 박 윤
14. 박경동
15. 오창훈
16. 나송주
17. 장석춘
18. 황인공
19. 박일권
20. 이시영
21. 정형준
22. 김창구
23. 김범준
24. 차홍석

25. 이용성
26. 방지성
27. 이호수
28. 박석철
29. 정진욱
30. 박성호
31. 조승연
32. 소준호
33. 정 철
34. 이재진
35. 박철수
36. 김학길
37. 임창혁
38. 이명재
39. 유승준
40. 김낙현
41. 김현송
42. 임태성
43. 김은영
44. 이미희
45. 김지영
46. 주명진
47. 최현정
48. 김상진
49. 김혜숙
50. 장은숙
51. 신경희
52. 황진숙
53. 황은선
54. 황윤도
55. 진선순
56. 안정란
57. 김정란
58. 편영숙
59. 양유진
60. 전수정
61. 김수정

정규반 65회
2006 가을
1. 박영환
2. 김석환
3. 강완종

4. 박광식
5. 정대회
6. 김홍엽
7. 김정근
8. 김재복
9. 김승권
10. 조득수
11. 김태환
12. 권영태
13. 정현희
14. 임기혁
15. 정상철
16. 최규필
17. 윤경석
18. 김상호
19. 안진모
20. 허성칠
21. 김은겸
22. 이원춘
23. 임경웅
24. 신홍기
25. 오상훈
26. 김형남
27. 강남수
28. 이칠성
29. 원준형
30. 고대민
31. 고상혁
32. 김유식
33. 김동훈
34. 전필호
35. 이예춘
36. 김완수
37. 이상현
38. 박정훈
39. 이종선
40. 김민규
41. 이주명
42. 김방림
43. 이순홍
44. 방효경
45. 조명란
46. 임선미

47. 김명희
48. 심재희
49. 이은화
50. 민순복
51. 주성해
52. 이선희
53. 홍은진
54. 서혜경
55. 강소영
56. 류효정
57. 박지현
58. 김병미
59. 이정옥
60. 강지현
61. 최희정
62. 박선정
63. 양진숙
64. 김수정
65. 이지운
66. 박상지
67. 곽선아

정규반 66회
2007 봄
1. 김종성
2. 이영균
3. 양동식
4. 박승록
5. 강시영
6. 나금만
7. 조용기
8. 권혁주
9. 이종우
10. 김세경
11. 정순석
12. 조국현
13. 심봉일
14. 홍진우
15. 신현곤
16. 김재일
17. 서복종
18. 박재범
19. 안병철

20. 김선정	63. 김소연	40. 송정원	14. 김창선	57. 최영림	31. 장성아	**정규반 70**
21. 이범석		41. 배건우	15. 신동호	58. 정승희	32. 이명식	**2009 봄**
22. 오순표	**정규반 67회**	42. 정효긴	16. 이규현	59. 위안훈	33. 김범정	1. 이만용
23. 박성일	**2007 가을**	43. 박병엽	17. 군어대	60. 김윤희	34. 백진기	2. 강대성
24. 우명수	1. 노원철	44. 김태섭	18. 이승재	61. 채현실	35. 박승찬	3. 문창기
25. 고한종	2. 전효근	45. 유영란	19. 문희철	62. 박성희	36. 함성식	4. 황승연
26. 임영우	3. 이명용	46. 안석희	20. 이동재	63. 기현아	37. 나선영	5. 오세강
27. 지성호	4. 박영극	47. 김정자	21. 김진석	64. 오현숙	38. 강희성	6. 박재원
28. 김창용	5. 성보경	48. 신경복	22. 최재원	65. 우영미	39. 이희영	7. 박창식
29. 홍성기	6. 김강현	49. 라순녀	23. 이주휘	66. 이경선	40. 정민수	8. 김원중
30. 강봉수	7. 남철호	50. 김숙영	24. 김성우	67. 박윤영	41. 이진욱	9. 유영찬
31. 양민규	8. 임영택	51. 정지숙	25. 최성준		42. 김세형	10. 심재일
32. 강형래	9. 고철웅	52. 박진희	26. 조천수	**정규반 69회**	43. 이여송	11. 오권석
33. 신형철	10. 서민호	53. 오은미	27. 오영일	**2008 가을**	44. 양윤창	12. 박송도
34. 성현섭	11. 윤경록	54. 임선희	28. 권성준	1. 김일태	45. 고선우	13. 신동신
35. 고영배	12. 이원복	55. 최유정	29. 박성욱	2. 박희청	46. 임성규	14. 유윤영
36. 이수철	13. 김규호	56. 강인선	30. 강경원	3. 신용섭	47. 김성욱	15. 박석철
37. 박경석	14. 김창훈	57. 문상숙	31. 최성진	4. 김승렬	48. 김건호	16. 구도효
38. 서범석	15. 김영호	58. 김수현	32. 조용희	5. 이기영	49. 이경한	17. 금상룡
39. 박승권	16. 박용학	59. 지미란	33. 권대웅	6. 김준헌	50. 문영덕	18. 김승욱
40. 이세진	17. 권영국	60. 정재은	34. 박수암	8. 신영철	51. 정순자	19. 권기현
41. 유재수	18. 김달수	61. 유정순	35. 박수암	9. 장봉순	52. 국미선	20. 정재용
42. 김인철	19. 유재구	62. 강경림	36. 최동준	10. 염 충	53. 봉순익	21. 김성철
43. 손우경	20. 박창호	63. 오창진	37. 강희성	11. 구본형	54. 장봉남	22. 조상진
44. 박형준	21. 최종국	64. 김아란	38. 이정희	12. 김중규	55. 서경애	23. 김광진
45. 정미라	22. 박승호	65. 이어진	39. 정선일	13. 김래형	56. 박경미	24. 채권석
46. 박소용	23. 이상현	66. 장동진	40. 김동훈	14. 강희율	57. 김민정	25. 김성찬
47. 유순달	24. 김범철		41. 손정권	15. 김준호	58. 조용선	26. 차성호
48. 최경자	25. 권기진	**정규반 68회**	42. 석진규	16. 정제설	59. 박혜숙	27. 구경완
49. 정재헌	26. 정성도	**2008 봄**	43. 이재형	17. 김용수	60. 이경미	28. 이규성
50. 조유미	27. 황민철	1. 이강호	44. 현승협	18. 임금식	61. 양진주	29. 정동식
51. 이승은	28. 송기정	2. 김성집	45. 조형호	19. 고영채	62. 한정민	30. 최준수
52. 남은옥	29. 양청원	3. 박재훈	46. 장준희	20. 이현구	63. 차수연	31. 진의찬
53. 조현미	30. 임태웅	4. 채문식	47. 박용준	21. 최승남	64. 조유미	32. 박상호
54. 김선희	31. 최용민	5. 한규섭	48. 김창민	22. 김영도	65. 이고은	33. 이경환
55. 김용주	32. 권용덕	6. 조동식	49. 채원기	23. 서몽걸	66. 김영숙	34. 최재규
56. 김선화	33. 박규순	7. 고재호	50. 이상문	24. 전익요	67. 강정민	35. 윤석영
57. 박경미	34. 양영태	8. 장영준	51. 송귀화	25. 여승태	68. 최빛나라	36. 박승구
58. 이재선	35. 조동현	9. 신동신	52. 황명자	26. 박영배	69. 김경희	37. 나선찬
59. 장혜연	36. 김세현	10. 김래홍	53. 박성인	27. 김웅일	70. 정철궁	38. 류지호
60. 황규리	37. 진명국	11. 서영석	54. 신말우	28. 이주인	71. 조옥진	39. 한규선
61. 유효정	38. 류성훈	12. 임채홍	55. 장연숙	29. 김홍식		40. 오기연
62. 이은정	39. 염순롱	13. 성연영	56. 양성자	30. 김정훈		41. 홍정구

42. 송정훈	**정규반 71회**
43. 장재호	**2009 가을**
44. 장지명	1. 정효만
45. 정구한	2. 정인근
46. 김상민	3. 이덕환
47. 문현준	4. 김동천
48. 류인식	5. 박봉규
49. 장준희	6. 김동균
50. 김동길	7. 김종태
51. 조남영	8. 김봉희
52. 문영덕	9. 이창열
53. 이춘혜	10. 김종민
54. 오숙자	
55. 신혜숙	
56. 김예경	
57. 이형경	
58. 김주향	
59. 이명자	
60. 황정숙	
61. 이은미	
62. 이민영	
63. 김수희	
64. 이슬기	
65. 정미영	
66. 장유진	
67. 김혜진	
68. 양태안	
69. 김보경	
70. 이지혜	
71. 박은주	

11. 김종민
12. 이근열
13. 양인복
14. 조민호
15. 최길용
16. 임종학
17. 김광식
18. 이종석
19. 신현준
20. 채동영
21. 서정식
22. 이제욱
23. 김상도
24. 김태훈
25. 안행준
26. 안행준
26. 박광호
27. 송재묵
28. 송재근
29. 안창인
31. 손부영
32. 곽봉기
33. 이향남
34. 윤복룡
35. 김동범
36. 김정훈
37. 홍지환
38. 김주일
39. 석태환
40. 김정환
41. 이명성
42. 장춘원
43. 이환희
44. 박용락
45. 박승훈
46. 강사무엘
48. 민오경
50. 윤진영
51. 전소현
52. 최소현
53. 이학수

정규반 72회
2010 봄
1. 김 동
2. 홍재설
3. 최명열
4. 문이남
5. 조명복
6. 김안근
7. 정창수
8. 전성홍
9. 서명현
10. 이인섭
11. 신해균
12. 신영철
13. 황규천
14. 하형일
15. 유재을
16. 최병운
17. 박상기
18. 김상철
19. 이병달
20. 김상오
21. 이철민
22. 안성기
23. 양정식
24. 유정식
25. 김수영
26. 김원동
27. 이충우
28. 김보억
29. 이광석
30. 김지열
31. 김진호
32. 양규옥
33. 황주현
34. 조홍순
35. 최세환
36. 안대중
37. 김종하
38. 정병호
39. 김종명
40. 주성길
41. 안선기

42. 이택수
43. 문정기
44. 상종규
45. 조우현
46. 김명석
47. 황경민
48. 박길종
49. 조두연
50. 김진성
51. 송원강
52. 김장현
53. 곽기훈
54. 박성모
55. 유지원
56. 이재영
57. 임인덕
58. 윤영숙
59. 최남옥
60. 박은미
61. 권유정
62. 박지연
63. 김희재
64. 방경애
65. 배영숙
66. 장문수
67. 김수영

정규반 73회
2010 가을
1. 안승추
2. 우태훈
3. 장국현
4. 김중진
5. 이공헌
6. 이현교
7. 신우수
8. 박길성
9. 이동찬
10. 신영석
11. 김광호
12. 이건수
13. 정준희
14. 이순길

15. 김현주
16. 안의호
17. 김인현
18. 김창린
19. 유충열
20. 기성태
21. 신현기
22. 김진회
23. 송영석
24. 안병규
25. 장동석
26. 박종연
27. 이승후
28. 유성철
29. 이유희
30. 홍성철
31. 이혁진
32. 오승주
33. 안 홍
34. 김지운
35. 송양훈
36. 방석주
37. 강준석
38. 김진태
39. 윤지훈
40. 김진권
41. 김광만
42. 김승민
43. 홍승해
44. 김정욱
45. 이정훈
46. 한준영
47. 김선옥
48. 김근애
49. 이은영
50. 김은주
51. 김윤정
52. 장지영
53. 강미경
54. 서영미
55. 김미희

정규반 74회
2011 봄
1. 안형근
2. 송근찬
3. 정상열
4. 이완우
5. 양영섭
6. 김승태
7. 윤석원
8. 엄성수
9. 홍관의
10. 문호근
11. 이종덕
12. 손보연
13. 한상돈
14. 조용준
15. 조원구
16. 김태남
17. 이상근
18. 박두병
19. 박홍성
20. 강봉구
21. 박성준
22. 이찬성
23. 최종필
24. 한종수
25. 조행신
26. 김성현
27. 윤석영
28. 이종열
29. 송재필
30. 이중현
31. 이주성
32. 이영길
33. 전진범
34. 유성훈
35. 이상진
36. 김현수
37. 임용관
38. 신영섭
39. 박태용
40. 안상규
41. 전재권

42. 이종금
43. 이민형
44. 유동현
45. 석연철
46. 백선숙
47. 강복자
48. 최미란
49. 이경순
50. 이미숙
51. 김혜옥
52. 김은영
53. 양민선
54. 김영신
55. 강종숙
56. 문건영
57. 하영선
58. 황나현
59. 문혜정
60. 강지원
61. 이화영
62. 조민하
63. 표경혜
64. 서명자
65. 김은정
66. 김예솔
67. 강윤정
68. 김정화
69. 윤성은

정규반 75회
2011 가을
1. 홍의동
2. 임형준
3. 전재문
4. 최성호
5. 황 철
6. 이민형
7. 송동원
8. 이근순
9. 조은환
10. 김정중
11. 김현옥
12. 박종현

13. 주재학
14. 차병원
15. 김종현
16. 이장곤
17. 김신석
18. 류재명
19. Tun Tun Win
20. 최윤모
21. 양준원
22. 김대홍
23. 황상익
24. 김진하
25. 김덕기
26. 김수일
27. 김종화
28. 이동욱
29. 양희종
30. 백승철
31. 한승우
32. 정 찬
33. 이용숙
34. 조영임
35. 조제희
36. 이근하
37. 김 진
38. 이소영
39. 이화영
40. 김현순
41. 김유경
42. 정현정
43. 김영신

정규반 76회
2012 봄
1. 이준우
2. 서복기
3. 김기오
4. 오태균
5. 국윤수
6. 한철우
7. 조영우
8. 하주용

9. 고두종
10. 이원직
11. 한상구
]2. 한찬홍
13. 최원준
14. 김두영
15. 임재만
16. 이재희
17. 오승렬
18. 주영욱
19. 장순철
20. 장춘수
21. 김충겸
22. 허영행
23. 이석용
24. 송석규
25. 이경수
26. 박주경
27. 최현욱
28. 김충훈
29. 정종환
30. 박지훈
31. 김용훈
32. 김병진
33. 박인희
34. 유희봉
35. 추정호
36. 김정훈
37. 최원혁
38. 김재훈
39. 이하석
40. 홍동우
41. 이상호
42. 섭태현
43. 김기환
44. 이승욱
45. 장선혜
46. 이효숙
47. 김정란
48. 김명실
49. 백현순
50. 김근숙
51. 강은주

52. 이현순
53. 김영미
54. 이순주
55. 김윤정
56. 이은경
57. 고지영
58. 윤설화
59. 용호정
60. 최지연
61. 최미진
62. 김은형
63. 홍혜진
64. 류경민
65. 송정아

정규반 77회
2012 가을
1. 박영근
2. 신보철
3. 유희성
4. 이갑구
5. 최종해
6. 허시영
7. 김배일
8. 김의상
9. 이진섭
10. 김승종
11. 경도현
12. 김동수
13. 안태현
14. 이성길
15. 문승하
16. 김상일
17. 박봉필
18. 이성호
19. 이순홍
20. 김대선
21. 김승수
22. 이현종
23. 구현모
24. 정규현
25. 이시형
26. 양승수

27. 김민환
28. 이금현
29. 정인용
30. 임용선
31. 전호영
31. 유현종
32. 이명순
33. 서은희
34. 김영순
35. 정은하
36. 권순희
37. 신화영
38. 이선혜
39. 권나영
40. 박정미
41. 장보영
42. 류민정
43. 민정현
44. 서은미
45. 김주희
46. 박세은
47. 정미선
48. 나한나
45. 이정순
46. 서은희
47. 강호정

정규반 78회
2013 봄
1. 김창덕
2. 한병욱
3. 송상훈
4. 박판종
5. 오지은
6. 안재홍
7. 맹순필
8. 김건호
9. 김용기
10. 양승철
11. 김대균
12. 최세훈
13. 김선영
14. 김태환

15. 이장우
16. 김용환
17. 이진원
18. 권순명
19. 이태현
20. 정의석
21. 윤정욱
22. 이원선
23. 조명복
24. 유순정
25. 임은주
26. 장세미
27. 우나경
28. 주은진
29. 배서연
30. 김희아
31. 김미숙
32. 김보미
33. 김주선
34. 김영진
35. 박진우

정규반 79회
2013 가을
1. 송경하
2. 여재항
3. 권장균
4. 김익현
5. 김동우
6. 박광훈
7. 박주환
8. 권순진
9. 강태헌
10. 이주연
11. 권용수
12. 허성권
13. 정영숙
14. 한정은
15. 한경은
16. 윤보은
17. 노인숙
18. 김민경
19. 채희진

20. 오미희
21. 배현진
22. 조아라
23. 이성원

정규반 80회
2014 봄
1. 양석봉
2. 방시규
3. 홍순일
4. 이해웅
5. 임명성
6. 이항우
7. 김정호
8. 옥재진
9. 노일경
10. 전준식
11. 허영준
12. 최이석
13. 정 호
14. 박순철
15. 오태경
16. 김승현
17. 김성철
18. 신현욱
19. 박석준
20. 박경완
21. 권창로
22. 김현기
23. 이창재
24. 신주한
25. 심지석
26. 이태용
27. 정민구
28. 이웅진
29. 최병수
30. 김재현
31. 김병민
32. 박양진
33. 김무근
34. 김동길
35. 한문석
36. 유병인

37. 김정도
38. 박홍선
39. 김봉승
40. 이재민
41. 장동영
42. 김형민
43. 김은태
44. 김대호
45. 최순형
46. 이정훈
47. 신금순
48. 김민경
49. 정지선
50. 김순주
51. 송채진
52. 김선옥
53. 성유진
54. 김현지
55. 이민영
56. 황경희
57. 김연희

정규반 81회
2014 가을
1. 김영윤
2. 김원무
3. 한광운
4. 강동혁
5. 이동욱
6. 양성수
7. 김준범
8. 강지현
9. 서지훈
10. 장진영
11. 김동우
12. 강윤오
13. 김재근
14. 박운복
15. 최선화
16. 최지현
17. 김은희
18. 이주원
19. 이형산

20. 최영기
21. 서동철
22. 정현수
23. 김미수

정규반 82회
2015 봄
1. 김수종
2. 신재웅
3. 정성주
4. 윤원규
5. 이창환
6. 최원영
7. 노준호
8. 서준범
9. 김성현
10. 방승현
11. 손민구
12. 이영건
13. 황정우
14. 이상벽
15. 다와누루셀파
16. 함형숙
17. 최진화
18. 엄경옥
19. 이숙희
20. 정미진
21. 서미석
22. 김성희
23. 최안숙
24. 김해희

정규반 83회
2015 가을
1. 유용현
2. 이종기
3. 김주남
4. 이승진
5. 김상욱
6. 유상범
7. 임성수
8. 김규석
9. 김동성

10. 심국섭
11. 우정기
12. 조태훈
13. 최혁진
14. 왕디셀파
15. 천봄이
16. 임보영
17. 손지혜
18. 민지은
19. 안민선

정규반 84회
2016 봄
1. 김창기
2. 조혁기
3. 윤석철
4. 나형곤
5. 김진수
6. 채병욱
7. 김정래
8. 변인배
9. 이재동
10. 배권호
11. 이동욱
12. 조진영
13. 김태훈
14. 박준희
15. 김순식
16. 서민경
17. 정문희
18. 김희정
19. 박세이
20. 김지아
21. 김하영
22. 김진용
23. 김아름
24. 이장호

정규반 85회
2016 가을
1. 안병섭
2. 박재석
3. 조원익

4. 우장환
5. 여용구
6. 조황훈
7. 노태형
8. 이지호
9. 조의현
10. 강종덕
11. 김혜연

정규반 86회
2017 봄
1. 박영일
2. 이세구
3. 한상영
4. 유원근
5. 오세선
6. 어 강
7. 고재철
8. 박종철
9. 반성현
10. 고정한
11. 김기호
12. 이찬일
13. 고재현
14. 김희찬
15. 이정권
16. 박찬진
17. 송준호
18. 황인봉
19. 최현상
20. 최민호
21. 이장성
22. 우제민
23. 윤상근
24. 박종호
25. 정인덕
26. 황우식
27. 박상철
28. 김주완
29. 김진우
30. 이철구
31. 김홍기
32. 정송빈

33. 방상혁
34. 임석환
35. 김면황
36. 정민규
37. 신지원
38. 이규춘
39. 최영실
40. 김명숙
41. 김지현
42. 나윤진
43. 임현숙
44. 추혜경
45. 김선경
46. 최영운
47. 전세경
48. 조정선
49. 홍혜원

정규반 87회
2017 가을
1. 김원현
2. 김영조
3. 신창균
4. 유시윤
5. 임현행
6. 김영호
7. 전중배
8. 윤복기
9. 나일찬
10. 김준연
11. 정현종
12. 이재원
13. 최민식
14. 김동우
15. 임태현
16. 김우준
17. 서정호
18. 김보배
19. 추경자
20. 이은서
21. 최명숙
22. 우미정
23. 김현숙

24. 권준아
25. 김혜경
26. 권윤진
27. 이건희
28. 임소영
29. 이정주
30. 이세리
31. 김민아
32. 조소영

정규반 88회
2018 봄
1. 남영우
2. 최교수
3. 양일호
4. 윤주훈
5. 박소정
6. 정균일
7. 김용태
8. 김길원
9. 김일용
10. 이기승
11. 김선미
12. 오세훈
13. 이상범
14. 김종일
15. 이명섭
16. 기세갑
17. 김 희
18. 이상록
19. 예병학
20. 윤연진
21. 김종진
22. 이일남
23. 최봉준
24. 김덕호
25. 권하예
26. 김신영
27. 황수진
28. 오미선
29. 김광민
30. 권 율
31. 김윤지

32. 김가을
33. 김영우
34. 김지현
35. 박진형
36. 김태은

정규반 89회
2018 가을
1. 손행영
2. 김웅주
3. 황인순
4. 공은화
5. 김동윤
6. 김동준
7. 임정호
8. 이수진
9. 이인영
10. 권찬원
11. 변승재
12. 허정희
13. 윤봉기
14. 추보람
15. 양관모
16. 유양훈
17. 김성준
18. 박광일
19. 김주현
20. 이은영
21. 조우근
22. 김상엽
23. 양걸석
24. 이동희
25. 김효준
26. 문세희
27. 김은정
28. 정문식

정규반 90회
2019 봄
1. 김의식
2. 구은경
3. 장시호
4. 조대호

5. 현영섭
6. 박상효
7. 성예진
8. 권영운
9. 박선화
10. 김태관
11. 전형진
12. 조정호
13. 이상하
14. 최식문
15. 서춘식
16. 정종현
17. 김현숙
18. 박소예
19. 김상진
20. 나영제
21. 김영완
22. 이은주
23. 이후현
24. 남시열
25. 고혜민
26. 김기환
27. 최현영
28. 김성범
29. 김영은
30. 선선덕
31. 길종명
32. 김홍묵
33. 박광열
34. 이영진
35. 이수현
36. 김선미
37. 이채봉
38. 김대영

정규반 91회
2019 가을
1. 최종효
2. 전장호
3. 이성주
4. 정영훈
5. 김다현
6. 김윤정

7. 박은선
8. 송지영
9. 곽두영
10. 제해현
11. 박혜정
12. 박태준
13. 박영민
14. 오명환
15. 이정영
16. 김현숙
17. 이재수
18. 이기영
19. 조미정
20. 임진희
21. 이진석
22. 윤일중

정규반 92회
2020 봄
1. 권홍택
2. 김승철
3. 김유진
4. 김윤주
5. 김태완
6. 김현일
7. 류동균
8. 민경화
9. 박정원
10. 백남규
11. 부기추
12. 신규태
13. 신현민
14. 안지영
15. 양우영
16. 오진곤
17. 이성택
18. 이수정
19. 이윤호
20. 이은희
21. 이주산
22. 이한결
23. 이호석
24. 임동진

25. 조상일
26. 조세연
27. 주미순
28. 최동찬
29. 하요한
30. 한신섭
31. 함수현

정규반 93회
2020 가을
1. 배정선
2. 이억만
3. 정상영
4. 임태은
5. 정창현
6. 심기석
7. 이은옥
8. 윤찬수
9. 이병호
10. 정태화
11. 김길만
12. 신구섭
13. 박장희
14. 박성민
15. 공진영
16. 함명화
17. 오지혜
18. 김성진
19. 김태건
20. 안희나
21. 송상민
22. 손인석
23. 이명석
24. 이나경
25. 최선희

정규반 94회
2021 봄
1. 현희종
2. 홍현숙
3. 배영철
4. 류기아
5. 이원근

6. 원현희
7. 김옥자
8. 김류현
9. 윤근섭
10. 박미영
11. 이순복
12. 오세창
13. 김성희
14. 배슬기
15. 공명주
16. 김태미
17. 최영미
18. 김성은
19. 김중석
20. 이앵란
21. 이경아
22. 김미연
23. 김명희
24. 한태순
25. 서동민
26. 황영하
27. 최영선
28. 국보경
29. 박지현
30. 소기원
31. 박우람
32. 박선배
33. 김은영
34. 윤용만
35. 박지훈
36. 박정우
37. 김주명
38. 권도경
39. 김한솔

정규반 95회
2021 가을
1. 임철호
2. 김진환
3. 목도상
4. 김익수
5. 이명순
6. 윤영기

7. 박선길
8. 박찬영
9. 윤석호
10. 황상기
11. 신기영
12. 김지연
13. 오미경
14. 김덕만
15. 김선남
16. 이봉진
17. 박세현
18. 기성현
19. 김윤주
20. 박재현
21. 이정훈
22. 김원태
23. 안은주
24. 양정윤
25. 백창열
26. 박지행
27. 최재은
28. 이혁재
29. 박진한
30. 송준엽
31. 정주희

정규반 96회
2022 봄
1. 이정자
2. 문병기
3. 박현호
4. 김성범
5. 김인규
6. 김정숙
7. 엄다경
8. 이병기
9. 전성용
10. 김해정
11. 엄재용
12. 신철민
13. 송은관
14. 이태현
15. 정인서

16. 인원식
17. 안성철
18. 서민석
19. 주 윤
20. 나보영
21. 김제런
22. 김성기
23. 박종환
24. 엄주성
25. 이상원
26. 한세은
27. 고민범
28. 조한성
29. 김용기
30. 정희연
31. 박진주
32. 김하나
33. 조정래
34. 김강은
35. 변혜진
36. 김하리
37. 신혁진
38. 이청아
39. 김민환
40. 조재경
41. 최예나

정규반 97회
2022 가을
1. 강 건
2. 김강필
3. 김하영
4. 남궁우석
5. 남정주
6. 노성춘
7. 박소현
8. 박윤하
9. 박현수
10. 송종순
11. 신대진
12. 양승철
13. 오 혁
14. 우희성

15. 이기광
16. 이민호
17. 이송이
18. 이정훈
19. 이진우
20. 이진형
21. 이희정
22. 장도혁
23. 전중옥
24. 정덕희
25. 조인석
26. 조희정
27. 진홍석
28. 최순관
29. 최진숙
30. 하현권
31. 한도의
32. 황태규

정규반 98회
2023 봄
1. 강해원
2. 구윤모
3. 김다훈
4. 김상협
5. 김선영
6. 김수민
7. 김은솔
8. 김해운
9. 나진영
10. 남경숭
11. 박정권
12. 박종만
13. 박종현
14. 배유진
15. 백인호
16. 변백선
17. 서봉추
18. 서정석
19. 셰라리
20. 신두산
21. 신은경
22. 안창희

23. 엄수영
24. 오진희
25. 이성운
26. 이용식
27. 이준영
28. 정지현
29. 조은아
30. 차호선
31. 채여현
32. 최경순
33. 진성윤
34. 이주훈
35. 이호섭
36. 정해수
37. 임재석

정규반 99회
2023 가을
1. 고혁준
2. 권준영
3. 김 윤
4. 김건이
5. 김경애
6. 김병일
7. 김영현
8. 김운봉
9. 김윤경
10. 김지현
11. 민정옥
12. 박경아
13. 박민정
14. 박정현
15. 박준석
16. 박지민
17. 박홍영
18. 송수웅
19. 송주헌
20. 신상호
21. 신지운
22. 심민균
23. 양승혁
24. 오수련샘
25. 유세규

26. 윤진선
27. 윤희성
28. 이성림
29. 이신우
30. 이연희
31. 이형원
32. 장성순
33. 장혁재
35. 조영일
36. 한영환

정규반 100회
2024 봄
1. 강미화
2. 곽진오
3. 김기보
4. 김나연
5. 김대한
6. 김도형
7. 김도훈
8. 김민찬
9. 김순조
10. 김이탁
11. 김재원
12. 김지은
13. 김현주
14. 김형범
15. 남궁욱
16. 노영준
17. 민병무
18. 박경하
19. 박미현
20. 박진영
21. 박태준
22. 배상미
23. 변경미
24. 송춘경
25. 안대성
26. 안재홍
27. 오채린
28. 위연정
29. 유광민
30. 윤경희

31. 윤홍하
32. 이명희
33. 이상월
34. 이소영
35. 이승영
36. 이종걸
37. 이종엽
38. 이충현
39. 이현정
40. 이화연
41. 장장수
42. 전웅식
43. 정 샘
44. 정광태
45. 정민호
46. 정진훈
47. 조소현
48. 차주현
49. 최낙일
50. 최인규
51. 최인섭
52. 최주리
53. 탁수진
54. 홍홍기

암벽반 1회
1. 김형락
2. 박세웅
3. 서길천
4. 편성권
5. 박홍준
6. 박대성
7. 이성희
8. 오정석
9. 장세명
10. 정광의
11. 이경규
12. 이승철
13. 이상익
14. 김정선
15. 김창수
16. 김두영
17. 구재성
18. 김기철
19. 김영식
20. 이규필
21. 선우율
22. 김정건
23. 홍승표
24. 정수영
25. 백승기
26. 홍보정
27. 이홍수
28. 이영만
29. 정두형
30. 주상덕
31. 김영세
32. 이중재
33. 유정수
34. 김영희
35. 박정임

암벽반 2회
1. 전의구
2. 이기영
3. 오균석
4. 박영호
5. 이수정

6. 박영식
7. 전병구
8. 김청륭
9. 김국홍
10. 박명선
11. 정 실
12. 양두석

암벽반 3회
1. 신동일
2. 홍인표
3. 심광종
4. 이종범
5. 김종식
6. 배명호
7. 임종길
8. 차동섭
9. 이우석
10. 김수관
11. 이길홍
12. 김성구
13. 정상모
14. 양길수
15. 배선량
16. 한진수
17. 양승호
18. 장일식
19. 우범곤
20. 정영택
21. 이정호
22. 권종성
23. 손광호
24. 민경하
25. 하호영
26. 김상룡
27. 신기식
28. 석시한
29. 한승권
30. 이승진
31. 윤일심
32. 이연숙
33. 윤국희

암벽반 4회
1. 이당철
2. 김창겸
3. 정기덕
4. 오윤식
5. 정성호
6. 김현태
7. 박인범
8. 박승노
9. 김홍기
10. 송병민
11. 박임무
12. 이일교
13. 정용관
14. 이상덕
15. 홍복광
16. 황상목
17. 이기홍
18. 고광수
19. 박광주

암벽반 5회
1. 이기영
2. 유영상
3. 박상열
4. 양두석
5. 염병진
6. 박영춘
7. 김차현
8. 이지풍
9. 신언철
10. 나형배
11. 차승준
12. 이정인

암벽반 6회
1. 임순기
2. 김용일
3. 이송환
4. 신종훈
5. 원용운
6. 박원규
7. 곽병문

8. 조옥현
9. 조호남
10. 윤호현
11. 이석용
12. 정연덕
13. 박정근
14. 김남직
15. 한동호
16. 이재식
17. 권선준
18. 권혁천
19. 김용집
20. 박형석
21. 현동훈
22. 윤왕준
23. 신용춘
24. 소병현
25. 허성탁
26. 양회석
27. 이만수
28. 최덕용
29. 전영순

암벽반 7회
1. 김억석
2. 오제호
3. 전진언
4. 김덕환
5. 정수만
6. 안상록
7. 박종하
8. 이홍재
9. 조창기
10. 김재도
11. 주동의
12. 김선철
13. 곽영희
14. 한무희
15. 정명수
16. 석동율
17. 송홍우
18. 류영국
19. 최승락

20. 김승민
21. 강하수
22. 송인천
23. 오상빈
24. 이병하
25. 김영자
26. 박춘신
27. 신홍순
28. 김 현
29. 이문행
30. 최추경
31. 김경희
32. 김영옥

암벽반 8회
1. 장길문
2. 김종순
3. 마운락
4. 정상범
5. 김의영
6. 강영순
7. 김철용
8. 안병호
9. 손천호
10. 조몽호
11. 조용식
12. 이상호
13. 김기환
14. 이창신
15. 오경용
16. 박형종
17. 장주선
18. 이상권
19. 손우식
20. 윤근영
21. 조송길
22. 이종득
23. 이윤배
24. 최춘섭
25. 백승환
26. 조기식
27. 양진영
28. 남호영

29. 최명식

암벽반 9회
1. 진일섭
2. 남철주
3. 봉룡운
4. 최종도
5. 가기현
6. 최종신
7. 박영규
8. 최순근
9. 이영후
10. 황기염
11. 권영동
12. 황영남
13. 정진성
14. 이재옥
15. 황양찬
16. 최진순
17. 한종섭
18. 김진수
19. 박명복
20. 김석종
21. 탁우진
22. 장봉근

암벽반 10회
1. 안용진
2. 유광계
3. 박문환
4. 심황섭
5. 최종수
6. 성양수
7. 진기홍
8. 구재명
9. 지창식
10. 오동기
11. 조가섭
12. 오 석
13. 임동찬
14. 황진규
15. 문임용
16. 이상욱

17. 김경섭
18. 이계승
19. 홍원택
20. 황재원
21. 이성군
22. 이봉구
23. 박진우
24. 이명학
25. 강석준
26. 김영수
27. 김희규
28. 박찬민
29. 이정숙
30. 변옥희

암벽반 11회
1. 염장환
2. 이성휘
3. 박계상
4. 손신기
5. 박종화
6. 홍옥선
7. 박병곤
8. 조영국
9. 김기호
10. 이균동
11. 성우암
12. 지병하
13. 이상훈
14. 박장식
15. 정태영
16. 박정기
17. 김동현
18. 양재경
19. 정대영
20. 김호년
21. 정기삼
22. 손기오
23. 김영극
24. 장석하
25. 지인구
26. 이봉희
27. 박인숙

28. 주인남

암벽반 12회
1. 김순배
2. 김명환
3. 김영일
4. 윤재학
5. 공용현
6. 이충길
7. 이춘노
8. 장재현
9. 양해복
10. 지의종
11. 서원현
12. 윤정현
13. 선현수
14. 윤철중
15. 서성식
16. 김승언
17. 김경호
18. 김성환
19. 송기종
20. 백용인
21. 강성수
22. 황환걸
23. 성백운
24. 정병헌
25. 김범수
26. 서재호
27. 김병태
28. 강태섭
29. 한충수
30. 이용범
31. 이치구
32. 송종훈
33. 차주현
34. 진윤식
35. 김순화
36. 김창숙
37. 고남숙
38. 이진희
39. 김영숙
40. 김연숙

암벽반 13회
1. 한만수
2. 오인수
3. 김용진
4. 김재권
5. 선진규
6. 진창기
7. 정길상
8. 지성구
9. 여영완
10. 추견호
11. 장병기
12. 서태종
13. 장 영
14. 최순철
15. 류영기
16. 진윤식
17. 박승준
18. 김맹임
19. 채인기
20. 남기화
21. 고상선
22. 이미희

암벽반 14회
1. 박영서
2. 조인제
3. 이만영
4. 안상원
5. 김동욱
6. 차영민
7. 강병욱
8. 류성원
9. 김정근
10. 우현식
11. 박기득
12. 정재환
13. 황인준
14. 이상천
15. 김진형
16. 김경호
17. 김병훈
18. 이기용

19. 고영미
20. 문기요
21. 제명옥

암벽반 15회
1. 김기병
2. 황금집
3. 이교훈
4. 최천호
5. 박상길
6. 전용식
7. 최해영
8. 심민보
9. 이광섭
10. 안종호
11. 주한철
12. 오영수
13. 박헌일
14. 이종우
15. 김영찰
16. 인재형
17. 김계남
18. 고일순
19. 유연호
20. 이영길
21. 이돈희
22. 이종명
23. 이성훈
24. 신종근
25. 이봉재
26. 이기영
27. 홍성만
28. 최문창
29. 박선기
30. 정성채
31. 박인숙
32. 정애희
33. 조강옥
34. 조미경

암벽반 16회
1. 이관섭
2. 최용환

3. 김정규
4. 신수일
5. 조두현
6. 김백수
7. 정운식
8. 김성래
9. 원치덕
10. 박재우
11. 윤치술
12. 김영호
13. 이병만
14. 김재홍
15. 박정서
16. 강규영
17. 황은연
18. 김영철
19. 김동일
20. 현광호
21. 유현무
22. 윤봉선
23. 조태현
24. 양정모
25. 안길철
26. 허원준
27. 지상현
28. 오준호
29. 김재풍
30. 유용규
31. 최봉선
32. 김진규
33. 임병균
34. 조영남
35. 채거석
36. 이동욱
37. 곽용훈
38. 이정희
39. 김기영
40. 전미랑

암벽반 17회
1. 정인수
2. 엄완석
3. 황정식

4. 강두희
5. 공충구
6. 이윤호
7. 김종국
8. 강선필
9. 선세갑
10. 정구창
11. 박문수
12. 염영진
13. 민병철
14. 민경태
15. 김준표
16. 김태원
17. 남궁균
18. 장병천
19. 장종덕
20. 강철구
21. 김찬호
22. 양현모
23. 허 춘
24. 유병화
25. 유동욱
26. 진기현
27. 전서화
28. 박세현
29. 최용석
30. 변희정
31. 김병규
32. 김정보
33. 전상언
34. 박성진
35. 선기섭
36. 이승욱
37. 이필배
38. 유명애
39. 최부홍
40. 김현정
41. 임명회
42. 김형임

암벽반 18회
1. 정수덕
2. 이상조

3. 신동욱
4. 최지윤
5. 허용구
6. 이영환
7. 김국안
8. 함형근
9. 이병식
10. 신헌영
11. 나승만
12. 윤경환
13. 신태호
14. 김봉현
15. 전진수
16. 박기성
17. 구철회
18. 하헌조
19. 김영태
20. 이국주
21. 권인재
22. 이남철
23. 황영일
24. 김광오
25. 문정식
26. 홍진태
27. 박광호
28. 이병두
29. 김용순
30. 문영미
31. 현현미
32. 이재숙
33. 문정님
34. 조현자
35. 강순영
36. 온승연
37. 이선균
38. 이현성

암벽반 19회
1. 채춘석
2. 백준기
3. 김한영
4. 권종렬
5. 김규천

6. 이종삼
7. 서정고
8. 김홍열
9. 최석하
10. 김홍열
11. 이을영
12. 이중근
13. 서일원
14. 강병도
15. 이재열
16. 최대이
17. 전유공
18. 추연학
19. 주귀현
20. 박용준
21. 문창식
22. 정종현
23. 김수중
24. 박경우
25. 이성만
26. 김영준
27. 채지병
28. 김종민
29. 김지홍
30. 김재규
31. 하태원
32. 박두현
33. 박형철
34. 이영규
35. 이진연
36. 이동환
37. 이성진
38. 임병문
39. 윤석호
40. 김승기
41. 이혜경
42. 배미홍
43. 이명숙
44. 정은숙
45. 김은정
46. 유혜정
47. 김영미
48. 엄재규

49. 박상진
50. 김학현
51. 김재환

암벽반 20회
1. 김광연
2. 이강호
3. 이재환
4. 이상섭
5. 이준호
6. 이해영
7. 전태결
8. 윤재윤
9. 김운호
10. 정도규
11. 류재준
12. 김동욱
13. 박총호
14. 함영명
15. 하인봉
16. 김동영
17. 김재학
18. 김호동
19. 이주완
20. 조일례
21. 김진성
22. 한재수
23. 정주해
24. 이봉근
25. 복상용
26. 홍은용
27. 임희재
28. 정순희
29. 최정숙
30. 김봉수
31. 정오철
32. 양서용

암벽반 21회
1. 이성호
2. 이진만
3. 고광선
4. 박상목

5. 정해종
6. 조 인
7. 이준수
8. 오영진
9. 김태일
10. 김선주
11. 김상찬
12. 김준한
13. 최종원
14. 조용석
15. 김승태
16. 최인용
17. 심이식
18. 박능철
19. 류경훈
20. 김기선
21. 송규석
22. 김형우
23. 김명운
24. 장평규
25. 임철희
26. 김영만
27. 송승훈
28. 신용석
29. 한재금
30. 정종형
31. 장현수
32. 임성민
33. 신진호
34. 장병기
35. 곽노관
36. 양종석
37. 홍순학
38. 이형석
39. 오석렬
40. 박명오
41. 이기옥
42. 김민지
43. 김미경
44. 노유진
45. 김미숙
46. 정지은
47. 오인실

48. 박성진
49. 양소연
50. 고경미
51. 송시영

암벽반 22회
1. 박재환
2. 최연묵
3. 홍순봉
4. 김창욱
5. 김선경
6. 김의환
7. 양병현
8. 문현수
9. 하명성
10. 김경하
11. 김철호
12. 신상구
13. 김종한
14. 허병훈
15. 최경호
16. 민연식
17. 이당춘
18. 최 진
19. 강성민
20. 김영인
21. 정대현
22. 박동진
23. 송진태
24. 모평균
25. 이명호
26. 이성훈
27. 강병구
28. 우준석
29. 권정도
30. 김혁록
31. 김 관
32. 박하동
33. 유석준
34. 감경송
35. 박영희
36. 강연화
37. 양병진

암벽반 23회
1. 이태철
2. 정도희
3. 박용기
4. 전장헌
5. 이경태
6. 신명휴
7. 이경훈
8. 윤주철
9. 김병옥
10. 김상조
11. 유재근
12. 구자광
13. 이장세
14. 송명진
15. 장상종
16. 박광용
17. 송인규
18. 정은식
19. 황현덕
20. 김천호
21. 정지철
22. 한만군
23. 김동일
24. 윤여광
25. 최병태
26. 김재민
27. 제경희
28. 김순화
29. 이경미
30. 이형옥
31. 김효태
32. 박재석
33. 강중녕
34. 정복로
35. 성제현
36. 이종훈

암벽반 24회
1. 소희성
2. 조연행
3. 이용수
4. 이상식

5. 강승득
6. 이명재
7. 김원락
8. 한상태
9. 김태관
10. 김태영
11. 박창옥
12. 이종훈
13. 송재장
14. 정상택
15. 김산환
16. 양해룡
17. 김영섭
18. 정영상
19. 김승배
20. 박동신
21. 최수동
22. 민종우
23. 조형래
24. 김영창
25. 이용국
26. 김남주
27. 조용수
28. 임천일
29. 이문재
30. 서성원
31. 김윤철
32. 김지영
33. 이종진
34. 엄관현
35. 김동설
36. 곽영식
37. 이동근
38. 조영순
39. 노재원
40. 이혜옥
41. 서정희
42. 김혜순
43. 김선옥
44. 윤정순
45. 최보영
46. 이경희
47. 신현삼

48. 임은숙
49. 신현숙
50. 이수진
51. 유승영
52. 강은희

암벽반 25회
1. 정동식
2. 안동조
3. 소홍섭
4. 엄성엽
5. 김해룡
6. 조재건
7. 윤봉석
8. 정기철
9. 전호영
10. 전석국
11. 정명구
12. 조재형
13. 이오성
14. 김재형
15. 전경복
16. 김재운
17. 박일주
18. 김정근
19. 김동주
20. 장칠규
21. 이용관
22. 박한수
23. 이수범
24. 이상동
25. 이병혈
26. 정용기
27. 서길선
28. 오석균
29. 이정일
30. 한동익
31. 허민삼
32. 김학성
33. 유명인
34. 마 림
35. 김선철
36. 김용학

37. 이은영
38. 이상희
39. 이수영
40. 박유영
41. 주용남

암벽반 26회
1. 이혁구
2. 황정환
3. 강석주
4. 김만재
5. 서재필
6. 정석화
7. 안경철
8. 김두민
9. 류문형
10. 오승룡
11. 최두열
12. 임만재
13. 이상용
14. 한상섭
15. 한광열
16. 권석우
17. 문태식
18. 박동찬
19. 조덕희
20. 김해출
21. 전봉석
22. 곽병훈
23. 김창모
24. 권혁부
25. 서정훈
26. 최희찬
27. 박하성
28. 김동선
29. 박찬열
30. 김병수
31. 한관희
32. 김종명
33. 정민영
34. 성희천
35. 이성원
36. 정장욱

37. 이중표
38. 천상호
39. 윤진영
40. 김기병
41. 오수진
42. 이명규
43. 오재성
44. 김형구
45. 하명남
46. 김팔봉
47. 하해찬
48. 최 천
49. 이진주
50. 박형배
51. 전순자
52. 이은주
53. 김종희
54. 전현주
55. 김병희

암벽반 27회
1. 김회율
2. 김세신
3. 안정근
4. 최용준
5. 박남우
6. 박찬호
7. 지광석
8. 이인섭
9. 윤 왕
10. 송민섭
11. 고재우
12. 권 수
13. 진동선
14. 이선일
15. 윤홍능
16. 김홍완
17. 김성렬
18. 김효준
19. 최익준
20. 박연호
21. 한승재
22. 김현임

23. 제영희
24. 마 초

암벽반 28회
1. 박하상
2. 서 경
3. 김정광
4. 이제현
5. 정영구
6. 박후신
7. 이상호
8. 김기병
9. 송원호
10. 정병일
11. 김지환
12. 양상민
13. 이점구
14. 홍진호
15. 도기용
16. 문홍경
17. 이영호
18. 임채선
19. 임문수
20. 조기원
21. 이순분
22. 전윤희
23. 김수창
24. 권정현
25. 신유진
26. 정용숙

암벽반 29회
1. 김경한
2. 김진찬
3. 조의행
4. 박배식
5. 박관옥
6. 원현식
7. 정수교
8. 정진경
9. 김두회
10. 심재현
11. 유영열

12. 최종철
13. 전창환
14. 이광직
15. 박희주

암벽반 30회
1. 이환경
2. 박종서
3. 임동빈
4. 이범재
5. 권현재
6. 장지현
7. 이창훈
8. 류경수
9. 이재호
10. 이영준
11. 엄명회
12. 홍현영
13. 조현란
14. 강순옥
15. 김소연
16. 안혜진
17. 이은정
18. 김령수

암벽반 31회
1. 신동인
2. 신중섭
3. 김길해
4. 장제관
5. 주종열
6. 심규재
7. 김보윤
8. 홍주화
9. 안주환
10. 김희영
11. 최기동
12. 조종호
13. 채승문
14. 김영철
15. 원민호
16. 김재혁
17. 현미경

18. 김미정
19. 권철희
20. 이진향
21. 박정은

암벽반 32회
1. 정순배
2. 이기웅
3. 오진귀
4. 박영배
5. 최봉완
6. 안주환
7. 황진상
8. 박배광
9. 유경철
10. 남성호
11. 이성기
12. 류우열
13. 정홍석
14. 조철행
15. 손경완
16. 채승문
17. 김성천
18. 김태경
19. 유정석
20. 홍성화
21. 정현승
22. 박영화
23. 이명순
24. 이경애
25. 조영란
26. 지미숙
27. 신지원
28. 김혜숙
29. 변봉희

암벽반 33회
1. 한성국
2. 김재민
3. 손 선
4. 안홍수
5. 이상호
6. 이황우

7. 이현종
8. 최수일
9. 박광규
10. 신상식
11. 채희상
12. 이보창
13. 김희영
14. 이성우
15. 조상률
16. 박재원
17. 김현태
18. 차대영
19. 고성은
20. 백우정
21. 김지식
22. 염정훈
23. 조창묵
24. 이병한
25. 최득영
26. 윤석준
27. 류시왕
28. 전재홍
29. 유상범
30. 성종운
31. 노현식
32. 강주영
33. 이종옥
34. 이영란
35. 차윤지
36. 권창자
37. 양애순
38. 최혜정

암벽반 34회
1. 한철호
2. 백욱현
3. 이수인
4. 양연식
5. 김동운
6. 김영복
7. 최규상
8. 이태영
9. 김인웅

10. 김종현
11. 최은석
12. 서동업
13. 이후덕
14. 정노라
15. 황상희
16. 임경현
17. 서진숙

암벽반 35회
1. 박원구
2. 정희영
3. 천길정
4. 장영준
5. 장태훈
6. 이중화
7. 최풍만
8. 전우영
9. 최언식
10. 이성희
11. 채승문
12. 오상훈
13. 홍동수
14. 소준호
15. 김진혁
16. 김건수
17. 연영숙
18. 박혜숙
19. 김은영
20. 김지영
21. 김혜숙
22. 이화영
23. 장은숙

암벽반 36회
1. 김현태
2. 김모수
3. 안춘남
4. 공명길
5. 김두홍
6. 양동식
7. 노일규
8. 김원기

9. 양종열	4. 이길남	17. 신동호	16. 주성길	2. 국윤수	19. 이국기	5. 이종기	19. 최민호
10. 박승록	5. 박상진	18. 이시영	17. 고영훈	3. 김강현	20. 김용훈	6. 김주남	20. 예병학
11. 강시영	6. 한학희	19. 최승남	18. 신성환	4. 조영우	21. 박우현	7. 윤원규	21. 정가인
12. 조용기	7. 고재호	20. 이제욱	19. 장근석	5. 최원준	22. 임주한	8. 신동익	22. 박상철
13. 정명식	8. 김형욱	21. 장광빈	20. 이주석	6. 서복기	23. 정규생	9. 허기훈	23. 하범주
14. 정순석	9. 이승재	22. 김선표	21. 윤영숙	7. 이형기	24. 김선영	10. 서종욱	24. 이충환
15. 표창선	10. 김진석	23. 조승호	22. 권유정	8. 홍관의	25. 박준영	11. 양승주	25. 이유정
16. 조득수	11. 이주휘	24. 박성욱		9. 이용숙	26. 김건식	12. 박성현	26. 백진우
17. 조국현	12. 김영배	25. 한우태	**암벽반 40회**	10. 고두종	27. 정혁환	13. 윤경미	27. 추혜경
18. 권영태	13. 이충호	26. 신형철	1. 백규철	11. 양창석	28. 김상준	14. 서미석	28. 김선경
19. 오순표	14. 조천수	27. 이성훈	2. 김원중	12. 박재석	29. 강소리		29. 박은주
20. 서병완	15. 이규승	28. 문용범	3. 김상석	13. 박헌영	30. 최문규	**암벽반 45회**	30. 김형선
21. 박승권	16. 성창훈	29. 장성필	4. 김종구	14. 이상렬	31. 김명실	1. 신용철	31. 천봄이
22. 김광수	17. 박형준	30. 김정주	5. 현영록	15. 김완호	32. 조명복	2. 이화섭	32. 임보영
23. 안대은	18. 박용준	31. 허현도	6. 김태남	16. 조윤정	33. 이명순	3. 조휴옥	33. 채별님
24. 지준영	19. 이상문	32. 최성민	7. 김태훈	17. 윤주석	34. 서은희	4. 박영수	34. 전주원
25. 김인철	20. 손종옥	33. 안익주	8. 김기만	18. 박현진	35. 장보영	5. 최치훈	
26. 손동국	21. 최영림	34. 이경한	9. 양승관	19. 정현호		6. 박민형	**암벽반 47회**
27. 김관수	22. 유영란	35. 김덕례	10. 심상욱	20. 김남호	**암벽반 43회**	7. 강청명	1. 김길원
28. 장형춘	23. 안석희	36. 황정숙	11. 박성준	21. 서기주	1. 이기웅	8. 문준영	2. 김덕호
29. 김영민	24. 신경복	37. 박경미	12. 이창근	22. 이정진	2. 박신영	9. 노연향	3. 김백현
30. 손형일	25. 김윤희	38. 이은미	13. 허영행	23. 강복자	3. 이해웅	10. 이태림	4. 김신영
31. 정종열	26. 안명선	39. 김민정	14. 이종열	24. 박준현	4. 황지희	11. 김연화	5. 김영주
32. 정미라	27. 정재은	40. 이민영	15. 이영길		5. 전해일		6. 김용태
33. 박소용	28. 강희진	41. 정미영	16. 최종환	**암벽반 42회**	6. 박성준	**암벽반 46회**	7. 김원현
34. 유순달		42. 최상연	17. 박근영	1. 이준우	7. 최은석	1. 조철규	8. 김일용
35. 방효경	**암벽반 38회**		18. 우정수	2. 한봉인	8. 김성철	2. 이종철	9. 김 진
36. 최경자	1. 임덕신	**암벽반 39회**	19. 이시연	3. 전민택	9. 송채진	3. 송승호	10. 김태연
37. 김명숙	2. 한광수	1. 김동	20. 김현수	4. 김시철	10. 유주종	4. 한상영	11. 김 희
38. 장신미	3. 박재원	2. 최시철	21. 강동훈	5. 강승혁	11. 구익봉	5. 박호성	12. 남윤수
39. 이경화	4. 이은견	3. 황승연	22. 김광우	6. 박헌전	12. 김창섭	6. 문경선	13. 박 민
40. 서혜경	5. 박창식	4. 김창윤	23. 박혜수	7. 김의상	13. 이웅곤	7. 채영호	14. 박범진
41. 조현미	6. 양현석	5. 서명현	24. 김명주	8. 안재홍	14. 김중진	8. 오세선	15. 서민경
42. 강경림	7. 김동균	6. 염충	25. 최미란	9. 맹순필	15. 이 영	9. 김영배	16. 설석환
43. 박경미	8. 이대영	7. 유윤영	26. 이경순	10. 이진섭	16. 김민경	10. 원성희	17. 성유리
44. 김수정	9. 김수동	8. 신영철	27. 김혜옥	11. 방창수	17. 김찬일	11. 고정한	18. 신기영
45. 권세영	10. 박명길	9. 김상오	28. 이근하	12. 경도현	18. 김재근	12. 김기호	19. 신창균
46. 조안나	11. 구도효	10. 양정식	29. 김근애	13. 민훈기		13. 이동재	20. 여용구
	12. 김승욱	11. 안의호	30. 하영선	14. 김건호	**암벽반 44회**	14. 김효건	21. 오미선
암벽반 37회	13. 권기현	12. 황주현	31. 서영미	15. 윤인석	1. 원종원	15. 김진석	22. 이건희
1. 신용섭	14. 이근열	13. 문경호		16. 김용무	2. 최종철	16. 배상철	23. 이기성
2. 김성집	15. 임채홍	14. 조왕현	**암벽반 41회**	17. 조성욱	3. 김수종	17. 박찬진	24. 이동훈
3. 박재훈	16. 이정길	15. 최세환	1. 강은주	18. 이성길	4. 이민수	18. 이승진	25. 이 만

26. 이수양
27. 이찬일
28. 임승일
29. 임현행
30. 정태일
31. 정현종
32. 조소영
33. 최혜숙
34. 황우식

암벽반 48회
1. 손행영
2. 남영우
3. 강철중
4. 김효진
5. 윤주훈
6. 정균일
7. 문경환
8. 박선화
9. 박광열
10. 허정희
11. 이영진
12. 김성준
13. 이동희
14. 오세훈
15. 윤봉기
16. 황인순
17. 임정호
18. 이후현
19. 서춘식
20. 이재수
21. 이상호
22. 장시호
23. 박광일
24. 김주현
25. 정종현
26. 문세희
27. 김영호
28. 윤정필
29. 전형진
30. 이수현
31. 김선미
32. 이은영

33. 김지아
34. 김은정
35. 이채봉
36. 이인영
37. 황수진
38. 김상진
39. 권 율
40. 김현숙
41. 이지호
42. 성예진

암벽반 49회
1. 조세연
2. 최일수
3. 이억만
4. 노연향
5. 박은선
6. 하요한
7. 김진호
8. 문동춘
9. 강정모
10. 신규태
11. 김성범
12. 박연주
13. 송명희
14. 박태준
15. 백남규
16. 김경현
17. 김승철
18. 송지영
19. 박영민
20. 허영림
21. 유양훈
22. 임진회
23. 민경화
24. 박민규
25. 기성현
26. 박정원
27. 오진곤
28. 박재형
29. 김현일
30. 문연우
31. 권홍택

32. 문용범
33. 나상철
34. 김윤주
35. 양우영
36. 황동식

암벽반 50회
1. 홍현숙
2. 이동곤
3. 장영수
4. 권영인
5. 목도상
6. 박태양
7. 정동관
8. 이명순
9. 양용운
10. 임태은
11. 박승모
12. 오태국
13. 이명신
14. 심기석
15. 엄재혁
16. 김지연
17. 정태화
18. 배슬기
19. 신은숙
20. 유기석
21. 김성은
22. 진병조
23. 이경아
24. 신구섭
25. 박성민
26. 조혜진
27. 황영하
28. 김시현
29. 김성진
30. 김태건
31. 국보경
32. 방동근
33. 김용석
34. 송상민
35. 유광민
36. 오채린

37. 김신혜
38. 송준엽
39. 박지훈

암벽반 51회
1. 곽준효
2. 백선태
3. 전중옥
4. 김경애
5. 전성용
6. 엄권열
7. 윤근섭
8. 고광주
9. 김덕만
10. 서민석
11. 유미선
12. 최세규
13. 김문구
14. 주 윤
15. 조윤정
16. 김동희
17. 조희정
18. 엄주성
19. 김용기
20. 윤용만
21. 박진주
22. 조정래
23. 백명관
24. 변혜진
25. 금진혁

암벽반 52회
1. 강 건
2. 강현구
3. 구윤모
4. 김다훈
5. 김도윤
6. 김선영
7. 김수민
8. 김은경
9. 김현국
10. 김현철
11. 안은주

12. 안창희
13. 우제민
14. 우희성
15. 윤종우
16. 이기광
17. 이민호
18. 이상혁
19. 이승영
20. 이연희
21. 이은희
22. 이태옥
23. 이호진
24. 정해수
25. 조인석
26. 진홍석
27. 최훈도
28. 한영환

동계반 1회
1. 김용득
2. 박세웅
3. 정상국
4. 이종범
5. 박홍준
6. 김호성
7. 박인목
8. 손칠규
9. 김성용
10. 이성희
11. 김상경
12. 이정수
13. 윤일웅
14. 정광의
15. 장경수
16. 이영식
17. 이은식
18. 송유천
19. 서봉준
20. 이재근
21. 서진조
22. 신의식
23. 박찬기
24. 박경식
25. 채근무
26. 정영묵
27. 김재순
28. 김영근
29. 배재규
30. 윤민의
31. 최성철
32. 전영준
33. 김영식
34. 박만춘
35. 나상길
36. 이승철
37. 박원호
38. 김윤기
39. 조이택
40. 남선우
41. 이영근
42. 김종호

43. 이재정
44. 이명만
45. 김 정
46. 이중재
47. 주상덕
48. 곽춘섭
49. 이격우
50. 이제형
51. 김석갑
52. 유정수
53. 박동규
54. 송정두
55. 이정임
56. 최은희

동계반 2회
1. 신동일
2. 김종식
3. 김두억
4. 윤태선
5. 장세명
6. 윤대표
7. 최용문
8. 김성수
9. 이정대
10. 정만덕
11. 김영철
12. 조금철
13. 송병호
14. 김시영
15. 권종성
16. 김영근
17. 송영근
18. 서수교
19. 장일식
20. 백세동
21. 이효정
22. 이일교
23. 김경일
24. 석시한
25. 이병준
26. 안광덕
27. 홍일룡

28. 정대춘
29. 한정섭
30. 김지웅

동계반 3회
1. 이헌범
2. 박현문
3. 김동명
4. 이주선
5. 이병돈
6. 소호영
7. 김상문
8. 김효인
9. 손종해
10. 문영길
11. 최영국
12. 이한수
13. 윤승호
14. 이상률
15. 김재웅
16. 이동본
17. 김병욱
18. 우성만
19. 김영진
20. 김백수
21. 박은욱
22. 이기홍
23. 안희권
24. 이상용
25. 박광주
26. 권유진
27. 김혁
28. 황민현
29. 김희숙
30. 이외숙
31. 심미숙

동계반 4회
1. 김억석
2. 오제호
3. 이부구
4. 김영일
5. 정두영

6. 김호길
7. 박우규
8. 하윤철
9. 임종하
10. 김종갑
11. 박종규
12. 정홍덕
13. 허명욱
14. 김홍기
15. 김용집
16. 이상일
17. 박영락
18. 윤헌구
19. 하삼수
20. 윤왕준
21. 김남형
22. 김기용
23. 김태웅
24. 임영철
25. 곽영희
26. 윤광용
27. 류영국
28. 김정현
29. 이동철
30. 양희석
31. 방걸원
32. 피갑수
33. 정원광
34. 최추경

동계반 5회
1. 김덕환
2. 안상록
3. 권병기
4. 장태윤
5. 강인철
6. 이종수
7. 김동일
8. 조창기
9. 김찬희
10. 백창수
11. 소병현
12. 최인호

13. 임형철
14. 김춘도
15. 김진식
16. 배병성
17. 김시영
18. 오세정
19. 노준양
20. 유동훈
21. 허필육
22. 김영근
23. 경일현
24. 강하수
25. 박영길
26. 이강식
27. 조진호
28. 성성모
29. 박춘식
30. 전 홍
31. 최석열

동계반 6회
1. 신영균
2. 김종순
3. 마운락
4. 유광계
5. 김시훈
6. 송용호
7. 이정철
8. 최선명
9. 성양수
10. 김양규
11. 조용식
12. 유재일
13. 김 영
14. 조가섭
15. 최상락
16. 김재욱
17. 유재일
18. 이병만
19. 김기환
20. 김복수
21. 진해일
22. 오경용

23. 이봉수
24. 박 현
25. 조기종
26. 이희철
27. 김정두
28. 유의선
29. 정주철
30. 이윤배
31. 곽승일
32. 박종대
33. 이봉근
34. 박상길
35. 최태엽
36. 이홍재
37. 이인상
38. 권철웅
39. 권찬택
40. 김경희

동계반 7회
1. 장길문
2. 김종선
3. 정제섭
4. 박문환
5. 노용신
6. 조용현
7. 김위동
8. 김석천
9. 손광호
10. 정한용
11. 신기식
12. 박찬돈
13. 송병찬
14. 허 원
15. 김영진
16. 오 석
17. 임동찬
18. 박인석
19. 문임용
20. 김상순
21. 강성용
22. 신동주
23. 장문호

24. 곽병호
25. 강성철
26. 김명광
27. 이태호
28. 백용아
29. 박동설
30. 김수엽
31. 김태구
32. 지길환
33. 조문건
34. 이동환
35. 박인기
36. 홍오헌
37. 윤수현
38. 박영일
39. 박성만
40. 오무영
41. 강만신
42. 조동혁
43. 김형상
44. 이정환
45. 임해훈
46. 임명동
47. 이봉구
48. 안충열
49. 김진한
50. 장이한
51. 임상재
52. 송영복
53. 윤홍은
54. 이석우
55. 이덕규
56. 이동환
57. 김홍섭
58. 박남원
59. 박재범
60. 오학준
61. 변옥희
62. 서정애
63. 지현옥

동계반 8회
1. 조덕선

2. 김순배
3. 조봉현
4. 이성휘
5. 송 혁
6. 이한출
7. 최선묵
8. 박시현
9. 진기종
10. 김효영
11. 지창식
12. 안준석
13. 최진순
14. 김호주
15. 정형훈
16. 우병애
17. 홍옥선
18. 김남제
19. 박병권
20. 최철호
21. 유상현
22. 김기호
23. 오두환
24. 박경만
25. 고용운
26. 김종철
27. 장영길
28. 최연명
29. 정 홍
30. 서성식
31. 지병하
32. 김영일
33. 손기오
34. 최종서
35. 강덕노
36. 천영호
37. 김성윤
38. 배연재
39. 안형석
40. 이광호
41. 김완승
42. 이재원
43. 김성태
44. 진태훈

45. 신영호
46. 김종원
47. 정대영
48. 이의현
49. 신윤경
50. 김희성
51. 김호년
52. 김영수
53. 이중용
54. 박쾌돈
55. 조진희
56. 한충수
57. 김인호
58. 김주봉
59. 이종국
60. 박창식
61. 표순신
62. 이기정
63. 서동일
64. 김대성
65. 안준철
66. 허진홍
67. 박희택
68. 장석하
69. 김영식
70. 백승호
71. 이미영
72. KUAN chen-min
73. chon Han JUER
74. CHIOU
75. 양대수
76. Sun Ming Hemise
77. CAI Iyong-Tsair
78. SAI CHING YIN
79. UN KUANG YEN

동계반 9회
1. 이재하
2. 최인휘
3. 박동철
4. 김동태
5. 허차웅
6. 김영일
7. 김용년
8. 한정현
9. 윤재학
10. 공용현
11. 정재진
12. 황성기
13. 김원철
14. 김상훈
15. 윤우로
16. 이규필
17. 박범서
18. 공태영
19. 조두현
20. 최갑주
21. 박성열
22. 이성호
23. 송영호
24. 최준
25. 김인태
26. 김경호
27. 이승환
28. 유학열
29. 임병옥
30. 김성택
31. 김병건
32. 고동익
33. 박동철
34. 권태수
35. 변호성
36. 오채균
37. 강태섭
38. 고광윤
39. 이석구
40. 김광석
41. 강현구
42. 이기행

43. 김정호
44. 이남주
45. 권호식
46. 징보섭
47. 주종길
48. 정진용
49. 김종구
50. 정대영
51. 강덕기
52. 김사문
53. 민태경
54. 조덕곤
55. 박은진
56. 박승준
57. 조희덕
58. 김순화
59. 이영미
60. 유애란
61. 이진희

동계반 10회
1. 백남기
2. 최종선
3. 이용권
4. 김승호
5. 이동규
6. 김운배
7. 조재철
8. 황용주
9. 이종관
10. 박석우
11. 박홍기
12. 이재한
13. 전재흠
14. 박선동
15. 이중로
16. 현명식
17. 강덕문
18. 장영철
19. 정병모
20. 김원형
21. 장희현
22. 채평배

23. 서정인
24. 김창영
25. 정성훈
26. 김동선
27. 한해식
28. 김태진
29. 나도준
30. 김한종
31. 김석준
32. 오영민
33. 윤철중
34. 서광무
35. 유오형
36. 박은정
37. 최계남

동계반 11회
1. 윤형종
2. 박상길
3. 최원선
4. 심민보
5. 전찬영
6. 김종철
7. 최종명
8. 박민구
9. 임채섭
10. 조충호
11. 배광호
12. 박성용
13. 김정호
14. 이중호
15. 박중국
16. 김상근
17. 공현배
18. 최광호
19. 김규태
20. 함형성
21. 김문호
22. 황호건
23. 이상천
24. 김진형
25. 지상현
26. 정대길

27. 최동훈
28. 최지호
29. 이영학
30. 안계득
31. 김영철
32. 이윤식
33. 이창광
34. 양재을
35. 이윤성
36. 최영진
37. 류호경
38. 강종문
39. 박수길
40. 조임국
41. 이현동
42. 주영철
43. 장규필
44. 안국모
45. 이정수
46. 송동선
47. 김기원
48. 장봉호
49. 오세복
50. 강현숙
51. 김한희
52. 이옥남

동계반 12회
1. 김기병
2. 변동만
3. 김팽연
4. 장문영
5. 황정식
6. 김홍권
7. 강두희
8. 선진규
9. 서상엽
10. 최광기
11. 차치영
12. 안종호
13. 주한철
14. 서정길
15. 하재필

16. 김영찰
17. 김종선
18. 박재우
19. 김승언
20. 정광교
21. 이종명
22. 장충일
23. 이병만
24. 이성일
25. 정복주
26. 김정근
27. 이윤수
28. 고일순
29. 황은연
30. 이건호
31. 이운재
32. 심상곤
33. 오춘택
34. 김병도
35. 박진훈
36. 임종철
37. 김정보
38. 현경학
39. 이용준
40. 양청삼
41. 박정헌
42. 김예선
43. 조인제
44. 우무용

동계반 13회
1. 오 실
2. 이근철
3. 김종선
4. 오형재
5. 강선필
6. 박두용
7. 고재원
8. 최남석
9. 배두일
10. 이상배
11. 이동규
12. 김화종

13. 정운식
14. 이재웅
15. 엄기만
16. 허정호
17. 원치덕
18. 정형선
19. 백용인
20. 오석환
21. 전병민
22. 노덕호
23. 이주진
24. 이준규
25. 박상형
26. 조성래
27. 황경흠
28. 엽상욱
29. 장태영
30. 김성철
31. 김종수
32. 정진서
33. 김대열
34. 최용희
35. 김정서
36. 유승영
37. 양성준
38. 주수만
39. 전은석
40. 강용규
41. 한승호
42. 정헌종
43. 김기영
44. 전미랑
45. 김성래

동계반 14회
1. 조영원
2. 김종국
3. 이종삼
4. 최학경
5. 장병천
6. 이주혁
7. 조병섭
8. 진정화

9. 정병희
10. 방영희
11. 홍재기
12. 남기성
13. 이후범
14. 이범일
15. 안양수
16. 신용철
17. 오형구
18. 서양운
19. 심광섭
20. 김지훈
21. 나정현
22. 허종기
23. 이용상
24. 김유형
25. 임채은
26. 최근조
27. 이풍엽
28. 이단오
29. 전제익
30. 홍성호
31. 안영한
32. 엄이숙
33. 정정숙
34. 유정애
35. 박석근
36. 김승하
37. 정상진
38. 이철수
39. 한우식
40. 지상원
41. 현광호
42. 안지송
43. 전서화
44. 최성근

동계반 15회
1. 정구창
2. 채춘석
3. 김경수
4. 김옥환
5. 윤기동

6. 우길주
7. 유병택
8. 엄상우
9. 김충걸
10. 위한일
11. 서일원
12. 이재열
13. 주현종
14. 김석근
15. 김학신
16. 최명환
17. 정성수
18. 황정하
19. 하헌조
20. 박정찬
21. 최연화
22. 정도희
23. 유영달
24. 백두현
25. 조규필
26. 박병우
27. 최기용
28. 김종수
29. 이준수
30. 박희영
31. 정의창
32. 장명철
33. 김근태
34. 박종일
35. 추승호
36. 이만수
37. 임창완
38. 박태윤
39. 박인석
40. 오동근
41. 이병락
42. 김현정
43. 김용순
44. 문영미
45. 이영우
46. 최옥경
47. 이원태
48. 이해봉

49. 노승태
50. 권오환
51. 이종배
52. 이상록
53. 이상동
54. 동정길
55. 신명재
56. 전현우
57. 황병규
58. 안인숙
59. 온승연
60. 이정례
61. 권태진

동계반 16회
1. 신영기
2. 이용우
3. 허유석
4. 황종득
5. 박연수
6. 조준일
7. 이영기
8. 현정구
9. 윤용원
10. 이중근
11. 이정묵
12. 이상현
13. 김진돈
14. 추연학
15. 류시완
16. 권영학
17. 목윤균
18. 김수중
19. 이용우
20. 안상식
21. 배수근
22. 하만진
23. 이동수
24. 김친영
25. 오창석
26. 연기정
27. 이성춘
28. 김종희

29. 함영명
30. 정주해
31. 박보성
32. 부근호
33. 유재룡
34. 배현철
35. 정영주
36. 이현인
37. 류광섭
38. 이정아
39. 장정예
40. 현현미
41. 이승연
42. 류영임
43. 이은숙
44. 송순철
45. 정창남
46. 조용암
47. 김종현
48. 이치영
49. 허창수

동계반 17회
1. 권종렬
2. 이성호
3. 김광연
4. 김범기
5. 곽병일
6. 정오철
7. 김태일
8. 채혁병
9. 윤재윤
10. 김운호
11. 황성희
12. 오세진
13. 차설광
14. 문상철
15. 조상득
16. 정우석
17. 정경규
18. 김종철
19. 김영록
20. 홍명국

21. 이성기
22. 박경원
23. 김재무
24. 김종필
25. 하성인
26. 박준흠
27. 강만원
28. 강대민
29. 김승룡
30. 이원행
31. 이주완
32. 김진성
33. 한동원
34. 김관수
35. 국연근
36. 정만영
37. 이성훈
38. 이길봉
39. 정성훈
40. 이봉근
41. 이용남
42. 김태훈
43. 김주권
44. 박상욱
45. 박영수
46. 임도현
47. 김규석
48. 김진영
49. 이상명
50. 안준형
51. 김윤우
52. 김세훈
53. 김진이
54. 허태현
55. 이국환
56. 남종삼
57. 박옥선
58. 홍은용
59. 임선애
60. 김은희
61. 김정희
62. 송재화
63. 유명희
64. 주미현
65. 유미정

동계반 18회
1. 한재표
2. 이진만
3. 박상목
4. 홍순봉
5. 정연관
6. 박홍규
7. 김경하
8. 이상진
9. 김종래
10. 최찬무
11. 정도규
12. 박종호
13. 장평규
14. 신용석
15. 이장우
16. 최복환
17. 전인서
18. 장동수
19. 김동영
20. 김재학
21. 이강수
22. 양병진
23. 한영일
24. 손대형
25. 이강식
26. 이기범
27. 정 만
28. 김윤관
29. 윤대영
30. 윤남용
31. 김원석
32. 방정일
33. 김성진
34. 함영민
35. 이재옥
36. 정정일
37. 우문석
38. 윤경호
39. 박옥선
40. 박미선
41. 엄미경
42. 정귀숙

동계반 19회
1. 이상윤
2. 박상봉
3. 김수용
4. 이홍주
5. 유노열
6. 이준호
7. 전장헌
8. 홍주화
9. 김진태
10. 김철호
11. 남중희
12. 함홍각
13. 김세균
14. 김호수
15. 박덕환
16. 손종영
17. 윤형준
18. 주병근
19. 송명수
20. 김성훈
21. 이명천
22. 노충기
23. 공수룡
24. 임성민
25. 윤명화
26. 권태현
27. 장영환
28. 최윤호
29. 한윤호
30. 조 운
31. 반영왕
32. 김철동
33. 박도훈
34. 김용학
35. 유혁민
36. 이준규
37. 김상홍
38. 이상원
39. 배재한
40. 윤승민
41. 이용호
42. 류정학
43. 박선양
44. 강성훈
45. 이대희
46. 이난희
47. 김희순
48. 최영미
49. 오순희
50. 신미희
51. 배수현
52. 임미현
53. 정은주
54. 김미숙
55. 김진희

동계반 20회
1. 황명근
2. 최연묵
3. 김용전
4. 노운석
5. 이승재
6. 박용기
7. 손갑주
8. 김명현
9. 이종석
10. 김병규
11. 김견용
12. 김성락
13. 김재운
14. 정희섭
15. 명성환
16. 이장세
17. 전상용
18. 지상균
19. 이완기
20. 김영창
21. 박영호
22. 이은용
23. 서정민
24. 이원유
25. 박승목
26. 이화선
27. 정경섭
28. 은상진
29. 이명하
30. 이동철
31. 김정숙
32. 신현철

동계반 21회
1. 김찬환
2. 고두환
3. 박태선
4. 장형석
5. 이용수
6. 이상식
7. 임창수
8. 최두열
9. 장홍주
10. 이용일
11. 고재원
12. 윤석군
13. 권석우
14. 정복로
15. 송영준
16. 정상택
17. 박성길
18. 최치환
19. 조욱래
20. 허한구
21. 박홍종
22. 박기성
23. 박동신
24. 조대중
25. 서강일
26. 안낙구
27. 정용기
28. 이 혁
29. 이용국
30. 노순우
31. 곽용운
32. 김옥찬
33. 조준식
34. 이종진
35. 정선학
36. 윤주호
37. 강승훈
38. 류재영
39. 정내환
40. 한만군
41. 류일선
42. 권경일
43. 이형윤
44. 신종운
45. 김유현
46. 박종희
47. 조진무
48. 김효천
49. 장준우
50. 이혜옥
51. 서정희
52. 안병주
53. 김진숙
54. 양미정
55. 송상금
56. 이은정
57. 백윤정

동계반 22회
1. 박창수
2. 김해룡
3. 정기철
4. 김성상
5. 엄성엽
6. 지광석
7. 우창영
8. 조재형
9. 홍순호
10. 이정우
11. 조순복
12. 정문식
13. 김용범
14. 이선일
15. 이용관
16. 이정표
17. 김덕영
18. 유외준
19. 이상동
20. 백기영
21. 민홍기
22. 나자진
23. 유명근
24. 최영덕
25. 정광채
26. 한혁수
27. 최인복
28. 김희준
29. 심재왕
30. 박우식
31. 조명호
32. 김철수
33. 오승헌
34. 김희준
35. 주용남
36. 이서욱
37. 조남철
38. 강윤싱
39. 문철한
40. 오현중
41. 송호희
42. 전영철
43. 마 림
44. 유승완
45. 김주호
46. 박덕주
47. 장경관
48. 여명숙
49. 최정화
50. 민성자
51. 정기라
52. 송춘자
53. 백 준
54. 여길태

동계반 23회
1. 이혁구
2. 박명걸
3. 곽경국
4. 임만재
5. 전석국
6. 박형수
7. 김해출
8. 박종현
9. 변재공
10. 심우철
11. 조승원
12. 김학재
13. 정용문
14. 홍준표
15. 곽동한
16. 안철근
17. 임성혁
18. 박효찬
19. 김지성
20. 한병규
21. 김성섭
22. 홍성재
23. 사찬일
24. 박대섭
25. 강기석
26. 김성관
27. 신현한
28. 송오의
29. 이광수
30. 허은혜
31. 지복순
32. 전현주
33. 최유진
34. 이혜영
35. 임인순

동계반 24회
1. 김인식
2. 박후신
3. 김 승
4. 김종산
5. 최용준
6. 우경식
7. 서형근
8. 김연태
9. 고재우
10. 박준규

11. 김성모
12. 박주훈
13. 황보종우
14. 김종명
15. 구은수
16. 이민권
17. 이낙규
18. 박연호
19. 김현중
20. 김응식
21. 김성일
22. 고종열
23. 조규범
24. 마 초
25. 문진신
26. 허희선
27. 김현임

동계반 25회
1. 박하상
2. 서 경
3. 정영구
4. 서재필
5. 윤성중
6. 김지환
7. 김종석
8. 오상택
9. 양상민
10. 윤태정
11. 이윤구
12. 김응서
13. 유용철
14. 김진우
15. 최익준
16. 김희덕
17. 유기환
18. 양영기
19. 임용택
20. 조정민
21. 남병극
22. 홍성민
23. 용향수

동계반 26회
1. 이준규
2. 김남준
3. 김기병
4. 송원호
5. 임기호
6. 박상은
7. 권현재
8. 장지현
9. 김정근
10. 최종철
11. 유경수
12. 이진성
13. 이봉원
14. 윤영준
15. 장창석
16. 강건희
17. 김정연
18. 이성준
19. 강현봉
20. 최주희
21. 이은정
22. 박평수

동계반 27회
1. 구자형
2. 류경렬
3. 심규재
4. 손대출
5. 박배광
6. 이범재
7. 최병남
8. 윤 왕
9. 정병호
10. 서영수
11. 박하성
12. 허장강
13. 박병준
14. 조성훈
15. 이홍일
16. 이준상
17. 최완용
18. 표기혁

19. 엄명회
20. 김영산
21. 강민성
22. 이용진
23. 박강우
24. 김수진
25. 김 철
26. 유병우
27. 김길재
28. 전종선
29. 이용철
30. 이용립
31. 이현숙
32. 김숙임
33. 이정미
34. 정화자
35. 이진향
36. 김효정

동계반 28회
1. 김회율
2. 정광수
3. 유경철
4. 최기동
5. 채승문
6. 한상규
7. 박진창
8. 조진훈
9. 이상천
10. 김재민
11. 백성현
12. 윤명중
13. 신기원
14. 김미정
15. 정국향

동계반 29회
1. 정순배
2. 임병재
3. 안홍수
4. 김종복
5. 이원재
6. 이제욱

7. 박학률
8. 김경환
9. 이창호
10. 손경완
11. 이상준
12. 강승한
13. 박유정
14. 김수원
15. 은성훈
16. 이재규
17. 최광훈
18. 김병규
19. 이경애
20. 조영란
21. 김경아
22. 장재희
23. 이현자
24. 정은주

동계반 30회
1. 한정삼
2. 김재민
3. 손 선
4. 곽동철
5. 이상호
6. 양연식
7. 이현종
8. 서인석
9. 조광현
10. 최수일
11. 이홍석
12. 김환기
13. 신중갑
14. 안상호
15. 최두열
16. 곽성호
17. 이시형
18. 황영길
19. 김태형
20. 김성화
21. 송영근
22. 조평호
23. 박 윤

24. 진동선
25. 김기복
26. 안상빈
27. 김인웅
28. 김진복
29. 양인석
30. 조철행
31. 염정훈
32. 조창묵
33. 최상근
34. 이희선
35. 박남규
36. 강태웅
37. 오세준
38. 김종술
39. 최득영
40. 송기안
41. 유상범
42. 안치영
43. 송용범
44. 김현민
45. 이영란
46. 임인순
47. 선희영
48. 강대호
49. 양애순
50. 박은경
51. 오은선
52. 김혜성
53. 황상희
54. 허미라
55. 김정은
56. 김경희
57. 황미정
58. 김영미

동계반 31회
1. 조효선
2. 정명식
3. 김동운
4. 황진상
5. 최규상
6. 우정일

7. 박동호
8. 전재홍
9. 오세봉
10. 박윤기
11. 이창엽
12. 임호용
13. 임경현

동계반 32회
1. 김현태
2. 안종남
3. 류철희
4. 김두홍
5. 박상진
6. 이명만
7. 백욱현
8. 김원기
9. 금종오
10. 유장천
11. 이수인
12. 김동운
13. 박종선
14. 조광희
15. 장형춘
16. 이중화
17. 심봉일
18. 전형태
19. 김만수
20. 이규현
21. 황의돈
22. 임경우
23. 박종균
24. 이정락
25. 김낙현
26. 김은겸
27. 소준호
28. 연영숙
29. 김성순
30. 유수영
31. 박미란
32. 류효정
33. 이선례
34. 이화영

35. 장은숙

동계반 33회
1. 공명길
2. 조국현
3. 이제욱
4. 변문호
5. 방창수
6. 조성남
7. 김윤기
8. 한우태
9. 박강범
10. 박범근
11. 손형일
12. 김용수
13. 김동섭
14. 박준영
15. 안대은
16. 정혁환
17. 장신미
18. 박진우

동계반 34회
1. 심지로
2. 김준헌
3. 신형철
4. 김승욱
5. 임금식
6. 김영도
7. 김형선
8. 남진만
9. 이충호
10. 조대현
11. 윤인석
12. 안문기
13. 천성진
14. 전정환
15. 김지욱
16. 장지명
17. 장준규
18. 최치훈
19. 정창곤
20. 이경한

21. 이상문
22. 정윤선
23. 안명선

동계반 35회
1. 한광수
2. 김현식
3. 강용수
4. 권기현
5. 박갑수
6. 김형운
7. 신동호
8. 이종석
9. 안의호
10. 김정균
11. 이상헌
12. 홍성준
13. 현보상
14. 서기주
15. 정창용
16. 김기호
17. 고영민
18. 박정훈
19. 김경수
20. 박광해
21. 조광희
22. 문철웅
23. 이환희
24. 강보식
25. 이명자
26. 이민영
27. 심혜련

동계반 36회
1. 김중진
2. 이팔만
3. 신현기
4. 김진희
5. 장종덕
6. 김동욱
7. 박민형
8. 김정욱
9. 배용욱

411

10. 김혜옥
11. 윤성은

11. 박성준
12. 이수명
13. 장보영

동계반 37회
1. 김남일
2. 최성주
3. 김현옥
4. 현영록
5. 김기만
6. 이원섭
7. 양승관
8. 심상욱
9. 한진평
10. 이창근
11. 이승철
12. 김종환
13. 이종열
14. 송재필
15. 유규하
16. 장희남
17. 이태훈
18. 박문규
19. 최종환
20. 김현수
21. 강동훈
22. 김정엽
23. 김상준
24. 조강현
25. 최미란
26. 최혜정
27. 김근하

동계반 38회
1. 고두종
2. 김의상
3. 양창석
4. 최원준
5. 경도현
6. 신동익
7. 최창우
8. 이성길
9. 전성은
10. 이주석

동계반 39회
1. 전민택
2. 강승혁
3. 김창열
4. 김영배
5. 박근제
6. 김재호
7. 이국기
8. 김남율
9. 김선영
10. 강택규
11. 양남기
12. 손승민
13. 김규영
14. 이명순
15. 강정식

동계반 40회
1. 원종원
2. 김수종
3. 이해웅
4. 변재수
5. 김주남
6. 정서령

동계반 41회
1. 이종기
2. 윤원규
3. 이승진
4. 유상범
5. 김대근
6. 김광우
7. 강청명
8. 이충환
9. 이혜영

동계반 42회
1. 염 충
2. 신영철

3. 한상영
4. 오세선
5. 임형준
6. 고정한
7. 김기호
8. 전준식
9. 박찬진
10. 강신호
11. 정현종
12. 이유정
13. 박영빈
14. 박성현
15. 김명실
16. 김윤희
17. 추혜경
18. 김선경
19. 조소영

동계반 43회
1. 김 희
2. 김경종
3. 김길원
4. 김영호
5. 김용태
6. 김효진
7. 나상철
8. 남영우
9. 문용범
10. 여민재
11. 여용구
12. 예병학
13. 오세훈
14. 유경민
15. 유정식
16. 윤봉기
17. 윤정필
18. 윤주훈
19. 이 만
20. 이강산
21. 이만우
22. 이영진
23. 이은영
24. 이찬일

25. 임정호
26. 정균일
27. 조경춘
28. 최민호
29. 황인순

동계반 44회
1. 김상진
2. 김선미
3. 김성범
4. 김태연
5. 박민수
6. 박은선
7. 서호원
8. 성예진
9. 송지영
10. 유동우
11. 이기영
12. 이수현
13. 이재수
14. 이채봉
15. 이후현
16. 임진희
17. 장석재
18. 장재영
19. 황병욱

동계반 45회
1. 공진영
2. 김덕호
3. 김성진
4. 김현일
5. 남형윤
6. 안희나
7. 윤찬수
8. 이억만
9. 임태은
10. 정태화
11. 조세연
12. 하요한

동계반 46회
1. 목도상

2. 임현행
3. 김창희
4. 이명순
5. 양용운
6. 장시호
7. 김성은
8. 이앵란
9. 신주한
10. 최안숙
11. 김태건
12. 김윤주
13. 양정윤
14. 권홍택
15. 이 근
16. 백승호
17. 손왕수

동계반 47회
1. 김광영
2. 김동희
3. 김성기
4. 김은희
5. 양형렬
6. 엄주성
7. 우희성
8. 이기광
9. 이희정
10. 전중옥
11. 조인석
12. 조희정
13. 함수현
14. 황태규

동계반 48회
1. 강해원
2. 강현구
3. 구윤모
4. 권준영
5. 김다훈
6. 김선영
7. 김현철
8. 박준석
9. 서봉추

10. 송 진
11. 안창희
12. 엄수영
13. 이승영
14. 이윤선
15. 이은희
16. 정해수
17. 최인섭
18. 한영환

산악인의 힘과 의지로 만들어진 한국등산학교는
산악인의 힘과 의지로 유지되고 있습니다.

후배 산악인 양성과 학교 운영에 도움을 주신 산악인 여러분 감사합니다!

2019년부터 CMS 기부금을 받아 학교운영에 사용하고 있습니다.

공진영, 권영운, 김류현, 김명수, 김명실, 김미곤, 김상욱, 김상진, 김선미, 김성진, 김옥자, 김용태, 김은영,
김은영, 김의식, 김정희, 김종순, 김주남, 김진석, 김홍기, 남선우, 류윤형, 박명렬, 박민구, 박찬진, 변기태,
서우석, 서춘식, 석채언, 손정준, 신구섭, 신금순, 신영철, 안랑현, 안승추, 안일수, 오세선, 오세창, 우제민,
유순덕, 이건희, 이동석, 이명희, 이상학, 이연희, 이영옥, 이용희, 이원근, 이인숙, 이인정, 이재수, 이재용,
이지호, 이채봉, 이후현, 임덕신, 임세훈, 임태은, 장시호, 전영래, 전용학, 정균일, 정태화, 정택준, 조경기,
조규배, 조명복, 조용준, 조정호, 지재영, 차미숙, 최미수, 최봉준, 추혜경, 한필석, 허선무, 황영하

강신원, 김 신, 김 희, 김사만, 김선숙, 김영윤, 김영호, 김용환, 김인배, 김정도, 김지현, 김현옥, 남영우,
박만선, 박미경, 박선화, 박소예, 배경미, 백선숙, 손 선, 안행구, 유해연, 윤찬수, 이억만, 이은영, 이은옥,
이재남, 이철주, 임갑승, 임안수, 임현주, 전양준, 전진택, 전형진, 조경기, 조대호, 조종문, 조진용, 채희갑,
최대원, 최민호, 최오순, 황우식

50년사 책에 광고로 후원해주서서 감사합니다!

블랙야크, 블랙다이아몬드, 트랑고, 부토라, 코오롱스포츠, 혜초여행사, 한국산악회,
익스트림라이더 등산학교, 하루재클럽, 한국알프스산악회, 산울림산악회, 거리산악회, 에코클럽,
바우산악회, 실다비산악회, 악우회, 은벽산악회, 정규반 63회, 정규반 68회, 정규반 86회, 정규반 90회,
정규반 92회, 정규반 96회, 정규반 98회

개교 50주년을 맞이하여 후원해주신 서울특별시산악연맹 임원님들 감사합니다!

석채언, 정태준, 정균일, 신현택, 차미숙, 장선혜, 서우석, 김정춘, 최현우, 김용욱, 김진석, 윤영기, 송정두,
김영윤, 김창성, 장대부, 신원범, 이앵란, 오현숙 외

개교 50주년 기념 옛길 복원 사업 후원해주신 서울산악동우회 여러분 감사합니다!

김재봉, 김인배, 조규배, 한수환, 박정헌, 안일수, 이연희, 임덕신, 정호진, 강신원, 김무용, 김종순, 김진용, 박민열, 박원종, 박한성, 백하현, 변무현, 송정두, 유영열, 이상윤, 이용규, 이재남, 이재옥, 이치호, 장태호, 전백진, 정원수, 최교수

개교 50주년을 맞이하여 특별히 후원해주신 여러분 감사합니다!

석상명, 이인정, 박만선, 류건영, 윤태근, 엄홍길, 송 진, 김봉수, 양공진, 이영옥, 최연묵, 한충수, 홍주화, 김순자, 이연희(99회), 이은희, 최교수, 김경민, 오석환, 김원철, 장선혜, 레닌봉원정대, 윤재학, 강혜원, 김성은, 서봉추, 임현행, 정명순, 남규호, 조재건, 전영찬, 김순희, 서정희, 신동인, 이경혜, 이경훈

한국등산학교 강사들도 십시일반 후원금을 모았습니다!

한필석, 이연희, 허선무, 김용태, 전영래, 임현주, 최오순, 김미곤, 이명희, 박민구, 박상천, 김영주, 박명렬, 황우식, 조상일, 주진형, 이성혁, 강태원, 이병주, 정택현, 최승연

정규반 100회 기념 특별반에 참석해서 학교를 도와주신 동문여러분 감사합니다!

박세웅, 박만선, 유동진, 진명식, 김봉수, 한충수, 김원철, 홍주화, 권종렬, 김경민, 남규호, 조재건, 류건영

최근 교육기간 중 강사회식으로 지원해주신 산악인 여러분의 응원도 큰 힘이 됩니다!

류건영, 이인정, 송영복, 손 선, 김정근, 김성은, 유형근, 황원선, 안창희, 정해수, 석채언, 홍주화, 99기 임원진 외 많은 산악인 여러분 감사합니다!

길을 뚫고 높이를 간다
한국등산학교 50년
Korean Alpine School 1974-2024

발행일 2024년 6월 14일
© 2024 한국등산학교

한국등산학교
교장 한필석
50년사 편찬위원회. 김영주, 전영래, 최인섭, 김선영, 김은솔, 채여현, 조은아, 변백선

사무국. 서울시 중랑구 망우로 182 서울특별시체육회 207호 (전화. 02-491-8848)
이론·실기 교육장. 북한산국립공원 도봉산 內 도봉대피소
www.alpineschool.or.kr
ISBN 979-11-90314-32-9 (03900)

출판제작. 에이치비 프레스 | 디자인. 김민정